붙잡고 읽으면 어느새 **회계머리**

일러두기

한글 맞춤법 제50항에 따르면 '전문 용어는 단어별로 띄어 씀을 원칙으로 하되, 붙여 쓸 수 있다'. 본서에서는 한국회계기준원에서 발간한 한국채택국제회계기준(K-IFRS)에 기재된 용어를 사용함을 원칙으로 한다. 예를 들어 '미래 경제적 효익'은 '미래경제적효익'으로 기재한다.

'뼛속까지 문과생'도 즉시 활용 가능한 재무제표 사용설명서

붙잡고 읽으면 어느새

김한수 지음

회계머리

송북스

들어가며

나 자신과 소중한 것들을 지켜내고 싶다면

　기업 내부에 있는 경영진과 종업원은 회계로 자신이 수행한 활동의 결과를 말합니다. 기업은 또 외부에 있는 주주와 채권자에게 회계로 측정한 금액으로 자신의 경영성과와 재산상태를 보여줍니다. 이러한 이유로 회계를 '기업의 언어'라고 표현합니다.

　회계와 관련한 일은 전문가에게 맡기고 내 일만 잘하면 된다고 생각하는 이들이 많지만, 기업의 언어인 회계지식이 부족하면 정작 내 일을 제대로 하기 어려운 세상이 되었습니다. 전문가 도움을 받을 때도 숫자와 회계에 대한 기본적인 지식은 갖고 있어야 합니다. 그래야 자기 자신과 일, 재산과 사람을 지킬 수 있습니다.

회계에 대한 일반인의 관심이 높아지면서 많은 책이 출간되었습니다. '재무제표를 모르면 절대로 경영하지 말라'거나 '재무제표를 모르면 부자가 될 수 없다'라는 책들이 회계 대중화에 기여하고 있습니다.

모든 책은 세상에 빛을 봐야만 하는 그 이유와 목적이 있습니다. 그런데 쉽게 이해할 수 있으면서 회계언어로 표현한 재무제표를 제대로 분석할 수 있는 균형이 잘 잡힌 책을 찾기는 힘들었습니다. 너무 쉬운 내용만으로 구성해 재무제표를 분석할 능력을 갖추기 어려워 보이거나, 기본 개념을 충분히 설명하지 않고 재무제표 분석이나 주식의 가치평가를 담고 있어 독자가 이해하기 힘들어 보였습니다.

'숫자 공포증'이 있는 독자가 이해하기 쉽게 기본적인 내용부터 시작해 실제 재무제표를 분석할 수 있도록, 양팔 저울처럼 균형이 잘 잡힌 책을 세상에 내놓으러 펜을 들었습니다. 한 페이지를 읽을 때 많은 시간과 노력을 들이지 않고, 쉬워서 책장이 술술 잘 넘어가지만 남는 것이 많은 책이 되도록 한 줄 한 줄 공을 들여 썼습니다. 그래서 '누구나 이 책을 붙잡고 읽으면 어느새 회계머리를 갖출 수 있도록' 집필했습니다.

이 책 없이 일하거나 투자하지 마라!

'회계'는 경영활동을 금액으로 표현한 말입니다. 그리고 우리는 '머리'로 생각하고 판단합니다. 이 책에서 '회계머리'는 '금액으로 표현한 경영활동을 판단하는 능력'으로 정의합니다.

'회계머리'를 갖추고 있으면 재무제표에 표시된 숫자에 담겨 있는 메시지를 정확하게 해석할 수 있습니다. '회계머리'를 갖추면 감으로 점철된 틀에서 벗어나 숫자에 포함된 메시지를 해석하고 판단해 좀 더 효과적이고 효율적으로 의사결정을 할 수 있습니다. '회계머리'를 갖춘 사람은 숫자로 쓰인 과거를 정확하게 분석하고, 이를 현재에 적용해, 미래를 예측할 수 있습니다. 더 높은 곳에 설 수 있고, 더 멀리까지 볼 수 있습니다.

지반을 단단하게 다지고 벽돌을 차곡차곡 쌓아 올리고 지붕을 얹어 집을 완성합니다. 이 책은 집을 짓듯이 단계별로 구성했습니다. 재무제표를 이해하는 데 필요한 거의 모든 사항을 다루었지만, 회계지식이 전혀 없는 독자도 이해할 수 있도록 최대한 쉽게 썼습니다. 국제회계기준의 딱딱한 문장은 풀어서 설명해 직관적으로 이해할 수 있도록 했고, 다양한 예와 사례를 제시해 설명한 내용을 확실하게 이해할 수 있도록 구성했습니다.

여러 회사의 사례를 살펴봄으로써 재무제표의 숫자가 담고 있는 메시지를 해석하고 분석할 수 있는 '회계머리'를 키울 수 있도록 구성했습니다. 책을 읽을 때는 약간의 경사가 있는 산길을 가볍게 걸어가는 느낌이 들겠지만, 책을 덮을 때쯤 높은 산의 정상에 서 있는 자신의 모습을 볼 수 있을 겁니다.

이 책을 붙잡고 읽으면 많은 사람이 어느새 '회계머리'를 갖출 수 있을 것이라는 믿음으로 치열하게 고민한 내용을 담았습니다. '세상의 평균값'을 올려 좀 더 나은 세상을 만드는 데 이 책이 조금이나마 도움이 되기를 소망합니다.

2021년 새봄을 기다리며.
김한수

차례

들어가며   나 자신과 소중한 것들을 지켜내고 싶다면   4
'회계머리' 설계도   '숫자공포증'이 '회계머리'로 거듭나려면   12

1장 세상은 무엇으로 움직이는가

'회계머리'가 있는 사람 vs '회계머리'가 없는 사람   21
숫자만 좀 알아도   27
기업의 언어는 따로 있다   31
'묻지 마 투자'는 이제 그만   38

2장 재무제표 사용설명서

주식회사의 자본조달   49
회계의 '치트키', 복식부기 원리   59
돈이 들어오고 나가는 시기   70
재무제표는 사형제다   79
일반적으로 인정된 회계원칙   84
적정의견 뒤에 숨어 있는 위험 신호   88
재무제표는 교과서, 주석은 참고서   97

3장 수익과 비용은 언제, 어떻게 인식해야 할까?

발생기준에 따라 수익을 인식하는 이유	111
수익은 의무를 이행하는 시점에서 인식	114
합리적인 방법으로 비용을 인식하려면	119
손익은 어떻게 계산할까?	125
당기순이익과 이익잉여금	128

4장 손익계산서가 담고 있는 메시지

손익계산서를 요소별로 분해하면	141
성과를 구분해 보여주는 다단계손익계산서	157
미실현이익은 기타포괄손익으로 분류	163
규모가 다른 기업도 비교하게 해주는 주당순이익	170

5장 이제 재무제표가 읽힌다! - 기본 편

- 현금으로 바꿀 수 있는 현금성자산　　181
- 매출채권, 받지 못할 위험을 경고하는 대손충당금　　186
- 판매를 통해 돈을 벌어주는 재고자산　　199
- 유형자산 1- 영업활동에 사용하는 돈벌이 수단　　213
- 유형자산 2- 자산가치가 하락하면 손상차손을 인식　　224
- 물리적 형태가 없는 돈벌이 수단인 무형자산　　237
- 부업에서 발생하는 기타채권　　252
- 임대수익을 위해 보유하는 투자부동산　　258
- 거래 성격에 따라 매입채무와 기타채무로 구분　　261
- 금융기관에서 빌린 차입금　　266
- 언제, 얼마를 갚아야 할지 모르는 충당부채　　273
- 자본 증감을 초래하는 거래　　281
- 주식은 나눌 수도 있고 합칠 수도 있다　　290
- 배당을 먼저 받는 우선주와 의결권이 있는 보통주　　294
- 회사가 자기가 발행한 주식을 사는 이유는?　　299
- 자본의 변동 흐름과 규모　　304
- 흑자부도와 현금흐름　　308
- 영업활동 현금흐름　　317
- 투자활동 및 재무활동 현금흐름　　327

6장 이제 재무제표가 읽힌다! - 고급 편

현금유입 발생을 예측할 수 있는 금융자산	343
관계기업투자주식과 연결재무제표	362
돈을 받을 권리를 잘게 잘라 회사채를 발행	372
미래에 보통주로 바뀔 주식을 고려한 희석주당이익	381
종업원 퇴직에 대비해 쌓는 퇴직급여부채	387
소유권이 없어도 자산으로 인식하는 리스	396

7장 '회계머리'로 의사결정하라

재무제표를 진단하는 기법 1- 수익성 지표	407
재무제표를 진단하는 기법 2- 유동성 지표	416
재무제표를 진단하는 기법 3- 활동성 지표	421
재무제표를 진단하는 기법 4- 레버리지 비율	431
어떤 주식에 투자해야 할까?	436
주식투자에 실패하지 않으려면	444

나오며 "회계를 하나도 몰라도 읽을 수 있도록"   450

'회계머리' 설계도

'숫자공포증'이 '회계머리'로 거듭나려면

'1장. 세상은 무엇으로 움직이는가'에서는 회계 공부가 왜 어려운지를 알아보고, '회계머리' 없이 사업을 하거나 주식 투자를 해서 낭패를 입은 사례를 살펴봅니다. '회계머리'를 갖추면 취업 준비, 직장생활 그리고 창업 또는 투자 등 우리 인생에서 중요한 순간에 어떻게 올바른 결정을 내릴 수 있는지 확인할 수 있습니다. 1장을 읽고 나면 숫자만 좀 알아도 세상살이가 얼마나 수월해지는지 알 수 있어, 회계 공부에 대한 뿌리 깊은 동기를 갖게 될 겁니다.

'2장. 재무제표 사용설명서'에서는 기본적인 용어와 개념을 설명합니다. 우리가 접하는 기업의 대부분은 주식회사입니다. 주식회사의 특징인 유한책임과 소유와 경영의 분리를 살펴보고, 기업에서 발생한 거래를 금액으로 표현할 때 사용하는 복식부기의 원리를 설명합니다. 기업은 자신의 경영성과와 재산상태를 재무제표로 투자자에게 보여주는데, 재무제표는 일정한 기준에 따라 작성해야 합니다. 재무제표는 어떤 기준에 따라 작성하는지 살펴보고, 경영진이 작성한 재무제표가 이러한 기준에 따라 작성되었는지 확인하는 외부감사제도를 설명합니다.

기업은 재화를 인도하거나 용역을 제공해 돈을 법니다. **'3장. 수익과 비용은 언제, 어떻게 인식해야 할까?'**에서는 기업의 수익성을 담고 있는 손익계산서의 기본적인 작성과정을 설명합니다. 손익계산서는 수익과 비용을 계산해 순이익을 보여줍니다. 기업에서 발생한 거래와 관련한 수익과 비용을 언제, 어떻게 인식하고 측정하는지 살펴봅니다.

'4장. 손익계산서가 담고 있는 메시지'에서는 기업 활동에 따라 손익계산서를 요소별로 분해하여 각 요소가 갖고 있는 의미를 살펴봅니다. 손익계산서에 기록하는 매출액을 어떻게 측정하는지와 공장에서 생산하는 제품의 원가를 계산하는 과정을 설명합니다. 기업의 본업과 부업에서 발생한 성과를 구분해 손익을 어떻게 보여주는지를 확인하고, 아직 거래가 끝나지 않은 손익거래를 재무제표이용자에게 어떠한 방식으로 보여주는지 살펴봅니다. 규모가 다른 기업들의 경영성과를 비교하기 위해 등장한 주당순이익을 설명합니다.

'5장. 이제 재무제표가 읽힌다!- 기본 편'에서는 재무제표를 읽고 해석하기 위해 필수적으로 알아야 할 계정과목을 살펴봅니다. 기업의 돈벌이 수단인 자산을 어떻게 측정하는지와 이들을 사기 위해 지출한 금액을 비용으로 인식하는 과정을 살펴보고 판매 목적으로 보유하는 자산과 외상거래에서 받기로 한 대금을 측정하는 방법을 설명합니다. 기업은 수익을 올리기 위해 부동산에 투자하기도 하는데, 투자부동산에 대해 살펴봅니다. 기업은 운영이나 시설 투자를 위해 은행에서 돈을 빌려 자금을 조달하고, 거래에서 지급해야 할 채무가 발생합니다. 이들 부채를 어떻게 인식하고 측정하는지 설명합니다. 기업은 필요한 자금을 주식을 발행해서 조달하는데, 사업을 계속해서 운영하기 위한 목돈과 벌어들인 돈은 자본으로 분류하는 이유와 방법을 살펴봅니다. 주주 몫인 자본의 크기와 변동에 관한 정보를 제공하는 자본변동표와 기업의 자금 운용에서 발생하는 문제를 파악할 수 있는 정보를 담고 있는 현금흐름표를 설명합니다.

'**6장. 이제 재무제표가 읽힌다!- 고급 편**'에서는 '회계머리'의 수준을 높이는 데 도움이 되는 사항을 살펴봅니다. 기업은 여유 자금을 주식이나 채권에 투자하는데, 이들 자산을 어떻게 인식하고 측정하는지 설명합니다. 기업은 필요한 자금을 잘게 잘라서 회사채를 발행해 일반 대중으로부터 거액을 모집하기도 하는데, 회사채의 발행금액이 어떻게 결정되는지 살펴봅니다. 우리나라에서는 종업원이 퇴직금을 안정적으로 받을 수 있도록 2005년에 퇴직연금제도를 도입했습니다. 퇴직연금은 누가 위험을 부담하는지에 따라 기업이 지출한 연금의 처리가 달라지는데, 이들을 어떻게 표시하는지 확인합니다. 일상생활에서는 법적 소유권이 있어야 자기 재산이라고 생각하는데, 회계에서는 법적 소유권이 없어도 경제적 실질 관점에서 리스하는 물건을 기업의 자산으로 인식하기도 합니다. 이러한 리스거래를 살펴봅니다.

'7장. '회계머리'로 의사결정하라'에서는 재무제표를 진단하는 기법을 살펴보고, 주식을 투자할 때 활용하는 기법을 설명합니다. 회사에서 일할 때 많은 의사결정을 하는데, 이 책에서 설명하는 재무제표를 진단하는 기법만 이해해도 의사결정할 때 많은 도움을 받을 수 있을 겁니다. '어떤 회사의 주식에 투자할까?'에서는 많은 기업 중 투자할 종목을 몇 개 기업으로 추리는 방법을 설명합니다.

1장. 세상은 무엇으로 움직이는가

경영관리의 구루라 불리는 피터 드러커(Peter Ferdinand Drucker)는 "측정할 수 없다면 관리할 수 없고, 관리할 수 없으면 개선할 수도 없다"라고 했습니다. 품질관리의 세계적 권위자인 에드워드 데밍(W. Edward Demming) 교수는 "측정 가능한 모든 것을 측정하라. 그리고 측정이 힘든 것도 측정할 수 있도록 만들어라"라고 말했어요.

기업의 모든 활동은 금액으로 측정하며, 금액으로 표현한 회계 언어로 의사소통을 하고 의사결정을 합니다. 이런 이유로 기업 언어인 회계를 배우고자 하는 사람이 늘고 있지만, 여러 가지 이유로 책을 끝까지 읽기 힘들었을 겁니다.

새로운 공부를 시작할 때는 강한 동기가 필요합니다. 뿌리 깊은 나무는 바람에 흔들리지 않는다고 하죠? 뿌리 깊은 동기가 있어야 회계 공부도 바람에 흔들리지 않아요. 강한 동기가 있어도 생각보다 높은 벽을 만나면 오르다 포기하기도 해요. 그런데 벽이 높아도 오르는 방법을 익힌다면 넘지 못할 벽은 없습니다.

1장에서는 왜 당신의 회계 공부가 뫼비우스의 띠와 같았는지 이유를 살펴보고, 그 띠를 끊기 위한 내용을 소개할게요.

'회계머리'는 금액으로 표현된 경영활동의 결과를 판단하는 능력입니다. '회계머리'가 어떻게 삶의 무기가 되는지를 살펴보면, 이번에는 회계의 높은 벽을 넘겠다는 강한 동기를 갖게 될 겁니다. 취업 준비, 직장생활, 그리고 창업 또는 투자 등 우리 인생에서는 중요한 순간이 있습니다. '회계머리'를 갖추면 이러한 중요한 순간에 세상의 움직임을 포착해 올바른 결정을 내릴 수 있습니다.

'회계머리'가 있는 사람 vs '회계머리'가 없는 사람

    '회계'는 경영활동의 결과를 금액으로 표현하고, '머리'는 생각하고 판단하는 능력을 말합니다. 본서에서는 '회계머리'를 금액으로 표현된 경영활동의 결과를 판단하는 능력으로 정의합니다. '회계머리'를 갖추면 직관으로 점철된 의사결정의 틀에서 벗어날 수 있어요. 직관이 뛰어난 사람이 성과를 내기도 하지만, 오로지 '어쩌다'일 뿐입니다. 숫자로 써진 과거를 정확하게 분석하고 현재에 적용해 미래를 예측하는 '회계머리'를 갖춘 사람만이 더 높은 곳에 설 수 있고, 더 멀리까지 볼 수 있습니다.

    지금 손에 쥐고 있는 책, 당신이 회계 공부를 위해 선택한 몇 번째

책인가요? 혹시 끊임없이 반복되는 뫼비우스 띠처럼 당신의 회계 공부도 그런가요?

당신의 의지나 능력이 부족해서 그런 것은 아니니 자책하지 마세요. 뫼비우스 띠를 끊기 힘든 이유를 알면 그 띠를 풀 수 있어요. 자, 그 이유를 살펴봅시다.

대학마다 경영학과에 개설된 교과는 일반적으로 국제경영, 마케팅, 인사조직, 재무금융, 회계학으로 구분합니다. 학생들이 어려워하는 분야는 재무금융과 회계학인데, 재무금융은 이상한 기호도 나오고 계산도 복잡해요. 국제경영, 마케팅, 인사조직은 일상생활에서 사용하거나 들어본 용어가 많아 진입장벽이 높지는 않습니다. 예를 들어 마케팅에서 경영자가 통제할 수 있는 네 가지 요소를 4P라고 하는데, 제품(product), 유통경로(place), 판매가격(price), 판매촉진(promotion)이 4P에 해당해요. 제품이나 서비스를 효과적으로 판매하기 위해서는 네 가지 요인(4P)이 전략적으로 최적의 조화를 이루어야 한다고 설명합니다. 4P를 설명하는 용어는 친근하지는 않더라도 어디선가 들어본 적은 있죠?

많은 사람이 회계는 무척 어려운 분야라고 생각해요. 일정한 분야에서 주로 사용하는 말을 용어라고 하는데, 회계에서 사용하는 용어는 일상생활에서 거의 쓰지 않습니다. 예를 들면 감가상각누계액, 손상차손, 대손상각비, 상각후원가, 순실현가능가치라는 용어를 들어본 적이 있나요?

드라마에서 회계사가 회사 경영자에게 다음과 같이 말하는 장면이 나온다고 합시다.

"회사가 제시한 감가상각누계액은 과소계상되어 있습니다. 재무제표를 수정하지 않으면 적정의견이 나가지 않을 겁니다."

시청자가 이해할 수 있을까요? 이런 이유로 회계사 생활을 본격적으로 그린 드라마나 영화는 거의 찾아볼 수 없어요.

대부분의 회계 용어는 한자로 풀면 좀 더 쉽게 이해할 수 있습니다. 예를 들어 매출채권(賣出債券)에서 '매출(賣出)'은 '물건을 판다'를 의미하고, 채권(債券)은 금전을 청구할 수 있는 권리를 뜻해요. 매출채권은 상품이나 제품을 팔아 상대방에게 금전을 청구할 수 있는 권리라고 이해할 수 있겠죠?

'회계 책을 보는데 한자까지 공부해야 하냐'라며 불평할 수 있겠지만, 한자를 이용해 설명할 회계 용어는 많지 않아요. 앞으로 일상생활에서 접하지 않는 용어는 이런 식으로 풀어서 설명하겠습니다.

일은 잘했지만 '회계머리'가 없던 그 사람의 최후

회계에서는 복식부기 원리에 따라 기업에서 발생한 거래를 차변과 대변에 기록해요. 대부분 복식부기 원리를 알아야 재무제표를 이해할 수 있다는 생각에 열심히 그 부분을 읽어내려갑니다. 그러다 보던

책을 슬그머니 책장 속에 넣습니다. 복식부기 원리에 익숙하면 재무제표를 더 쉽게 이해할 수 있습니다. 하지만 복식부기에 따른 회계처리 방법을 몰라도 재무제표를 이해할 수 있습니다. 그것이 바로 이 책을 쓴 가장 중요한 목적 중 하나입니다. 복식부기에 따른 회계처리를 몰라도 재무제표를 해석할 수 있는 능력인 '회계머리'를 갖출 수 있도록 설명할게요.

회계는 기업에서 발생한 거래를 금액으로 표현합니다. 거래 과정을 이해하면 회계에 접근하기가 수월해져요. 회계처리에 대한 자문을 요청받으면 거래 과정을 흐름도로 그려봅니다. 거래가 어떤 과정을 거치는지 그림을 그려 파악하면 재무제표에 기록된 숫자의 의미를 더 쉽게 파악할 수 있습니다. 이해하기 어려운 거래가 나오면 다양한 방식으로 쉽고 명쾌하게 설명하겠습니다.

드라마 〈미생〉에는 "일을 열심히 하는 게 중요한 것이 아니라 잘하는 게 중요하다"라는 대사가 나와요. 일만 잘하면 되는 줄 알았지만 '회계머리'가 부족해 큰 손해를 입게 된 실제 사례를 소개할게요.

진북만 사장은 업무 능력이 탁월하나 회계지식이 전혀 없어 대기업 재무담당 임원(CFO) 출신인 기만해 씨와 동업을 하게 됩니다. 진 사장은 자기 업무에만 집중하고, 동업자가 회계와 재무 관련 업무를 담당해요. 동업자는 처음에는 진 사장에게 주기적으로 재무 상황을 보고했지만, 진 사장은 동업자가 알아서 하라며 전적으로 믿고 맡깁니다. 숫자에 무관심했던 진 사장은 일만 열심히 하면 되겠거니 생각했어요.

좋은 성과를 내어 매출이 좋을 때는 문제가 드러나지 않습니다. 매출이 좋지 않았던 어느 해 동업자는 진 사장에게 구조조정을 해야 한다고 말합니다. 진 사장은 구조조정에 반대하며 그동안 벌어놓은 돈이 회사에 유보금으로 남아있지 않냐고 되묻습니다.

그러나 동업자는 진 사장이 숫자에 어두웠던 점을 이용해 회사 경비로 본인이 투자한 다른 회사의 주식에 투자하고, 몇 천만 원이 넘는 술값을 경비 처리하는 등 배임과 횡령을 했습니다. 당연히 회사에 남아있는 돈은 거의 없었죠.

회사를 설립할 때 진 사장은 동업자에게 종업원의 퇴직금 마련을 위해 퇴직연금에 가입하자는 의견을 제시해요. 하지만 동업자는 종업원이 퇴직할 때를 대비해 지급해야 할 퇴직금을 부채로 장부에 반영해 놓았으니 퇴직연금에 가입할 필요가 없다고 말합니다. 미래에 지급해야 할 금액을 장부에 부채로 반영했다고 해서 퇴직금을 지급할 수 있는 돈이 마련되지는 않습니다. 장부에 부채로 반영한 금액만큼 은행에 예금해야 퇴직금을 지급할 수 있는 돈을 마련할 수 있어요. 동업자는 진 사장이 '회계머리'가 부족하다는 점을 이용한 거죠. 진 사장이 나중에 확인해 보니 퇴직금 건은 빙산의 일각에 불과할 만큼 재무상황이 엉망진창이었다고 합니다.

일을 열심히 하는 게 중요한 것이 아니라 잘하는 게 중요해요. 그런데 일을 잘하는 것도 중요하지만 그 일을 지켜낼 힘을 갖는 것이 더 중요합니다. 그러기 위해서는 '회계머리'를 갖춰야 합니다. 전문가 수준일 필요는 없습니다. 이 책에서 설명하는 수준만 이해해도 힘든 세상을 헤쳐나갈 수 있고, 세상의 움직임을 포착할 수 있는 '회계머리'를 갖출 수 있습니다. 그래야 나와 내 일, 소중한 것들을 지킬 수 있습니다.

숫자만 좀 알아도

경기가 좋지 않아 많은 취업 준비생들은 하늘의 별을 따는 심정으로 직장을 찾습니다. 기업으로부터 합격통지서를 받았는데, 합격한 회사에 입사해야 할지 상담하기 위해 연구실로 찾아오는 학생이 제법 많습니다. 회사 이름이 생소하면 입사를 쉽게 결정하기 힘들죠. 조언을 구하는 학생에게 경영성과나 재무적 안정성을 가늠하려면 재무제표를 살펴보라고 말합니다.

재무제표를 잘 살펴보면 '좋은 회사'인 옥석을 고를 수 있고, 지뢰인 '부실회사'를 탐지해 피할 수 있습니다.

'제(諸)'는 '모든'을 말하므로, 재무제표(財務諸表)는 '재무와 관련된 모든 표'라는 의미입니다. '모든 표'라고 하니 표가 많다고 오해해 긴장하겠지만, 재무제표는 네 가지만 있어요. 이 중에서 재무상태를 나타내는 재무상태표와 경영성과를 보여주는 손익계산서를 가장 많이 활용하고 현금흐름표를 보조적으로 사용합니다.

앞으로 자주 만날 재무상태표와 손익계산서를 간단하게 살펴봅시다.

5억 원인 아파트를 사기 위해 갖고 있던 4억 원에 은행에서 1억 원을 빌렸어요. 재산 상태를 살펴볼까요? [그림 1-1]의 자기 돈 4억 원과 은행에서 빌린 1억 원을 회계에서는 각각 자본과 부채라고 하고, 아파트를 자산이라고 부릅니다.

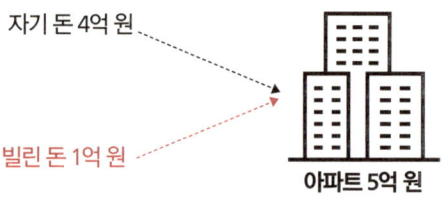

자산 (아파트 5억 원) = **자본** (자기 돈 4억 원) + **부채** (빌린 돈 1억 원)

[그림 1-1] 자산, 자본과 부채

회계에서는 재산이란 용어 대신 자산이라고 부르는데, [그림 1-2]에서 보듯이 자산은 재산과 경제적 권리를 포함하고 있어 재산이 아닌 자산이라고 표현합니다.

예를 들어 헬스 회원권을 사면서 100만 원을 지출했습니다. 재산은

100만 원이 감소했지만, 헬스장을 이용할 수 있는 권리가 생겨요. 이러한 권리는 회사에 경제적 혜택을 가져오므로 회계에서는 권리도 자산에 포함합니다. 기업은 보유한 재산과 권리로 돈을 벌기 때문에 자산은 돈벌이 수단이라고 표현할 수 있어요.

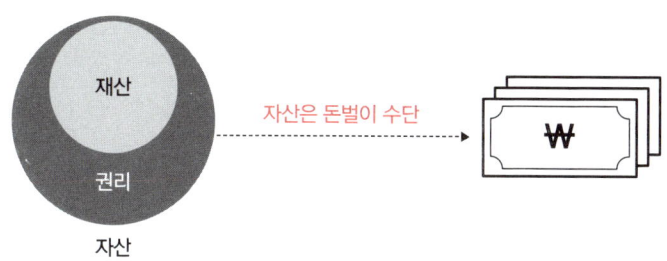

[그림 1-2] 자산과 재산의 차이

학생은 한 학기에 학습한 내용을 평가받고 성적을 받죠? 마찬가지로 기업도 자신의 경영성과를 손익계산서로 보여줘 주주나 채권자로부터 평가를 받습니다. 재무상태표와 손익계산서를 살펴보면 회사의 재무상태와 경영성과를 확인할 수 있고, 이러한 회계정보로 기업의 미래 성장성이나 안정성을 예측할 수 있습니다.

재무제표를 살펴보면 회사가 망해서 부도가 날지, 외상 대금이나 급여를 제때 받을 수 있을지 가늠할 수 있어요. 경제환경이 열악해지면서 곳곳에 지뢰같이 밟으면 터지는 회사가 늘고 있습니다. 회계정보를 남고 있는 재무제표는 지뢰 같은 회사를 탐지하기 위한 장비로 활용할 수 있습니다.

당신의 무기는 무엇입니까?

교육업체이자 콘텐츠 제공업체인 패스파인더 넷의 공동 대표인 강재상 씨의 인터뷰를 본 적이 있습니다. 강 대표는 삼성SDI, 현대카드, 두산인프라코어 등 다수의 대기업에서 근무했어요. 브랜드 매니저로서 전문성은 조금 부족했지만, 회계지식을 갖추고 있어 많은 도움이 되었다고 해요. 회사에서 '숫자를 좀 아는' 브랜드 매니저를 찾고 있었는데, 강 대표는 숫자를 다룰 줄 알면서 사업과 매출을 연계하는 능력이 있어 적격자로 판단했대요. 경영진에게 보고할 때 사업에서 돈을 얼마나 벌 수 있는지 숫자로 보여줘야 하는데, 강 대표는 브랜드 매니저로서의 부족한 전문성을 '회계머리'로 극복한 거죠.

학생들에게 졸업 후 근무하고 싶은 직무 분야를 물어보면, 대부분 마케팅이라고 답을 합니다. 그런 말에 저는 "마케팅은 많은 사람이 원하니 붉은 피를 흘리며 치열하게 경쟁해야 하는 레드 오션이다. 하지만 회계는 진입장벽이 높아 블루 오션이다"라고 회계에 관심을 두도록 독려합니다.

그러나 이런 노력에도 학생들의 마음을 되돌리기 쉽지 않으면, "마케터 중에 회계지식이 있는 사람은 흔치 않으니 기본적인 회계지식은 꼭 익혀야 한다"라고 당부합니다. 마케터에게 '회계머리'는 전장에서 만나는 수많은 경쟁자와 싸워 이기게 하는 무기가 되니까요.

기업의 언어는 따로 있다

서로의 말과 글을 이해하고 해석할 수 있어야 소통할 수 있어요. 회계 역시 기업의 경영활동 결과를 금액으로 기록하고 각 부서는 회계정보로 의사소통을 합니다. 그래서 회계를 '기업의 언어'라고도 불러요. 기업의 언어인 회계지식이 부족하면 회사 생활이 어려울 수 있습니다. 여러 종류의 의사결정을 할 때 회계가 건네는 메시지를 이해하지 못해 잘못된 결정을 할 수 있어요.

"직원 중 좋은 사업 아이템과 아이디어를 이야기하는 사람은 많다. 하지만 그 아이디어가 어떻게 회사에 영향을 미치고, 수익성에 어떻게 기여하는지에 접근하는 사람은 드물다. 이런 포인트를 생각하면서 일하는 사람은 뭐가 달라도 다르다. 뭘 좀 아는 사람이라는 소리를 듣는다."

〈SBS 스페셜〉에서 두산그룹 박용만 회장이 한 말입니다. 저는 이 말에 기업이 인재를 보는 기준이 담겨 있다고 생각합니다.

회계는 기업의 언어다

사람은 언어로 자기 생각을 표현하고 정보를 교환해요. 마찬가지로 기업도 회계라는 언어로 자신이 수행한 경영활동을 재무제표이용자와 의사소통합니다.

기업의 구성원도 회계언어로 메시지를 주고받아요. 예를 들어 "상품을 몇 개 팔았다"가 아닌 "상품을 얼마를 팔아 얼마를 벌었다"라는 회계언어로 의사소통을 해요. 회계는 기업의 경영활동에서 발생한 거래와 사건을 금액으로 측정하고 기록해 전달합니다.

회사에서 어떻게 자기 의견을 제시하면 호응을 끌어낼 수 있을까요? 예를 들어 "최근 소비자 만족도 조사 결과에 따르면, 이 아이템에 대한 선호도가 높아 회사의 이익에 공헌할 것으로 확신합니다"라고 자신의 아이디어를 제시한다고 합시다. 그럼 "매출은 얼마로 예상하느냐?", "관련 비용은 얼마나 소요되느냐?" 같은 질문이 막 쏟아지겠죠.

이때 "이 사업 아이템으로 매출은 얼마 발생해 이익이 얼마 남는다"

라고 구체적인 숫자를 제시해야 설득력이 있어요.

예상 매출액과 이익의 계산은 복잡한 과정을 거치지만, 대략 설명하면 다음과 같습니다.

신제품에 대한 잠재시장의 규모를 예측하고 신제품의 시장점유율을 추정해 제품 수요량을 계산합니다. 수요량을 기반으로 제품을 생산할 때 필요한 추정원가를 계산하고 판매가격을 결정합니다. 예를 들어 전체 시장규모가 연간 100만 개이고, 신제품의 시장점유율이 20%라면 연간 추정 판매량은 20만 개입니다. 추정 판매량에 단위당 예상 판매가격을 곱하면 추정 매출액을 구할 수 있고, 추정원가를 차감하면 예상 이익을 계산할 수 있어요. 물론 잠재시장의 규모와 시장점유율을 예측할 때 마케팅팀으로부터 도움을 받아야 합니다.

회사는 기능별로 부서가 나뉘어 있고, 각 부서는 자기만의 전문분야가 있죠. 회사의 특성과 문화마다 다르겠지만 대개 자기 부서의 입장을 먼저 고려하는 성향이 있어요. 디자인부서는 디자인의 미적인

부분만 고려하고, 기술개발부서는 기술의 편의성만 강조하고, 생산부서는 생산원가 절감만을 외치는 식으로 회의가 진행될 수 있습니다.

신제품 개발 회의 자리를 생각해볼까요? 이렇게 모든 부서가 저마다의 가치를 주장하면 자칫 배가 산으로 가기 쉽습니다. 소비자를 매료시키는 디자인과 편의성을 제공하는 기술이 담긴 제품이라도 판매해서 버는 돈보다 지출이 더 많으면 손해가 발생해요. 제품을 많이 팔아도 외상 대금을 회수하지 못하면 기업은 자금난에 시달릴 수 있습니다.

이때 회계는 자기 부서가 아닌 기업 전체를 볼 수 있는 시야, 즉 나무가 아닌 숲을 볼 수 있는 식견을 제공합니다. 두산의 박용만 회장 역시 자기 의견을 숫자로 제시하고, 회계를 아는 능력이 있어야 큰 그림을 그릴 수 있다고 강조한 것입니다. 한마디로 경영활동의 결과를 금액으로 표현한 회계정보를 활용해 판단할 수 있는 능력인 '회계머리를 갖춰야 한다'라는 거죠.

스타트업의 경영진도 마찬가지로 회계머리를 갖춰야 합니다. 취업보다는 자기 일을 위해 창업을 선택하는 젊은이가 늘고 있습니다. 스타트업(start-up)은 시작(start)과 성장(up)을 의미하는데, 이제 막 사업을 시작한 단계에 있는 기업을 말합니다.

제가 근무하는 대학의 창업지원단에서 자문위원을 맡고 있는데, 안타깝게 시작도 하지 못하는 스타트업을 자주 봅니다. 스타트업이 출발하지 못하는 이유는 다양해요. 본인이 원하던 제품이지만 소비자의 욕구를 맞추지 못해 실패하기도 하고, 자금이 부족해 기획했던 아이템 성능보다 기능이 대폭 축소되어 개발단계에서 물거품이 되기도 합니다.

스타트업 경영자는 사업 콘텐츠에 대한 전문지식은 풍부한데 대부분 회계지식은 부족해요. 스타트업 초기에는 재무와 관련한 업무가 많지 않고, 자금도 부족해 회계업무를 담당할 직원을 고용하기 어려워요. 이런 상황에서 경영자가 '회계머리'를 갖추지 못하면 여러 가지 난관에 빠질 수 있습니다.

산업·과학기술 월간지인 「테크앤비욘드」의 2014년 설문조사에 따르면, 창업 과정과 창업 후 운영과정에서 애로사항이 무엇이냐는 질문에 10곳 중 8곳이 '자금 부족'이라고 응답했습니다.

스타트업 초기에는 적은 자본금이나 내출로 조달한 자금으로 비용을 지출해 매출을 만들어야 합니다. 회사의 모든 성과는 매출액과 비용이라는 숫자로 나타납니다. 제때 투자를 받지 못하면 회사를 설립할 때 설정한 자본금을 까먹고 자본잠식에 빠질 수도 있어요.

자본잠식은 말 그대로 자본이 깎여 나간다는 뜻인데, 손실 때문에 자본금이 줄어드는 현상을 말합니다. 다음 페이지의 [그림 1-3]에서 자본금 1,000만 원으로 회사를 설립했는데, 손실 100만 원이 발생하면 자본은 900만 원으로 줄어요. 이럴 때 '자본잠식 100만 원이 발생했다'라고 표현합니다. 자본잠식인 재무제표는 위기에 빠진 기업을 의미하므로, 경영자가 사업의 미래 성과를 아무리 좋게 설명해도 투자를 받기 힘들어요.

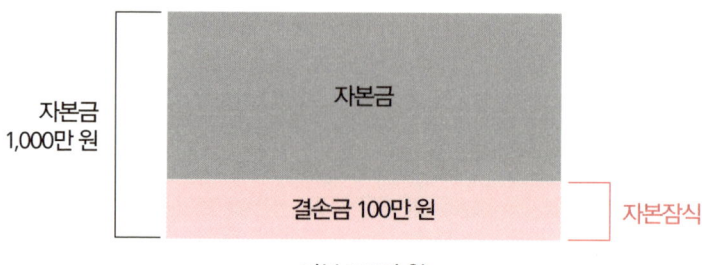

[그림 1-3] 자본잠식

자본잠식은 수익보다 비용이 많아 순손실을 지속해서 보고할 때 발생합니다. 많은 스타트업 경영자는 통장 잔액을 기준으로 지출을 결정하기 때문에, 잔액이 충분하면 회사경영에 문제가 없다고 판단합니다.

그런데 매출이 발생하기 전에 선금을 먼저 받으면 통장 잔액은 늘고, 외상 대금을 나중에 지급하면 통장에서 현금이 늦게 빠져나가요. 이렇게 통장 잔액을 기준으로 재무상태나 손익을 판단하면 뒤늦게 자본잠식에 빠졌다는 사실을 깨달을 수도 있습니다.

자본잠식에 빠지는 상황을 방지하기 위해서라도 예상 매출액에 맞춰 손실을 보고하지 않도록 비용을 관리해야 합니다. '회계머리'를 갖추면 수익에 맞춰 비용을 관리할 수 있어 자본금을 까먹는 상황을 미리 방지할 수 있습니다.

사업 초기의 스타트업은 예비투자자로부터 투자를 받을 때 달성해야 하는 목표이익 등 일정한 조건을 제시받습니다. 경영자는 이러한 조건을 달성할 수 있는지 항상 파악해야 해요. 목표이익을 충족하기 위해서는 비용관리가 필요한데, 회계는 비용관리를 위한 중요한 내부 활동입니다. 이를 위해 스타트업 경영자는 기본적인 '회계머리'는 갖추어야 합니다.

'묻지 마 투자'는 이제 그만

    정확한 정보나 체계적인 분석을 하지 않고 주식에 마구 투자하는 일을 '묻지 마 투자'라고 하죠. 인터넷 쇼핑으로 주문할 때 상품 사진만 보고 결정하지는 않죠? 상품 설명을 읽고 상품 후기도 확인합니다. 주식 투자를 할 때 재무제표에 대한 분석은 상품 설명 및 후기를 살펴보는 행위와 비슷해요.

    투자대상을 잘 알아보지도 않고 주위에서 돈 번다는 얘기만 듣고 투자한 사람을 자주 볼 수 있습니다.

    이런 사람에게 "왜 투자했어?"라고 물으면 "누가 추천해 주던데"라고 대답해요.

아주 드물게 재무제표를 살펴보지 않고 투자해 돈을 버는 사람도 있지만, 이런 우연한 행운(serendipity)을 얻은 사람 대부분은 비극적인 종말을 맞이하더군요.

주식 투자에서 낭패를 보지 않는 법은 단순합니다. 손익계산서의 매출액이나 당기순이익 추세를 살펴보고, 재무상태표에서 회사가 앞으로 갚아야 할 빚의 규모를 확인하고, 현금흐름표에서 현금흐름을 분석합니다. 그걸 어떻게 읽을 수 있냐고요? 의외로 단순합니다. 지금 읽고 계신 이 책이 여러분을 그 길로 안내할 겁니다.

기업의 가치를 믿고 주식에 투자하는 전략을 가치투자라고 하는데, 기업가치보다 낮게 평가된 기업의 주식에 투자하는 방식을 말합니다. 주식 투자의 대가인 워런 버핏(Warren Buffett)은 "재무제표 속에 황금이 숨이 있다"라고 했습니다. 워린 버핏의 무사원리는 아주 단순한데, 그는 재무제표를 분석해 장기적으로 경쟁우위가 있는 기업에 장기간 투자합니다. 워런 버핏은 '회계머리'를 잘 활용해 거부가 된거죠.

경영성과를 보여주는 손익계산서를 재무상태표와 함께 살펴보면 숫자 속에 담겨 있는 과거 흐름을 알 수 있어요. 손익계산서의 매출이 증가하는 추세라면, 재무상태표에는 현금이 늘어나요. 재무제표에서 확인한 과거 흐름으로 현재를 분석해 미래를 예측하는 거죠. 가치투자를 위한 기본작업은 이러한 재무제표 분석에서 시작합니다. '회계머리'를 갖주면 재무제표를 분석할 수 있는 능력이 생겨요.

애널리스트의 말을 어디까지 믿어도 될까?

애널리스트의 주가 예측 보고서를 믿고 주식 투자를 하는 사람이 많습니다. 주가는 예측할 수 없어 술 취한 사람처럼 어디로 튈지 모른다는 '난보이론'이라고 불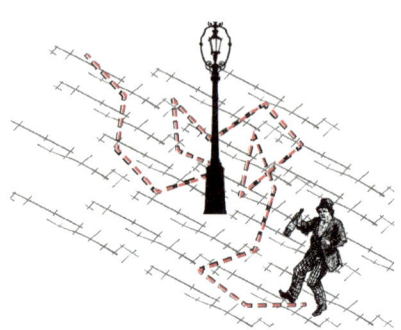
리는 랜덤워크이론(random walk theory)이 있어요.

이 이론에 따르면 주가는 마치 동전 던지기처럼 무작위로 움직이기 때문에 추세나 반전 신호를 찾으려는 노력은 모두 허사가 됩니다. 그만큼 주가를 예측하는 일이 어렵다는 의미죠.

애널리스트의 예측은 맞기도 하나 틀리는 사례도 빈번하게 일어납니다. 여러 가지가 있지만, 애널리스트 대부분은 증권회사에서 일하고 증권회사의 주된 수입은 수수료라는 점에서 그 이유를 찾을 수 있습니다.

애널리스트의 투자의견은 강력매도, 매도, 중립, 매수와 강력매수로 구분하는데, 거래량이 많을수록 증권회사 수수료 수입이 많아져요. 이런 이유로 애널리스트의 투자의견은 '매수'가 주를 이룹니다.

예를 들어 삼성증권 애널리스트가 삼성전자 주식에 대해 매도 의견을 낼 수 있을까요? 애널리스트는 재무자료를 바탕으로 기업의 편

더멘탈(fundamental, 경제기초)을 분석해 주가를 추정합니다. 애널리스트는 이해관계가 얽혀있는 기업과 좋은 관계를 유지해야 하므로, '이 주식은 팔아야 한다!'라는 부정적인 의견을 내기는 쉽지 않아요. 이러한 이유로 애널리스트가 '중립'이라는 의견을 내면 '이 주식은 팔아야 한다'라고 해석하기도 합니다.

[그림 1-4]는 삼성전자에 대한 애널리스트의 투자의견 컨센서스입니다. 25개의 기관에서 삼성전자에 대한 투자의견을 내었고, 목표 주가로 85,728원을 제시했습니다.

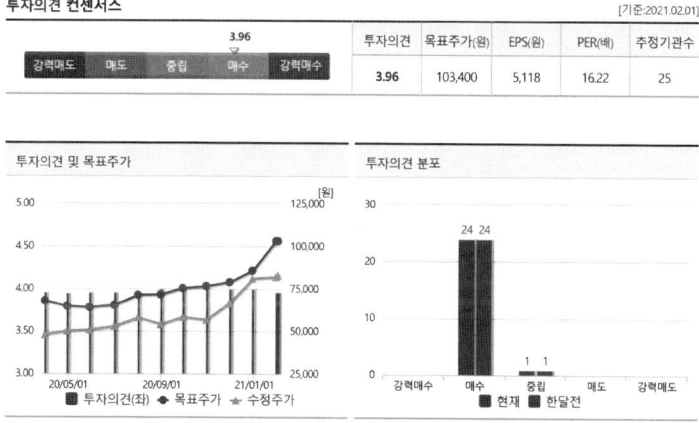

[그림 1-4] 삼성전자의 투자의견 컨센서스

과거에 목표주가를 정확하게 예측한 애널리스트는 지속해서 정확한 목표주가를 예측한다는 연구 결과가 있어요. 애널리스트의 주가 예측

보고서를 참조한다면 과거 보고서의 예측 정확성을 확인해보세요.

과거는 현재의 그림자라는 말이 있어요. 재무상태표는 기업의 재무 상태를 표시하므로 재무상태표의 숫자는 과거 기업이 경영활동으로 쌓은 결과를 반영합니다. 매출을 올리면 돈이 들어오고, 비용을 지출하면 돈이 나가요. 이러한 경영활동을 반복해 손익계산서에 순이익을 보고하면 재무상태표에는 현금이 쌓입니다.

반대로 순손실을 보고하면 보유한 현금은 계속 줄어들어요. 재무상태표의 자산이 증가하는 추세라면 기업의 과거 경영성과가 좋았다는 의미이고, 자산이 계속 줄고 있다면 경영성과가 좋지 않다는 뜻이에요. 재무상태표와 경영성과를 보여주는 손익계산서를 함께 살펴보면 숫자 속에 담겨 있는 과거 흐름을 알 수 있어요. 재무제표에서 확인한 과거 흐름으로 현재를 분석해 미래를 예측하는 거죠.

다시 한번 강조하지만, 가치투자를 위한 기본은 재무제표 분석에서 시작해요. 손익계산서의 매출액 및 비용의 추세를 분석하고, 재무상태표에서 투자가 필요한 설비자산 규모와 확보 가능한 자금을 분석할 수 있어요.

이렇게 재무제표를 분석하면 미래 순이익의 증감 추세를 예측할 수 있고, 경영활동을 수행하는 데 필요한 자금이 충분한지 등을 분석할 수 있어 주식 투자에서 발생할 수 있는 손실을 최소화할 수 있습니다. 또한 재무제표를 분석하면 거래처에 외상거래를 했을 때 외상 대금을 회수할 수 있을 것인지, 기업이 판매하는 상품 가격을 인상 또는 인하할 것인지, 자금을 조달할 때 주식을 발행하거나 은행으로부터 차입할 것인지 등과 관련한 의사결정을 합리적으로 할 수 있습니다.

2장.
재무제표
사용설명서

2장에서는 재무제표를 사용하기 위한 기초적인 내용을 살펴봅니다. 주식회사는 주식과 회사채를 발행해 일반 대중으로부터 자금을 조달할 수 있어 대부분의 회사는 주식회사 형태로 설립되고 있습니다. 주식회사 주주는 자신이 투자한 금액을 한도로 채권자에게 책임을 지고, 전문경영인에게 회사의 경영을 맡깁니다.

회계는 기업에서 발생한 거래를 금액으로 표현할 때 복식부기를 이용합니다. 기업의 경영성과는 일정 기간을 대상으로 측정하고, 재무상태는 일정 시점을 기준으로 기록합니다. 경영성과와 재무상태에 대한 정보를 담고 있는 재무제표를 기간별로 비교하면 기업의 미래 성장성을 예측할 수 있어요. 재무제표를 기록하기 위해서는 언제 측정할지와 얼마로 기록할 것인지에 대한 평가 개념이 필요합니다. 이렇게 측정·평가한 재무제표는 재무상태표, 손익계산서, 자본변동표 및 현금흐름표와 각 표에 대한 보충적인 설명을 담은 주석으로 구성됩니다.

기업마다 다른 기준으로 재무제표를 작성하면, 투자자는 기업들의 경영성과와 재무상태를 비교할 수 없어요. 이러한 비교를 위해서는 재무제표를 작성할 때 일정한 기준이 필요한데, 상장기업과 금융기관은 2011년부터 국제회계기준(IFRS)을 의무적으로 적용하고 있습니다. 회사 외부에 있는 재무제표이용자는 경영자가 작성한 재무제표가 회계기준에 따라 작성되었는지 알 수 없어요. 재무제표가 회계기준에 따라 작성되었는지 외부감사인이 감사를 수행해 감사의견을 표명하는 것을 외부감사제도라고 해요. 외부감사를 수행하면 주주와 채권자는 재무제표를 신뢰하고 자신의 의사결정에 활용할 수 있습니다.

주식회사의 자본조달

　자본의 증권화는 주식을 발행해 필요한 자금을 조달하는 것을 말합니다. 필요한 자금을 잘게 잘라서 작은 알갱이인 주식으로 만들면 환금성이 뛰어나 거래가 쉬워지므로, 많은 사람으로부터 대규모 자본을 수월하게 조달할 수 있습니다.

　예를 들어 회사 운영을 위해 필요한 자금인 10억 원을 잘게 잘라 주식 20만 주로 만들어 주당 5천 원에 판매합니다. 강소심 씨는 2주만 사서 주주가 되었는데, 회사가 망해도 큰 손실은 없겠죠? 이렇게 자본을 증권화하면 위험을 분산할 수 있어 대규모 자본을 불특정 다수로부터 쉽게 조달할 수 있습니다.

회사 규모가 커지고 경영 구조도 복잡해지면 전문성을 가진 경영자가 필요해집니다. 주주는 돈만 대고 전문경영인이 회사를 경영하는 '소유와 경영의 분리'가 이루어집니다. 회사의 주인인 주주는 자신들을 대신해 회사를 운영할 경영자를 주주총회에서 선임해 경영에 간접적으로 참여합니다. 자본의 증권화와 전문경영인의 경영이라는 두 가지 요인 때문에 회사를 설립할 때 주식회사를 가장 많이 이용합니다.

복식부기는 기업의 자산 및 자본의 증감을 차변과 대변으로 구분해 '이중'으로 기록하고 계산하는 방식입니다. 예를 들어 상품을 현금으로 판매했습니다. 복식부기에서는 차변에 현금 증가를 기록하고, 대변에 똑같은 금액을 매출로 기재해요. 차변과 대변을 비교해 양변 금액이 일치하면 '대차평형의 원리가 성립한다'라고 표현합니다. 금액을 기록할 때 양변 금액이 일치하지 않으면 오류가 있다는 것을 확인할 수 있어, 복식부기는 자기통제기능 또는 자동검증기능이 있다고 합니다. 먼저 주식회사 특징을 살펴보고, 회사를 운영하기 위해 조달한 자금을 기록하기 위한 복식부기 원리를 설명할게요.

회사 설립을 위해 조달한 자본이 재무상태표에 어떻게 표시되는지 살펴봅시다. 주식은 회사 주인이라는 증명서입니다. 예를 들어 삼산테크가 주식 1,000주를 발행했는데, 서달미 씨가 200주를 갖고 있으면 '서달미는 삼산테크의 20%를 소유하고 있다'라고 표현해요. 회사의 사업밑천을 자본금이라고 부르는데, 회사에 밑천(돈)을 제공하고 주식을 받으면 주주가 됩니다. 주주가 되면 주주총회에 참석해 의결권을 행사해 경영자를 선임하고, 회사에서 이익이 발생하면 배당을 받을 수 있으며, 회사가 주식을 발행하면 신주를 인수할 수 있는 권리가 있어요. 주주로서의 출자의무를 이행하면 주주의 권리인 의결권, 이익배당청구권, 신주인수권을 갖습니다.

19세기 영국에는 채무자 감옥이 있었습니다. 근대 영국 문학의 아버지로 불리는 찰스 디킨스(Charles Dickens)도 자신의 소설에 썼듯이 채무자 감옥에 갇힌 적이 있어요. 회사의 경영자는 무한책임을 졌는데, 회사가 망하면 개인 재산을 처분해서라도 남은 빚을 모두 갚아야 했어요. 경영자가 회사를 운영하다 진 빚을 갚지 못하면 채무자 감옥에 투옥되었기에, 새로운 사업에 도전하는 혁신적이고 창의적인 기업가 정신이 상실된다는 우려가 커졌어요.

이러한 경영자에 대한 과도한 책임을 완화하기 위해 사신이 투자한 금액만큼만 책임을 지는 '유한책임'이 등장했어요. 표현을 '책임'이라고 했지만, 회사가 망하면 회사에 투자한 돈만 날릴 뿐 그 이상의 책임은 지지 않는다는 말입니다. 이처럼 유한책임은 채권자에 대한 추가적인 의무가 없어 자본주의를 발전시킨 원동력이 되었어요.

주식회사의 주주는 유한책임을 지는데, 상법에는 무한책임을 지는 합명회사가 있습니다. 합명회사는 인적 신뢰 관계가 있는 소수 인원으로 구성된 공동기업에 적당한 회사인데, 과거 법무법인은 대부분 합명회사였어요. 합명회사의 주주인 사원은 무한책임을 져야 했기에 대부분의 대형 법무법인은 유한책임을 지는 형태로 전환했어요.

주식회사가 은행에서 대출받으면 만기에 돈을 갚아야 하지만, 주식을 발행해 주주로부터 받은 돈은 갚을 의무가 없습니다. 주주는 회사로부터 배당을 받거나 다른 사람에게 주식을 팔아 자신이 투자한 원금을 회수해요.

재무상태표의 차변과 대변을 보는 법

㈜인간수업의 사례로 주식회사의 설립과정에서 조달한 자본을 재무상태표에 어떻게 기록하는지 살펴봅시다.

지수와 민희는 온라인 강좌를 제공하는 ㈜인간수업을 2021년에 설립했다. 두 사람은 각각 5천만 원씩 ㈜인간수업에 돈을 출자해 주주가 되었고, 3년 후에 갚기로 하고 넷플은행으로부터 1억 원을 대출받았다.

㈜인간수업을 설립하기 위해 지수와 민희가 자금을 내고 주식을 받는 것을 출자(出資)라고 합니다. 지수와 민희는 주주이면서 회사를 경영하기 때문에 소유경영자라고 하는데, ㈜인간수업은 규모가 작아 소유와 경영이 분리되지 않은 회사입니다. 회사를 운영할 자금이 부족해 넷플은행에서 빌린 돈을 부채라고 합니다. 자본금과 부채를 각각 자기자본과 타인자본이라고 표현합니다.

임대차 계약에서 건물주를 임대인이라고 부르고, 빌려 쓰는 사람을 임차인이라고 하죠? 재무상태표의 왼쪽과 오른쪽을 각각 차변과 대변이라고 불러요. '차(借)'는 '빌려온다'라는 의미이고, '대(貸)'는 '빌려준다'를 뜻해요. 부채와 자본을 사람인 채권자와 주주로 표현해볼까요?

대변의 주주와 채권자는 회사에 돈을 빌려주고(貸), 차변의 경영자는 주주와 채권자로부터 빌려온(借) 자금으로 돈벌이 수단인 자산을 구성해 회사를 경영합니다. 대변의 부채와 자본은 자금을 어떻게 조달했는지 보여주고, 차변의 자산은 자금을 어떻게 운용하는지 알려줍니다.

㈜인간수업을 설립하는 시점의 재무상태표는 [그림 2-1]과 같이 작성합니다. 넷플은행으로부터 빌린 돈 1억 원은 부채로 분류하고, 지수와 민희가 출자한 1억 원은 자본에 해당합니다.

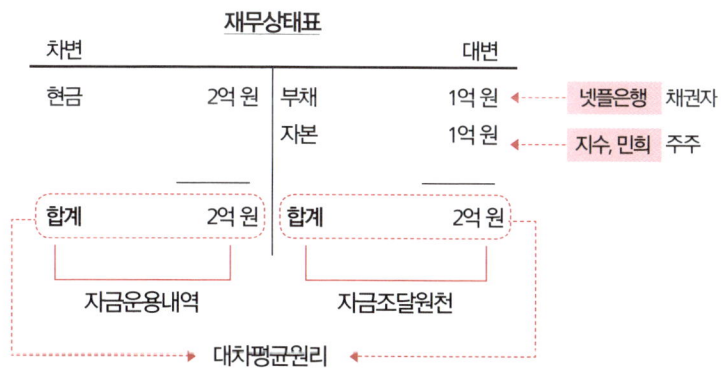

[그림 2-1] ㈜인간수업 설립 시점의 재무상태표

사업이 잘될수록 차변인 자산은 늘고, 사업이 잘 안 되면 차변인 자산은 줄어요. ㈜인간수업이 사업을 잘해 현금이 3억 원으로 늘었다고 합시다. 차변 합계가 3억 원이므로 대차평형의 원리에 따라 대변 합계도 3억 원이 됩니다. 부채는 변동이 없으므로 주주 몫인 자본은 2억 원으로 늘어야 합니다.

지수와 민희가 회사를 설립하면서 낸 사업밑천인 자본금 1억 원과 구별하기 위해 벌어들인 1억 원은 이익잉여금으로 분류합니다. 주주인 지수와 민희는 투자한 대가로 이익잉여금을 배당으로 가져갈 수 있지만, 자본금은 사업밑천으로 사업에 계속 사용해야 하므로 주주에게 배당할 수 없습니다.

어떤 사람이 마음에 품고 있던 이성에게 고급 레스토랑에서 식사하면서 마음을 고백했고, 식사비로 10만 원을 지출했다고 합시다. 고백한 대상이 마음을 받아줘 연인관계로 발전하면 식사비를 '자산'으로 인식하지만, 그렇지 않다면 '비용'으로 인식해야 합니다.

▼ 자산의 정의

> 국제회계기준에서는 자산을 '① 과거 사건의 결과로, ② 기업이 통제하고 있고, ③ 미래경제적효익이 유입될 것으로 기대하는 자원'이라고 정의한다.

'과거 사건의 결과'란 돈을 지출해 재산이나 권리를 얻게 되었다는 의미입니다. '통제'는 배타적인 권리를 갖고 있어 다른 기업은 사용할 수 없다는 뜻이죠. '미래의 현금'을 '미래경제적효익'이라고도 표현합니다.

자산의 정의를 좀 더 쉽게 정리해봅시다. 자산으로 분류하기 위해서는 ① 기업이 돈을 지출해, ② 배타적으로 사용할 권리를 갖게 되었고, ③ 이러한 권리로 미래에 현금흐름이 기업에 들어와야 합니다.

예를 들어 기업이 100원을 지출해 배타적인 권리를 갖게 되었고, 미래에 100원 이상의 현금이 기업에 들어올 것으로 예상한다면 '자산'으로 분류해요. 100원을 지출했는데 배타적인 권리를 갖지 못하거나, 배타적인 권리가 있더라도 미래 현금흐름이 발생하지 않으면 '비용'으로 인식합니다. 돈을 쓰면 자산 또는 비용으로 인식하는데, 자산의 정의를 충족하면 자산으로 인식하고, 그렇지 못하면 비용으로 처리합니다.

자산은 기업이 영업활동을 위해 소유하는 돈벌이 수단입니다. 제조기업에서는 원재료를 가공해 제품을 만드는 기계장치가 대표적인 자산에 해당해요. 기계장치를 가동해 제품을 생산·판매하면 현금이 들어오겠죠? 이런 이유로 자산은 미래에 현금을 벌어주는 돈벌이 수단이라고 표현합니다.

▼ 부채의 정의

> 국제회계기준에서는 부채를 '① 과거 사건으로 발생했으며, ② 경제적 효익을 갖는 자원이 기업으로부터 유출됨으로써 ③ 이행될 것으로 기대되는 현재의무'라고 정의한다.

예를 들어 ㈜인간수업은 넷플은행으로부터 3년 후에 갚기로 하고 1

억 원을 빌렸습니다. 넷플은행으로부터 돈을 빌려 '과거 사건이 발생'했고, 3년 후 은행에 빚을 갚아야 하는 '의무'가 있어요. 이러한 의무를 이행하려면 '경제적 효익을 갖는 자원'인 현금 1억 원을 지출해야 합니다.

부채는 언젠가 갚아야 하는 빚으로 은행에서 대출받거나 회사채를 발행해 투자자로부터 빌린 돈입니다. 자금을 빌려 쓰는 대가로 비용을 지급하는데, 세련된 용어로 자본비용이라고 불러요. 주주에게 지급하는 배당은 자기자본비용이라 하고, 채권자에게 지급하는 이자는 타인자본비용이라고 표현합니다.

재무상태표에서 자산은 부채와 자본을 합한 금액과 일치하는데, 아래의 회계등식으로 표현할 수 있어요. 회계등식에서 좌변과 우변은 일치하는데, 좌변과 우변을 각각 차변과 대변으로 이름을 바꾸어 볼까요? 차변 금액과 대변 금액이 일치하는데, 이를 '대차평형의 원리'라고 불러요.

▼ 회계등식

```
자산 = 부채 + 자본
자산 - 부채 = 자본(순자산)
```

자산에서 부채를 빼서 자본을 계산하는데, 순자산이라고 표현합니다. 자산을 합한 금액을 '자산총계'라고 표현하는데, 예전에는 '총자산'이라고 불렀어요. 영어로 '총'은 '토털(total)'이고 '순'은 '네트(net)'인데,

'순'이 붙은 용어는 총액에서 뭔가를 빼서 계산한 금액이라고 이해하세요. 자본은 회사의 주인인 주주 몫이므로 '소유주지분' 또는 '주주지분'이라고도 표현합니다.

㈜인간수업은 온라인 강좌를 제공하기 위해 촬영설비 등의 장비를 사야 합니다. 촬영설비를 사기 위해 현금을 지출하면 현금 자산은 물적 자산으로 바뀌어요. 촬영을 위해 촬영기사를 고용하면 인건비가 지출되고, 외주에 맡기면 외주 용역비를 지급해야 합니다. 이러한 지출로 현금 자산은 비용으로 바뀌어요.

[그림 2-2]에서 보듯이 자산은 주주나 채권자로부터 조달한 자금을 어떻게 운용하고 있는지 보여줘요. 자산 부분을 찬찬히 살펴보면 주주와 채권자로부터 받은 돈을 어떤 용도와 목적으로 사용하는지 알 수 있어요.

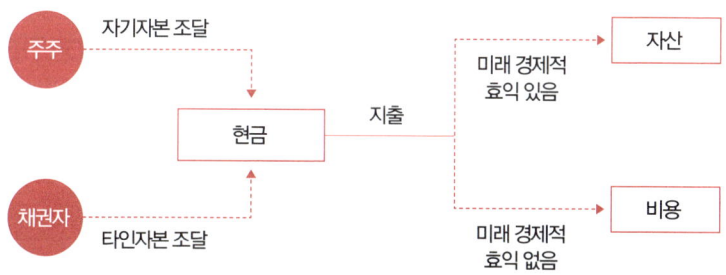

[그림 2-2] 자본조달과 자산운용

 **핵심 쏙쏙**

- 주주가 출자한 자본금은 사업밑천이므로 주주에게 배당할 수 없고, 사업에서 벌어들인 이익잉여금은 주주에게 배당할 수 있다.
- 기업이 돈을 지출해 배타적으로 사용할 권리를 갖게 되었고, 이러한 권리로 미래에 현금흐름이 기업에 들어오면, '자산'으로 분류한다.
- 과거 사건의 결과로 의무를 부담하게 되었고, 이러한 의무를 이행하기 위해 미래에 현금흐름이 기업에서 나가면, '부채'로 분류한다.
- 자산에서 부채를 차감해 자본을 계산한다. 주주 몫인 자본은 순자산, 소유주지분, 주주지분이라고 부른다.

회계의 '치트키', 복식부기 원리

　회계는 기업에서 발생한 거래를 금액으로 표현해요. 수많은 거래를 건별로 아무렇게나 기록하면 경영성과나 재무상태를 쉽게 파악하기 힘들겠죠?

　서점에 가면 책들을 소설, 인문 등 분야별로 분류하듯이 회계에서도 거래를 같은 종류나 이름으로 계산·기록하기 위해 계정을 설정해요. 계정과목은 각 계정에 붙여지는 명칭입니다.

　예를 들어 상품 100개를 현금 10,000원을 지출해 사면, '상품'과 '현금'이 계정과목에 해당해요. 상품이 늘었으니 상품계정에 10,000원을 가산하고, 현금이 줄었으니 현금계정에서 10,000원을 차감해요. 계정은 기업의 종류(상기업, 제조기업, 서비스기업, 금융기업 등)와 규모에 따라 다를 수 있습니다.

부기(bookkeeping)는 '장부 기록'을 의미합니다. 장부에 기록하는 방법으로는 단식부기와 복식부기가 있어요. 단식부기는 하나로 기록하는 방법이고, 복식부기는 두 개로 기록하는 방법입니다. 앞에서 살펴보았던 차변과 대변으로 나눠 거래를 기록하는 방법이 바로 복식부기입니다.

어린 시절에 용돈 기입장을 작성한 적이 있죠? 추억의 용돈 기입장으로 단식부기를 살펴봅시다. [표 2-1]의 용돈 기입장에는 '날짜, 내용, 들어온 돈, 나간 돈, 남은 돈'을 기록해요. 용돈 기입장에서 용돈을 받을 때 수익으로 기록하고, 지출한 때 비용으로 기록하죠?

현금기준에서는 용돈 기입장처럼 현금을 벌면 수입으로, 현금을 쓰면 지출로 기록해요. 즉 현금기준에서는 현금유입 또는 현금유출이 발생할 때만 장부에 기록합니다.

날짜	내용	들어온 돈	나간 돈	남은 돈
8월 1일	용돈 받음	10,000원		10,000원
8월 2일	하드 사 먹음		1,000원	9,000원

[표 2-1] 용돈 기입장

용돈 기입장에는 수입과 지출 내용, 현금수입 및 지출, 현금 잔액만 나타나요. 기업의 매출·매입 거래는 대부분 외상인데, 단식부기에서는 외상으로 상품을 사면 현금지출이 없으므로 기록하지 않고, 외상 대금을 현금으로 지급한 때 상품을 기록합니다. 상품은 창고에 있는데도 외상 대금을 지급할 때까지 상품을 장부에 기록할 수 없어요. 거래를 단식부기로 기록하면 기업의 재무상태를 적절하게 반영할 수 없습니다. 이러한 이유로 복식부기가 등장했습니다.

복식부기는 항등식이다

복식부기에서는 기업의 자산과 자본 및 부채의 증감, 변화 과정과 결과를 계정과목을 통해 차변(좌변)과 대변(우변)으로 구분해 이중으로 기록하고 계산합니다.

외상으로 상품을 팔고 나중에 돈을 받기로 한 외상 대금을 '매출채권'이라고 불러요. 회사에서는 많은 외상거래가 발생하는데, 이러한 외상거래로 받을 돈을 모아 매출채권계정에 기록하고 같은 금액을 매출계정에 기재합니다.

이렇게 하나의 거래를 차변과 대변에 이중으로 기록하기 때문에 복식부기라고 불러요.

기업에서는 많은 거래가 발생하는데, 거래에 꼬리표를 붙여 분류하면 관리하기 편하겠죠? 계정과목을 사용하면 회사에서 발생한 거래를 체계적으로 관리할 수 있어요.

꼬리표인 계정과목은 기업의 특성과 규모에 따라 다른데, 지금까지는 매출액, 매출채권, 상품, 현금, 외주용역비계정을 살펴보았습니다. 앞으로 새로운 거래가 나올 때마다 계정과목을 설명할게요.

예를 들어 A사와 B사로부터 받을 외상 대금은 각각 1,000원과 2,500원입니다. 원장은 거래를 계정별로 기록·계산하는 장부인데, 매출채권원장에는 거래처와 외상 대금을 건별로 기록합니다. [그림 2-3]에서 보듯이 매출채권원장의 합계금액인 3,500원을 재무상태표를 작성할 때 매출채권 3,500원으로 옮겨서 기재합니다.

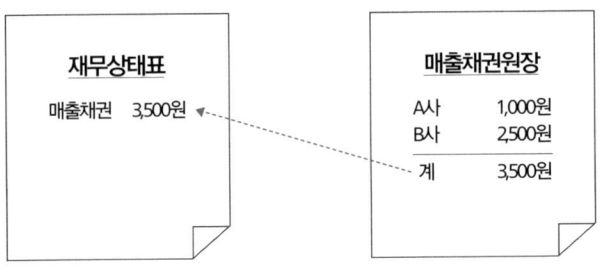

[그림 2-3] 매출채권원장과 재무상태표

복식부기 원리는 복잡해 보이지만 [그림 2-4]에서 보듯이 항등식으로 생각하면 쉽게 이해할 수 있어요. 현금 10,000원을 지출해 볼펜을 사면, 현금(자산)은 10,000원이 감소하고 볼펜(자산)은 10,000원이 증가합니다. 이러한 거래를 '10,000원(볼펜) - 10,000원(현금) = 0원'으로 표현할 수 있어요. 좌변에 음(-)으로 표시된 볼펜을 우변으로 옮기면 '10,000원(볼펜) = 10,000원(현금)'으로 표시할 수 있겠죠? 볼펜인 자산의 증가는 차변(좌변)에 기재하고, 현금인 자산의 감소는 대변(우변)에 기재합니다.

10,000원에 산 볼펜을 20,000원에 팔면 이익은 10,000원이 발생하죠? 이익은 자본의 이익잉여금으로 분류해요. 회계 항등식으로 표현하면 '20,000원(현금) - 10,000원(볼펜) = 10,000원(자본)'으로 기록합니다. '자산 증가'는 차변(좌변)에, '자본 감소'는 대변(우변)에 기록해요.

자산 = 부채 + 자본

자산 증가 = 부채 증가 + 자본 증가

자산 증가 - 자산 감소 = 부채 증가 - 부채 감소 + 자본 증가 - 자본 감소

자산 증가 + 부채 감소 + 자본 감소 = 부채 증가 + 자본 증가 + 자산 감소

[그림 2-4] 회계항등식

복식부기 원리에서는 차변에 '자산 증가, 부채 감소, 비용 발생'을 기록하고 대변에 '자산 감소, 부채 증가, 수익 인식'을 기재해요. 자본은 자본금과 이익잉여금으로 구분한다고 했죠?

이익잉여금은 벌어들인 돈이니 수익이 발생하면 증가하고 비용이 발생하면 감소합니다. 이런 논리로 수익의 발생(자본 증가)은 대변에 기록하고, 비용의 발생(자본 감소)은 차변에 기록합니다.

네 개의 거래로 깨우치는 복식부기의 원리

다음 네 개의 거래로 복식부기 원리를 연습해봅시다.

퍼즐 게임인 테트리스는 블록을 쌓아 한 줄이 꽉 채워지면 줄이 사라져요. 복식부기도 좌변과 우변을 채워 한 줄을 꽉 채우는 식이에요. 좌변(차변)과 우변(대변) 중 한 곳을 먼저 채워 넣고 반대편에 같은 금액을 채워 넣습니다. 차변과 대변에 채워 넣는 순서는 ①과 ②로 표시할게요.

반드시 이런 순서에 따를 필요는 없고, 설명을 위해 표시했어요. 복식부기는 대차평형의 원리를 따르므로, 차변합계와 대변합계를 일치시켜 테트리스처럼 한 줄을 채운다고 생각하면 이해가 쉽습니다.

거래 1 : 지수와 민희가 ㈜인간수업에 현금 1억 원을 출자하고 주식을 받다

현금 1억 원을 받으면 자산이 증가합니다. 자산 증가는 차변에 기록하므로 좌변부터 채워 넣습니다(①). 대변에는 부채와 자본이 오는데, 회사는 주주에게 받은 돈은 돌려줄 의무가 없으니 부채는 아닙니다. 사업밑천에 해당하므로 자본금에 1억 원을 기재해요(②).

차변 (자산)	=	대변 (자본)
현금 1억 원 (①)		자본금 1억 원 (②)

'거래 1'을 반영해 재무상태표를 작성하면 다음과 같습니다. 위의 항등식에서 '='를 'T'로 변형하면 재무상태표로 변환됩니다.

재무상태표

㈜인간수업 (단위:억 원)

[자산]		[자본]	
현금	1	자본금	1
		자본총계	1
자산총계	1	부채와 자본총계	1

거래 2 : ㈜인간수업은 넷플은행으로부터 1억 원을 차입하다

현금 1억 원을 받으면 자산이 증가하므로 차변에 기재해요(①). 만기에 넷플은행에 차입금을 갚아야 할 의무가 있으므로 부채로 분류하고 대변에 차입금 1억 원을 채워 넣습니다(②).

차변 (자산)	=	대변(부채)
현금 1억 원 (①)		차입금 1억 원 (②)

'거래 1'과 '거래 2'를 반영한 재무상태표는 다음과 같습니다.

재무상태표

(주)인간수업 (단위:억 원)

[자산]		[부채]	
현금	2	차입금	1
		부채총계	1
		[자본]	
		자본금	1
		자본총계	1
자산총계	2	부채와 자본총계	2

거래 3 : ㈜인간수업은 동영상 녹화 장비 5천만 원을 현금으로 사다

현금 5천만 원을 지급하면 자산이 감소하므로 대변에 기재해요(①). 녹화 장비는 자산에 해당하므로 자산의 증가는 차변에 기재합니다(②).

차변 (자산)	=	대변(부채)
녹화 장비 5천만 원(②)		현금 5천만 원(①)

'거래 1'부터 '거래 3'까지를 반영해 재무상태표를 작성하면 다음과 같습니다. 녹화 장비는 영업활동에 사용하는 자산이므로 유형자산으로 분류합니다. 유형자산에는 토지, 건물, 기계장치, 차량운반구(자동차, 오토바이, 자전거 등), 비품 등이 있는데, 이들을 모두 합해 재무상태표

에는 유형자산으로 기재하고 주석에서 유형자산의 상세 내용을 보여줍니다.

재무상태표

(㈜)인간수업 (단위:억 원)

[자산]		[부채]	
현금	1.5	차입금	1
유형자산	0.5	부채총계	1
		[자본]	
		자본금	1
		자본총계	1
자산총계	2	부채와 자본총계	2

거래 4 : ㈜인간수업은 동영상 강의를 판매해 현금 3천만 원을 벌다

현금수입은 자산 증가에 해당하므로 차변에 기재합니다(①). 사업에서 번 돈은 이익잉여금에 쌓아두는데, 자본은 사업밑천인 자본금과 이익잉여금으로 구분해요. 수익에서 비용을 차감해 순이익을 계산하고, 순이익은 이익잉여금으로 옮깁니다. 이런 이유로 수익이 발생하면 대변에 기재하고, 비용이 발생하면 차변에 기록합니다.

차변 (자산)	=	대변(부채)
현금 3천만 원(①)		매출 3천만 원(②)

'거래 1'부터 '거래 4'까지를 반영해 재무상태표를 작성하면 아래와 같습니다. 수익에서 비용을 차감해 당기순이익을 계산하는데, 비용이 없다면 손익계산서의 당기순이익은 3천만 원입니다. 당기순이익은 주주 몫이므로, 재무상태표에 이익잉여금으로 옮겨 적어요. 자본을 자본금과 이익잉여금으로 구분하는데, 자본금은 사업밑천이므로 주주에게 배당금으로 지급할 수 없습니다. 이익잉여금은 주주 몫이므로 배당금으로 지급할 수 있고, 기업이 재투자를 위한 자금으로 사용할 수도 있어요. 이렇게 자본금과 이익잉여금을 별도로 표시하면 주주가 배당금으로 가져갈 수 있는 금액을 알 수 있습니다.

재무상태표

(주)인간수업 (단위:억 원)

[자산]		[부채]	
현금	1.8	차입금	1
유형자산	0.5	부채총계	1
		[자본]	
		자본금	1
		이익잉여금	0.3
		자본총계	1.3
자산총계	2.3	부채와 자본총계	2.3

 **핵심 쏙쏙**

- 회계에서는 거래를 같은 종류나 이름으로 계산기록하기 위해 계정을 설정하고, 각 계정에 붙여지는 명칭을 계정과목이라고 한다.
- 복식부기는 하나의 거래를 차변과 대변에 이중으로 기록한다. 차변에는 '자산 증가, 부채 감소, 비용 발생'을 기록하고, 대변에는 '자산 감소, 부채 증가, 수익 인식'을 기록한다. 차변과 대변은 항상 일치해야 하는데, 이를 '대차평형의 원리'라고 한다.
- 수익에서 비용을 차감해 순이익을 계산하고, 순이익은 주주 몫이므로 자본의 이익잉여금에 가산한다. 이익잉여금은 주주에게 배당하거나 기업의 투자자금으로 사용할 수 있다.

돈이 들어오고 나가는 시기

재무제표에는 네 가지가 있습니다. 일정 시점의 금액을 보여주는 재무상태표와 일정 기간의 변화를 보여주는 나머지 세 가지 재무제표가 있어요. 일정 기간은 '회계기간'을 말하는데, '보고하는 대상기간'이라는 뜻으로 '보고기간'이라고도 표현해요.

회계기간은 회사가 자유롭게 결정할 수 있어요. 예를 들어 위더스제약은 6월 말 결산법인이고, 9월 말 결산법인으로는 미원상사와 이건산업이 있습니다. 대부분 기업은 회계기간(보고기간)을 1월 1일부터 12월 31일까지로 설정하는데, '12월 말 결산법인'이라고 표현합니다. 12월 31일을 보고기간의 '마지막 날'이라는 의미로 '보고기간말' 또는

'재무제표일'이라고 불러요.

어린 시절 부모님께 성적표를 보여드리면, 지난 학기와 이번 학기 성적을 비교하셨어요. 기업의 재무상태와 경영성과도 당기와 전기를 비교하는 형식으로 보여주면, 전기와 비교해 당기에 자산은 얼마가 늘었는지, 매출 및 당기순이익은 얼마나 변화했는지 등을 쉽게 확인할 수 있습니다. 이런 이유로 모든 재무제표는 아래와 같이 비교식으로 작성합니다.

계정과목 옆에 당기 금액을 먼저 보여주고, 전기 금액을 이어서 표시해요. 전기와 당기를 비교식으로 표시하면 전기대비 당기의 증감 금액을 쉽게 파악할 수 있겠죠? 재무제표를 기간별로 비교하면 기업의 성장 이력 등을 파악할 수 있고, 전기와 당기를 비교하는 추세분석이 가능하므로 기업의 향후 성장성을 예측할 수 있습니다.

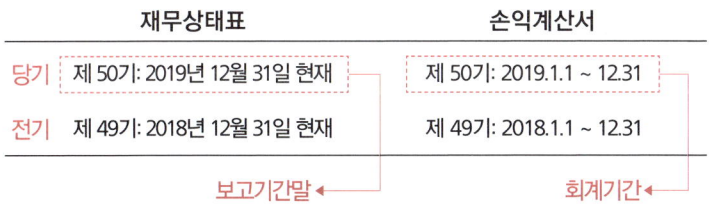

[그림 2-5] 보고기간말과 회계기간

앞에서 살펴본 ㈜인간수업의 재무상태표는 왼쪽에 자산을, 오른쪽에는 부채와 자본을 표시했습니다. 찬찬히 살펴보면 알파벳의 T처럼 생겼습니다. 이렇게 표시하는 방식을 T계정 재무상태표라고 해요. 실무에서는 재무상태표를 자산, 부채 및 자본의 순서대로 연속으로 표시하는 보고식으로 작성합니다.

다음 페이지처럼 작성한 장가방(주)의 재무상태표가 보고식에 해당해요. 보고식 재무상태표는 일반적으로 자산을 먼저 기재하고 순차적으로 부채와 자본을 기재합니다. 국제회계기준에서는 기재 순서에 제한이 없어 자산 다음에 순차적으로 자본과 부채를 기재하는 기업도 있습니다.

장가방주식회사는 너무 길죠? 그래서 장가방(주)라고도 표현합니다. 재무상태표는 일정 시점의 자산, 부채 및 자본을 보여주므로 '2021년 12월 31일 현재'라고 기재합니다. '제11기'는 회사가 설립된 지 11년이 되었다는 의미입니다. 금액 단위는 '원, 천원, 백만 원'으로 표시할 수 있는데, 규모가 작은 기업은 '원', 큰 기업은 '백만 원'으로 기재해요. T계정 재무상태표의 차변과 대변이 일치했듯이 보고식 재무상태표에서도 '자산총계'와 '부채와자본총계'는 일치합니다.

전기와 당기를 비교식으로 표시하면 전기대비 당기의 증감 금액을 쉽게 파악할 수 있습니다. 유동자산과 비유동자산은 전기와 비교하면 각각 100,000원과 150,000원이 증가했습니다. 자산총계 250,000원이 늘었으니, 대차평형의 원리에 따라 부채와자본총계도 250,000원이 증가합니다. 유동부채와 비유동부채는 각각 140,000원과 60,000원이 증가하고, 자본에서는 이익잉여금 50,000원이 늘었어요.

2021년 말 자산총계는 2,000,000원인데, 부채와 자본은 각각 350,000원과 1,650,000원입니다. 장가방(주)는 돈벌이 수단인 자산을 구성할 때 부채보다는 자본 비중이 월등히 높아 안정적인 구조로 자금을 조달하고 있습니다. 주주 몫인 이익잉여금도 증가하는 추세이므로 설비투자를 위한 내부자금도 충분합니다.

재무상태표

장가방주식회사

제11기 2021년 12월 31일 현재
제10기 2020년 12월 31일 현재

(단위: 원)

과목	제11 (당)기		제10 (전)기	
자산				
Ⅰ. 유동자산	600,000		500,000	
Ⅱ. 비유동자산	1,400,000		1,250,000	
자산총계		2,000,000		1,750,000
부채				
Ⅰ. 유동부채	240,000		100,000	
Ⅱ. 비유동부채	110,000		50,000	
부채총계		350,000		150,000
자본				
Ⅰ. 자본금	1,500,000		1,500,000	
Ⅱ. 이익잉여금	150,000		100,000	
자본총계		1,650,000		1,600,000
부채와자본총계		2,000,000		1,750,000

기업의 재무건전성은 어떻게 파악할 수 있을까?

유동성은 현금으로 전환 가능한 정도를 말해요. 예금과 상품 중 어떤 항목이 현금으로 바뀌는 속도가 빠를까요? 상품을 고객에게 판매하고 돈을 받는데, 외상으로 거래하면 상품이 현금으로 바뀌는 속도가 더 느려질 수 있어요. 이런 이유로 상품보다 예금이 유동성이 높다고 표현합니다.

유동성 정도에 따라 자산을 유동자산과 비유동자산으로 구분하고, 부채는 유동부채와 비유동부채로 분류해요. [그림 2-6]에서 보듯이 일반적으로 유동·비유동 구분은 보고기간말부터 1년 이내 현금이 유입되거나 유출되는지로 구분합니다. 장가방(주)의 2021년 말 유동자산은 600,000원인데, 2021년 12월 31일부터 1년 이내에 현금 600,000원이 들어온다는 의미입니다. 2020년 말 비유동부채 50,000원은 2021년 12월 31일 이후에 현금지출이 발생한다는 뜻입니다.

[그림 2-6] 유동과 비유동

자산과 부채를 유동과 비유동으로 구분하면 1년 이내 회수할 현금과 지급해야 할 현금을 예측할 수 있어요. 1년 이내 들어올 돈(유동자산)에 비해 갚아야 할 돈(유동부채)이 더 많으면 부채를 갚지 못할 위험이 크겠죠? 이렇게 유동과 비유동으로 구분하면 기업의 재무 건전성을 평가할 수 있습니다.

예를 들어 2021년 초 주식을 1억 원에 샀는데, 2021년 말 시가는 2억 원입니다. 주식의 가치는 1억 원 증가했는데, '평가이익 1억 원이 발생했다'라고 표현합니다. 아직 팔아서 현금이 들어오지 않았기 때문에 평가이익을 '미실현이익'이라고 불러요. 주식을 팔았을 때 처분이익이 발생하면 '실현이익'이라고 표현합니다.

2021년 초 주식을 살 때 지출한 1억 원은 2021년 말에는 과거 가격이므로 '역사적원가'라고 불러요. 자산을 취득할 때 지출한 금액이라는 의미에서 '취득원가'라고 표현하기도 합니다. 2021년 말 시가 2억 원을 '공정가치'라고 불러요. 공정가치(fair value: FV)는 측정일에 시장참여자 간 발생한 거래에서 자산을 팔 때 받을 수 있거나 자산을 살 때 지급해야 할 금액을 말합니다.

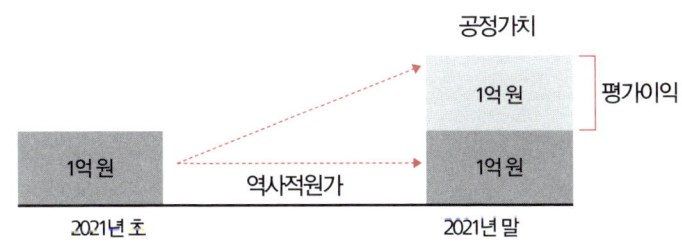

[그림 2-7] 역사적원가와 공정가치

2021년 말 주식을 샀던 금액(역사적원가) 또는 팔릴 금액(공정가치) 중 어떤 금액으로 평가하는 것이 적절할까요? 역사적원가로 자산을 평가하면 시간이 흘러도 취득할 때 지출한 금액인 취득원가로 기록해요. [그림 2-8]에서 보듯이 2021년 말 재무상태표에 주식을 역사적원가로 기록하면 평가이익을 인식하지 않고, 주식을 샀던 금액(취득원가)인 역사적원가 1억 원으로 재무상태표에 표시합니다. 자산을 공정가치로 평가하면 재무상태표에 현재 시점의 공정가치로 기록합니다. 재무상태표에 주식을 공정가치인 2억 원으로 기록하고, 손익계산서에 평가이익 1억 원을 인식합니다.

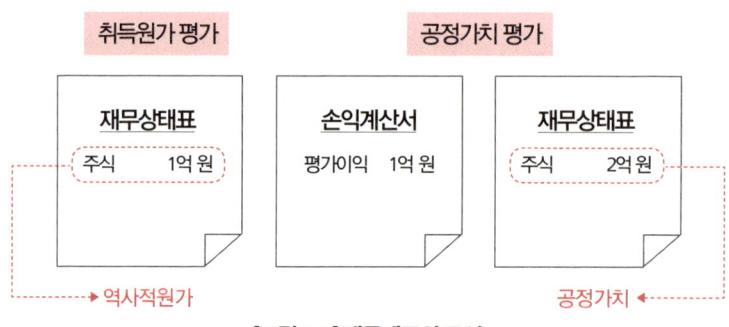

[그림 2-8] 재무제표의 표시

자산평가와 관련한 다음의 주문을 외워봅시다.

주문 1. 역사적원가로 평가하면 취득했던 가격으로 기록하므로 평가이익(또는 손실)을 인식하지 않는다.

주문 2. 공정가치로 평가하면 평가시점의 공정가치로 기록하므로 평가이익(또는 손실)을 인식한다.

역사적원가와 공정가치 중 어떤 방법으로 자산을 평가(측정)해야 할까요? 회계의 목적은 재무제표이용자의 의사결정에 유용한 정보를 제공하는 데 있습니다. 재무제표이용자의 의사결정 목적에 따라 유용한 정보는 달라질 수 있어요.

돈을 벌기 위해 주식에 투자할 때는 주식시장에 팔면 받을 수 있는 공정가치에 관심이 있겠죠. 이런 목적이라면 주식을 공정가치로 측정하는 게 적합합니다.

여유 자금을 안정적으로 운영할 목적이라면 주식보다는 채권에 투자하는 경우가 많습니다. 채권에 투자하면 매기마다 약정한 이자를 받고, 만기에 채권에 기재된 액면금액을 현금으로 받습니다. 채권을 만기까지 보유할 목적이라면 채권 가격의 상승이나 하락에는 관심이 없겠죠. 이런 목적이라면 채권을 공정가치로 평가하기보다는 취득원가로 평가하려 할 겁니다. 자산을 보유하는 목적에 따라 측정 방법도 달라져야 하므로 국제회계기준에서도 자산을 측정하는 방법으로 여러 가지를 규정하고 있습니다.

 **핵심 쏙쏙**

- 자산과 부채를 유동과 비유동으로 구분하는데, 보고기간말부터 1년 이내 여부로 유동성을 구분한다.
- 취득시점에 자산을 취득하기 위해 지급한 금액을 취득원가 또는 역사적원가라고 부른다. 역사적원가로 자산을 기록하면 평가손익을 인식하지 않는다.
- 보유하는 자산을 '지금 시점에서 판다'라고 가정할 때 받을 수 있거나 '다시 산다'면 지급할 가격을 '공정가치'라고 한다. 공정가치로 자산을 평가하면 평가손익을 인식한다.

재무제표는 사형제다

　재무제표는 재무상태표, 손익계산서, 자본변동표 및 현금흐름표와 각 표에 대한 보충적인 설명을 담은 주석으로 구성됩니다. 책에서도 본문을 보충할 목적으로 각주를 사용하죠? 주석은 재무제표사항을 보충적으로 설명할 목적으로 기재하므로 각주와 비슷한 역할을 해요.

　재무제표를 살펴보면 기업이 돈 버는 과정을 확인할 수 있습니다. 자산을 어떻게 구성해 어떤 자산을 활용해 돈을 벌려고 하는지 알 수 있어요. 네 가지 재무제표 중에서 재무상태표와 손익계산서를 주로 활용하고, 현금흐름표를 보조적으로 활용합니다.

　재무제표를 작성할 때 일정 시점이나 일정 기간으로 관련 정보를 제공해요. 일정 시점은 저량 개념, 일정 기간은 유량 개념에 해당하는데, 코로나 확진자 수로 이들 개념을 살펴봅시다.

중앙재난안전대책본부는 매일 코로나19 현황을 '신규 확진자'와 '누적 확진자'로 나눠 보고해요. 숫자로 표현된 감염병 통계는 일정 기간 측정되는 유량(flow) 자료와 일정 시점까지 쌓여있는 저량(stock) 자료로 구성됩니다.

'하루'라는 일정 기간에 발생한 신규 확진자 수는 유량 자료이고, 매일 0시까지 발생한 확진자 수를 나타내는 누적 확진자는 저량 자료에 해당해요.

자료를 만들 때 작성 목적에 따라 기준을 설명하고 대상 시점과 기간에 따라 유량과 저량 자료를 구분합니다. 일정 기간의 유량 자료를 합하면 일정 시점의 저량 자료가 됩니다. 2020년 1월 1일부터 12월 31일까지 발생한 확진환자는 60,740명(유량)인데, 2020년 12월 31일 현재 누적 확진환자는 60,740명(저량)입니다.

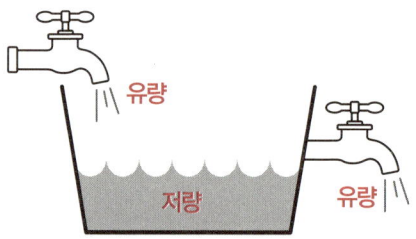

필요한 돈을 누구에게서 가져와 어떻게 썼는가

회사의 재산 상황을 나타내는 재무상태는 일정 시점인 보고기간말 측정하는 저량 자료에 해당해요. 경영성과, 자본변동 및 현금흐름은 회계기간인 일정 기간으로 측정하는 유량 자료에 해당합니다.

재무상태표는 필요한 돈을 누구로부터 빌려와 어떻게 자산을 배분했는지 보여줍니다. 채권자로부터 빌린 돈인 부채와 주주로부터 투자받은 돈을 자본이라고 했어요. 재무상태표는 회사가 필요한 돈을 누구(주주, 채권자)로부터 빌려와, 기업이 어떤 자산을 마련했는지를 표시합니다.

기업은 돈을 벌기 위해 자산을 마련합니다. 손익계산서는 기업의 돈벌이 수단인 자산을 얼마나 잘 활용하는지 알려줘요. 예를 들어 제조기업의 손익계산서는 제품을 만들어 판매한 성적표입니다. 기계장치를 사서 원재료를 투입해 생산직 근로자가 기계장치를 이용해 만든 제품을 판매사원이 시장에 판매합니다. 매출에서 제품원가와 판매사원 급여 등을 뺀 나머지를 영업이익이라고 하는데, 기업이 얼마나 경영을 잘했는지를 나타내요. 손익계산서를 살펴보면, 회사가 가진 자산(기계장치 등)을 활용한 일정 기간의 결과를 한눈에 파악할 수 있습니다.

손익계산서는 발생기준으로 작성하므로 회사가 제품을 외상으로 판매하면 돈을 받지 못해도 매출로 기록해요. 현금이 들어오고 나가는 것을 파악해 현금이 어떻게 흘러가는지 확인할 필요가 있습니다.

현금흐름표를 살펴보면 영업을 통해 벌고 쓴 돈, 투자를 위해 빌리거나 갚은 돈, 투자를 위해 지출한 돈의 흐름을 파악할 수 있습니다.

자본변동표는 자본 중에서 주주 몫을 드러내 일정 기간의 자본변동을 보여줍니다. 자본변동표를 살펴보면 자본의 세부 항목이 변동한 원인과 증감 금액을 확인할 수 있어요. 현금흐름표에는 일정 기간의 기업 현금흐름이 나타납니다.

현금흐름표를 살펴보면 일정 기간에 현금이 어떻게 움직이는지 볼 수 있어 기업이 현금 관리를 적절하게 하는지 알 수 있어요.

주석은 재무상태표를 포함한 네 개의 보고서로는 충분히 설명하지 못하는 기업의 재무상태와 경영성과에 대한 정보를 제공합니다. 주석은 재무제표이용자의 이해를 돕고 효과적으로 재무정보를 활용할 수 있게 합니다.

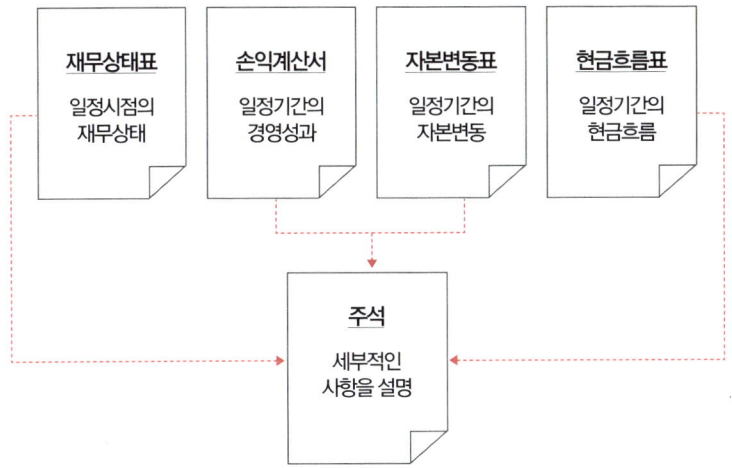

[그림 2-9] 재무제표의 종류

 핵심 쏙쏙

- 재무상태표는 일정 시점의 재무상태를 보여주고, 손익계산서는 일정 기간의 경영성과, 현금흐름표는 일정 기간의 현금흐름, 자본변동표는 일정 기간의 자본변동을 보여준다.

일반적으로 인정된 회계원칙

투자자는 재무제표를 이용해 기업들의 경영성과와 재무상태를 비교해 투자대상을 결정합니다. 기업마다 서로 다른 기준으로 손익계산서를 작성하면 재무제표이용자가 기업의 경영성과를 비교할 수 있을까요?

기업 간 재무상태나 경영성과를 비교하기 위해서는 재무제표를 작성할 때 일정한 기준이 필요합니다. 재무제표를 작성하는 일정한 기준을 '일반적으로 인정된 회계원칙(generally accepted accounting principles: GAAP)'이라고 하는데, 줄여서 회계기준 또는 회계원칙이라고 부릅니다.

우리나라의 상장기업과 금융기관은 2011년부터 일반적으로 인정된 회계원칙으로 국제회계기준을 의무적으로 적용하고 있습니다. 국제회계기준(international financial reporting standards: IFRS)은 영문이므로 우리나라에 도입하면서 직역으로 번역해 사용하고 있어 한국채택국제회계기준(K-IFRS)이라고 표현해요. 한국채택국제회계기준은 줄여서 국제회계기준 또는 회계기준이라고 표현할게요.

　비상장기업은 K-IFRS와 일반기업회계기준 중에서 선택해 재무제표를 작성하는데, 일반기업회계기준은 회계기준 제정기관인 한국회계기준원에서 제정합니다. 중소기업은 K-IFRS와 일반기업회계기준, 중소기업회계기준 중에서 선택해 재무제표를 작성하는데, 중소기업회계기준은 법무부장관이 금융위원회 및 중소기업벤처부와 협의해 고시한 회계기준입니다. 우리나라의 회계기준은 [그림 2-10]과 같이 3단계(tier)로 구성되어 있습니다.

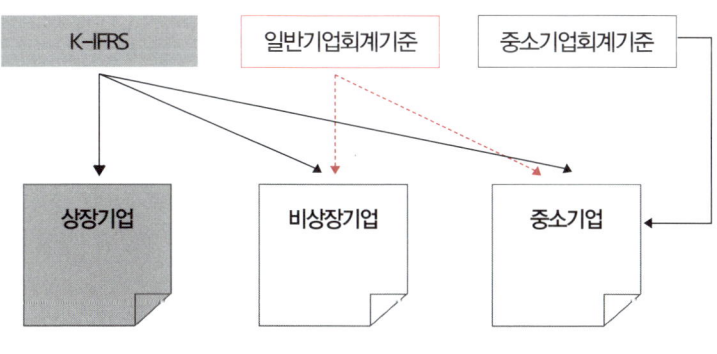

[그림 2-10] 우리나라의 회계기준

국제회계기준(IFRS)은 회계의 국제 공인어

국제회계기준은 기업의 회계처리와 재무제표의 국제적 통일성을 높이기 위해 국제회계기준위원회(International Accounting Standards Board: IASB)가 공표한 회계기준으로 전 세계 150여 개 국가에서 사용하고 있습니다. 국제회계기준은 런던에 있는 민간기구인 국제회계기준위원회가 1973년에 제정했는데, 1993년과 2002년에 발생한 사건으로 전 세계가 '하나의 회계원칙'을 적용하자는 움직임이 강해집니다.

독일 증권거래소에 상장한 메르세데스-벤츠는 미국에서도 자금을 조달하기 위해 1993년 뉴욕증권거래소에 상장을 신청합니다. 독일 회계원칙에 따르면 벤츠는 흑자를 보고했는데, 미국의 회계원칙을 적용하면서 적자로 바뀝니다. 많은 사람이 국가에 따라 회계원칙에 차이가 있다는 것은 알고 있었지만, 흑자가 적자로 변할 수 있다는 사실에 큰 충격을 받습니다. 이 사건이 발생한 시기에 국제화가 진행 중이라 전 세계 국가가 단일의 회계원칙을 적용하자는 논의가 본격적으로 시작됩니다.

미국과 영국을 중심으로 한 유럽연합(EU)은 각자 서로의 회계기준을 전 세계의 단일 회계기준으로 채택해야 한다면서 팽팽하게 맞섭니다. 2002년 미국에서 엔론과 월드콤이 벌인 회계부정사건을 계기로 유럽연합이 주도권을 쥐면서 IFRS가 글로벌 단일 회계표준으로서의 위상을 확보합니다. 유럽연합에서는 2005년부터 상장기업 재무제표를 국제회계기준에 따라 작성하고 있습니다.

　국제회계기준은 경제적 실질에 기초해 회계처리를 하는 원칙중심(principle-based)의 회계원칙입니다. 원칙중심 회계기준은 특정 사안에 대해 구체적인 회계처리를 제시하지 않고 지켜야 할 '원칙'만 제시합니다.

　국제회계기준을 전 세계 국가에서 공통으로 적용하기 위해서는 개별 국가의 법률이나 상거래 관행에 영향을 받아서는 안 됩니다. 이러한 이유로 원칙중심 회계기준인 IFRS에서는 대원칙만 제시하고 업종별 특성을 고려해 기업이 회계처리를 판단할 때 재량을 부여합니다. 국제회계기준을 적용하는 기업은 다양한 회계처리 방법 중 경제적 실질 가치를 가장 잘 표현하는 방법을 선택해 회계처리를 할 수 있어요.

핵심 쏙쏙

- 우리나라 상장기업과 금융기관은 한국채택국제회계기준(K-IFRS)에 따라 재무제표를 작성하고, 비상장기업은 K-IFRS와 일반기업회계기준 중 선택해 재무제표를 작성한다.
- 국제회계기준은 경제적 실질에 기초해 회계처리를 하는 원칙중심의 회계원칙으로 특정 사안에 대해 구체적인 회계처리를 제시하지 않고 지켜야 할 원칙만 제시한다.

적정의견 뒤에 숨어 있는 위험 신호

　김정원 씨는 답답한 아파트 생활을 떠나 전원주택을 짓기로 했어요. 김 씨는 건축사에게 주택 설계를 맡겼는데 건축에 대한 지식이 전혀 없어 시공업자가 설계도대로 집을 지을지 걱정입니다. 우리나라에서는 김정원 씨의 이런 걱정을 덜어주기 위해 감리제도를 시행하고 있습니다. 감리는 건축사의 설계도에 따라 해당 공사가 진행되는지를 확인하는 행위입니다.

　주주와 채권자 역시 기업 외부에 있어 경영진이 제시한 재무제표가 회계기준에 따라 작성되었는지 확인하기 어렵습니다. 설계도대로 건축물이 시공되었는지 확인하는 감리처럼, 재무제표가 회계기준에 따라 작성되었는지 확인하는 것을 외부감사라고 합니다.

　외부감사인이 재무제표를 검증하면 주주와 채권자를 비롯한 재무제표이용자는 감사받은 재무제표를 믿고 의사결정을 활용할 수 있습니다. 우리나라에서는 주식회사 등의 외부감사에 관한 법률(이하 '외부감사법')에 따라 일정 요건에 해당하는 회사는 의무적으로 외부감사를 받아야 합니다.

경영자는 회계기준에 따라 재무제표를 작성했을까?

　주주와 채권자는 자신의 돈을 경영자에 맡기고, 경영자는 자기 돈처럼 관리할 수탁책임을 집니다. 경영자는 수탁책임을 성실하게 이행했다는 입증을 위해 재무제표를 작성해 주주와 채권자에게 보고합니다. 주주와 채권자는 기업 외부에 있어 경영자가 회계기준에 따라 재무제표를 작성했는지 확인하기 어려워요. 주주와 채권자가 재무제표를 직접 확인하려 해도 시간과 비용이 많이 들고 검증할 능력도 부족합니다.

　이런 이유로 능력을 갖춘 독립적인 외부감사인이 재무제표를 감사해 주주와 채권자에게 결과를 보고하는 외부감사제도가 등장했어요. 자본주의의 파수꾼이라 불리는 공인회계사(CPA)가 외부감사를 수행합니다. 회사 내부에 있는 감사와 혼동하지 않도록 회사 감사는 내부감사인, 공인회계사는 외부감사인이라고 부릅니다.

외부감사는 기업의 재무제표가 회계기준에 따라 공정하게 작성되었는지 외부감사인이 회계감사를 수행하고 의견을 내는 제도입니다. [그림 2-11]에서 보듯이 외부감사인이 재무제표에 대해 회계감사를 수행하고 감사보고서를 발행하면, 재무제표이용자는 감사받은 재무제표를 믿고 자신의 의사결정에 활용할 수 있습니다.

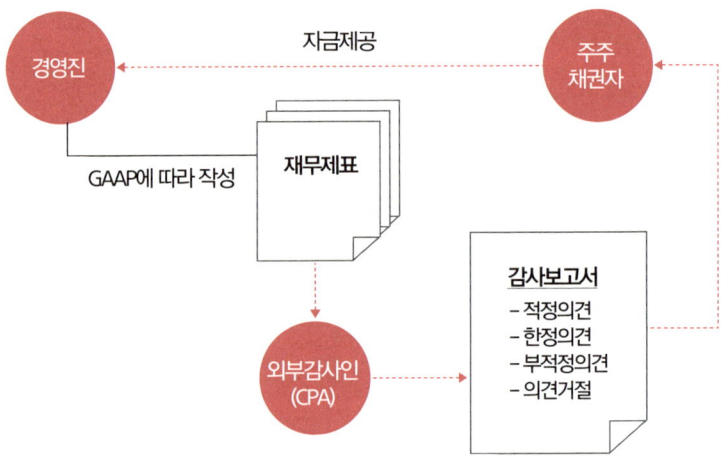

[그림 2-11] 외부감사제도

외부감사는 기업 외부에 있는 이해관계자를 보호하기 위한 제도입니다. 자기 돈으로만 기업을 운영하고 매출이 많지 않아 거래처 수도 적다면 보호해야 할 이해관계자는 거의 없을 겁니다. 이러한 이유로 보호해야 할 다수의 이해관계자가 있는 회사는 강제적으로 외부감사를 받도록 법으로 규정하고 있습니다.

우리나라에서는 외부감사법에 따라 주권상장법인, 올해나 다음 연도에 주권상장법인이 되려는 회사, 직전 연도 말 자산총액이 120억 원 이상인 회사 등은 재무제표를 작성해 외부감사인의 감사를 받아야 합니다. 외부감사인은 경영진이 작성한 재무제표가 회계원칙(한국채택국제회계기준 또는 일반기업회계기준)을 따랐는지에 대해 감사의견을 냅니다. 경영진은 회계원칙에 따라 재무제표를 작성해야 하고, 감사인은 회계원칙에 따라 재무제표가 작성되었는지 판단합니다. 경영진에게 회계원칙은 재무제표를 작성하는 기준이고, 외부감사인에게 회계원칙은 재무제표가 공정하게 작성되었는지 판단하는 기준입니다.

외부감사인은 경영진이 재무제표를 회계원칙에 따라 작성했다고 판단하면 적정의견을 표명하는데, 감사보고서에는 '적정의견입니다'라는 표현이 없어요. 감사의견 단락에서 '~ 중요성 관점에서 공정하게 작성되었습니다'라는 표현이 적정의견을 의미합니다.

적정의견을 재무상태나 경영성과가 '적정'한 것으로 오해하는 사람이 제법 많습니다. 부채가 많아 재무상태가 좋지 않고 당기순손실을 보고해 경영성과가 나빠도 재무제표가 회계원칙에 따라 작성되면, 감사인은 적정의견의 감사보고서를 발행합니다.

적정의견은 재무제표가 회계원칙에 따라 작성되었으니 기재된 금액을 믿고 의사결정에 활용할 수 있다는 의미이시, 경영성과나 재무상태가 양호하다는 뜻은 아닙니다. 적정의견을 받은 기업이라도 매출액이 줄고, 당기순손실을 보고하며, 부채가 급증해 갚을 자금이 부족하다고 판단하면 투자하지 않는 것이 좋습니다.

회계감사는 재무제표에 기재된 숫자의 정확성을 확인하는 작업입니다. 외부감사인은 '실제로 거래가 발생했는지' 등을 확인하기 위해 증거를 수집합니다. 외부감사인은 회사의 협조를 얻어 창고에 있는 상품 수량을 확인하고, 거래와 관련한 문서(계약서 등)를 회사로부터 제출받아 확인합니다. 회사 협조가 충분하지 않아 재무제표에 기재된 숫자의 신뢰성을 확인할 수 없을 때, 외부감사인은 감사보고서에 '감사범위에 제한이 있다'라고 표현합니다.

외부감사인은 회계원칙 위반사항이 중요하거나 감사증거를 수집하는데 중요한 제한이 있다고 판단하면 한정의견을 표명합니다. 감사보고서의 '~을 제외하고는 중요성 관점에서 공정하게 작성되었습니다'라는 표현이 한정의견을 의미합니다. '~을 제외'한 부분이 감사인이 한정의견을 낸 주된 사유에 해당합니다.

'부적정의견'은 회계원칙의 위반사항이 중요하고 전반적일 때 표명하는데, 실무에서 거의 보기 힘들어서 부적정의견을 표시하는 문장은 소개하지 않습니다.

기업이 목적 달성을 위해 오랫동안 경영활동을 수행한다는 것을 '계속기업의 가정'이라고 하는데, 회사의 재무제표는 '계속기업의 가정'을 전제로 작성합니다. 외부감사인은 기업에 심각한 부실 징후가 있어 앞으로 계속해서 사업을 할 수 없다고 판단하면, '계속기업 관련 불확실성'의 사유로 감사의견을 거절합니다. 경기 악화가 지속되면서 의견거절을 받는 기업이 많아졌습니다.

[그림 2-12]는 감사보고서에 감사의견이 표시된 문장을 발췌한 것으로, 내부감사인이 발행한 보고서와 구별하기 위해 감사보고서의 제목은 '독립된 감사인의 감사보고서'라고 붙입니다. 감사의견 단락만 발췌했는데, '감사의견' 단락 바로 다음에 '감사의견근거'를 기술합니다.

적정의견

독립된 감사인의 감사보고서

감사의견

우리의 의견으로는 (중략) 현재의 재무상태와 동일로 종료되는 보고기간의 재무성과 및 현금흐름을 한국채택국제회계기준에 따라, 중요성의 관점에서 공정하게 표시하고 있습니다.

한정의견

독립된 감사인의 감사보고서

한정의견

우리의 의견으로는 별첨된 회사의 재무제표는 이 감사보고서의 한정의견근거 단락에 기술된 사항이 미칠 수 있는 영향을 제외하고는 회사의 2019년 12월 31일 현재의 재무상태와 동일로 종료되는 보고기간의 재무성과 및 현금흐름을 한국채택국제회계기준에 따라, 중요성의 관점에서 공정하게 표시하고 있습니다.

의견거절

독립된 감사인의 감사보고서

의견거절

우리는 별첨된 회사의 재무제표에 대하여 의견을 표명하지 않습니다. 우리는 이 감사보고서의 의견거절근거 단락에서 기술된 사항의 유의성 때문에 재무제표에 대한 감사의견의 근거를 제공하는 충분하고 적합한 감사증거를 입수할 수 없었습니다.

[그림 2-12] 감사의견의 표시

외부감사인은 감사보고서에 [그림 2-13]에서 보듯이 핵심감사사항과 강조사항을 기재해 재무제표이용자의 합리적 의사결정에 참고할 사항을 알려줍니다. 핵심감사사항을 살펴보면 재무제표감사에서 가장 유의적인 내용을 이해하는 데 도움을 받을 수 있습니다. 강조사항은 감사인이 감사보고서에서 부각하고자 하는 내용이므로 재무제표를 이용할 때 유의해서 살펴보아야 합니다.

외부감사인은 상장기업 재무제표감사에서 가장 중요하다고 판단한 기업의 재무 이슈를 감사보고서에 핵심감사사항(key audit matter: KAM)으로 기재합니다. 외부감사인은 핵심감사사항으로 선정한 이유와 감사에서 다루어진 방법을 감사보고서에 기술합니다. 강조사항은 재무제표에 적절하게 표시되거나 공시되어 있지만, 재무제표를 이해하는 데 근본이 될 정도로 중요하다고 감사인이 판단해 감사보고서에 다시 포함해 강조한 사항입니다. 외부감사인은 기업의 핵심 재무비율이 악화하거나 심각한 영업손실이 발생해 계속기업으로서의 존속능력에 대한 중요한 불확실성이 있다고 판단하면, 그러한 내용을 감사보고서에 기재합니다.

외부감사인이 강조사항에서 계속기업 불확실성을 언급한 회사는 상장폐지 비율이 높습니다. 금융감독원에 따르면 적정의견을 받았지만, 계속기업 불확실성이 강조사항으로 기재된 기업은 그렇지 않은 기업에 비해 상장 폐지된 비율이 약 8배 가까이 높다고 합니다. 적정의견을 받은 기업이라도 강조사항에 기재된 내용을 꼼꼼하게 살펴보면 향후 상장폐지로 발생할 수 있는 위험을 예방할 수 있습니다.

핵심감사사항

독립된 감사인의 감사보고서

감사의견
　　　　(중략)
감사의견근거
　　　　(중략)
핵심감사사항
핵심감사사항은 우리의 전문가적 판단에 따라 당기 재무제표감사에서 가장 유의적인 사항들입니다. 해당 사항들은 재무제표 전체에 대한 감사의 관점에서 우리의 의견형성시 다루어졌으며, 우리는 이런 사항에 대하여 별도의 의견을 제공하지는 않습니다.

계속기업 관련 중요한 불확실성

독립된 감사인의 감사보고서

감사의견
(중략) 중요성의 관점에서 공정하게 표시하고 있습니다.
감사의견근거
　　　　(중략)
계속기업 관련 중요한 불확실성
재무제표에 대한 주석 36에 주의를 기울여야 할 필요가 있습니다.
　　　　(중략)
이러한 상황은 계속기업으로서의 존속능력에 유의적 의문을 세기할 만한 중요한 불확실성이 존재함을 나타냅니다.

[그림 2-13] 핵심감사사항과 계속기업 관련 중요한 불확실성의 표시

 **핵심 쏙쏙**

- 외부감사법에 따라 주권상장법인, 주권상장법인이 되려는 회사, 직전 연도 말 자산총액이 120억 원 이상인 회사 등은 재무제표를 작성해 외부감사인의 감사를 받아야 한다.
- 회계원칙은 경영자에게는 재무제표를 작성하는 기준이고, 외부감사인에게는 재무제표를 판단하는 기준이다.
- 감사보고서의 적정의견은 회계기준에 따라 재무제표가 공정하게 작성되었다는 의미이지, 기업의 경영성과와 재무상태가 양호하다거나 기업의 미래 전망을 보장하는 것은 아니다.
- 한정의견은 회계원칙 위반사항이 중요하거나 감사증거를 수집하는 데 중요한 제한이 있을 때 표명된다.
- 계속기업의 가정은 기업이 목적 달성을 위해 오랫동안 경영활동을 수행한다는 것으로, 재무제표를 작성할 때 기본적인 전제이다. 감사보고서에 계속기업으로서의 존속 가능성에 중요한 불확실성이 있다는 기재가 있다면 상장 폐지될 위험이 크니 유의해야 한다.
- 상장기업의 감사보고서에 기재된 핵심감사사항에는 외부감사인이 가장 중요하다고 판단한 재무 이슈가 기술되어 있다.
- 외부감사인은 재무제표이용자가 재무제표를 이해하는 데 근본이 될 정도로 중요한 내용이라고 판단하면, 재무제표에 적절하게 표시되거나 공시된 내용을 감사보고서에 강조사항으로 포함한다.

재무제표는 교과서, 주석은 참고서

주석은 재무상태표를 포함한 네 개의 보고서로는 충분히 설명하지 못하는 기업의 재무상태와 경영성과에 대한 정보를 제공해 보고서를 더 잘 이해할 수 있도록 해줍니다. 재무정보를 잘 활용하기 위해서는 네 개의 보고서와 주석을 연결해서 살펴봐야 합니다.

주석의 '일반사항'에서 회사의 개요를 확인하자

주석의 첫 페이지에는 일반적으로 회사의 개요와 주요 사업을 기술한 '일반사항'이 나옵니다. 회사의 설립연도와 상장연도, 주요 사업부문 등 회사의 핵심적인 사항을 확인할 수 있는데, 다음은 삼성전자(주)의 주석에 기재된 일반적 사항입니다.

[삼성전자 재무제표 주석의 일반적 사항]

삼성전자주식회사(이하 '회사')는 1969년 대한민국에서 설립되어 1975년에 대한민국의 증권거래소에 상장하였습니다. 회사의 사업은 CE부문, IM부문, DS부문으로 구성되어 있습니다. CE(Consumer Electronics) 부문은 디지털 TV, 모니터, 에어컨 및 냉장고 등의 사업으로 구성되어 있고, IM(Information technology & Mobile communications) 부문은 휴대폰, 통신시스템, 컴퓨터 등의 사업으로 구성되어 있으며, DS(Device Solutions) 부문은 메모리 반도체, Foundry, System LSI 등의 반도체 사업으로 구성되어 있습니다. 회사의 본점 소재지는 경기도 수원시입니다.

재무제표를 살펴볼 때 주석의 일반적 사항에서 회사 개요와 주요 사업을 살펴보고, 중요한 회계정책을 파악한 후 재무제표의 금액과 주석을 확인해야 합니다. 주석은 재무제표의 해당 과목에 번호를 붙이고 별지에 같은 번호를 표시해 세부적인 사항을 설명합니다.

재무제표 주석은 재무제표를 작성할 때 회사가 선택한 회계기준과 회계정책의 정보를 담고 있고, 재무제표의 각 항목을 보충하는 정보를 제공합니다. 금액으로 측정할 수 없어 재무제표 본문에 표시하지는 않지만, 재무 현황을 이해하는 데 필요한 중요한 정보를 담고 있습니다. 주석은 재무제표에 기재된 금액이 세부적으로 어떻게 구성되는지, 해당 금액을 계산하기 위해 사용한 근거나 추정한 방법을 포함하고 있어요. 재무제표를 읽을 때 자세한 내용을 알고 싶다면 참고서인 주석을 살펴보세요.

금융감독원 전자공시(DART)에 접속(dart.fss.or.kr)하면 기업이 공시한 자료를 확인할 수 있습니다. DART는 주권상장법인뿐만 아니라 외부감사를 받은 기업의 회계정보도 제공해요. [그림 2-14]의 화면에 회사명과 기간을 입력하고, 살펴보고자 하는 보고서를 선택하면 원하는 자료를 얻을 수 있습니다.

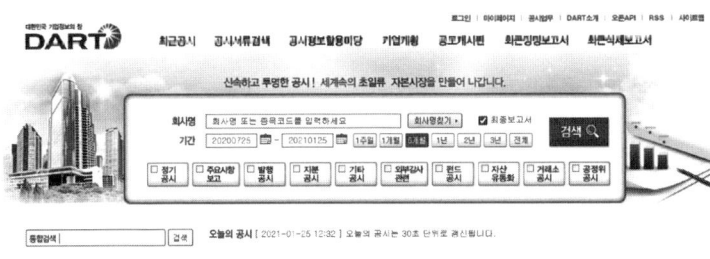

[그림 2-14] 전자공시시스템 화면

기업 정보를 사업보고서로 공개하면 일반투자자는 합리적인 투자 판단을 할 수 있어 투자자를 보호하기 위한 제도입니다.

회사는 사업연도말 경과 후 90일 이내에 '사업보고서'를, 분기·반기말 경과 후 45일 이내에 반기보고서(사업연도 개시일로부터 6월간 보고서) 및 분기보고서(사업연도 개시일로부터 3월간 및 9월간 보고서)를 발행합니다.

[그림 2-15]의 첨부 선택에 '감사보고서'와 '감사의 감사보고서'가 나타나는데, '감사의 감사보고서'는 회사의 내부감사가 작성한 것이고, '감사보고서'는 외부감사인이 작성한 문서입니다. 첨부서류 중에서 '감사보고서'와 '연결감사보고서'를 주로 활용하는데, 사업보고서의 내용과 연결해서 살펴보아야 합니다.

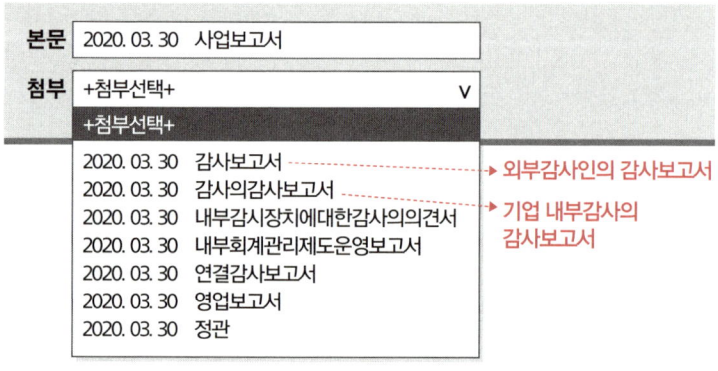

[그림 2-15] 사업보고서 첨부문서

좋은 원재료를 투입해도 생산공정에 문제가 없어야 좋은 제품을 만들 수 있습니다. 이러한 이유로 기업에서는 한 치의 오차도 없는 완벽한 제품 생산을 위해 생산공정을 관리합니다. 거래나 사건의 결과를 투입해 재무제표를 생산하는 시스템을 내부회계관리제도라고 합니다. 재무제표를 생산하는 내부회계관리제도가 적절하게 설계되고 또 그대로 운영되어야 신뢰성이 높은 재무제표가 만들어집니다.

2018년까지는 내부회계관리제도에 대해서는 감사(audit)보다 낮은 수준의 검토(review)를 받았는데, 2019년부터 자산 규모에 따라 순차적으로 감사를 받아야 합니다. 검토 절차는 주로 질문과 문서 검사로 수행하므로 소극적 확신만 부여하는데, 감사 절차는 검토 절차보다 강도가 높은 문서 검사, 관찰과 재수행을 수행하므로 적극적 확신을 부여해요.

이러한 확신 수준의 차이로 검토의견은 '위반사항이 있었다고 판단하게 하는 점이 발견되지 아니하였습니다'라는 식으로 표현하고, 감사의견은 '중요성 관점에서 효과적으로 설계 및 운영되고 있습니다'라는 식으로 기술합니다. 검토의견은 '운영과정에 이상한 점은 발견할 수 없었다'라고 약하게 표현한다면, 감사의견은 '대부분은 정상적으로 운영되고 있다'라고 훨씬 강하게 표현하는 서죠.

2019년에는 자산총액 2조 원 이상인 상장사가 감사대상이었고, 2020년에는 자산총액 5천억 원 이상인 상장사로 확대되어 2023년까지 순차적으로 모든 상장사로 확대될 예정입니다. 내부회계관리제도의 감사의견에는 한정의견은 없으며 적정의견, 부적정의견, 범위제한의 세 가지만 있습니다.

2019년 대형 상장사를 대상으로 처음 도입된 내부회계감사제도의 적용대상 160개 기업 중 4곳이 '중요한 취약점'이 발견돼 비적정의견을 받았어요. 이들 기업은 재무정보의 신뢰성을 확보하기 위해 회사가 갖추고 지켜야 할 내부통제 시스템이 미흡하다는 의미입니다.

 핵심 쏙쏙

- 주석은 재무제표를 작성할 때 회사가 선택한 회계기준과 회계정책의 정보를 담고 있고, 재무제표의 각 항목을 보충하는 정보를 제공한다.
- 상장회사 등은 사업보고서를 통해 사업 및 재무상황, 경영실적 등 기업 내용을 일반투자자에게 정기적으로 공개한다.
- 재무제표를 만드는 시스템인 내부회계관리제도는 순차적으로 확대되어 2023년까지 모든 상장사로 확대될 예정이다. 내부회계관리제도에 대한 감사의견을 확인해 재무정보의 신뢰성을 확보하기 위한 내부통제 시스템이 적절하게 운영되는지 확인해야 한다.

한 번 더! key point

- 주식회사의 주주는 자신이 투자한 금액 내에서만 책임을 진다.
  기업이 돈을 지출해, 배타적으로 사용할 권리를 갖게 되어, 그러한 권리로 미래 현금흐름이 들어오면 '자산'으로 인식한다.
- 과거 사건으로 발생해 현재의무를 부담하고 있고, 이러한 의무를 이행하는 데 경제적 효익이 유출될 것으로 예상하면 '부채'로 인식한다.
- 자산에서 부채를 빼서 자본을 계산하는데 순자산, 소유주지분 또는 주주지분이라고 표현한다.
- 복식부기는 기업에서 발생한 거래를 계정과목을 통해 차변과 대변으로 구분해 이중으로 기록한다. 차변에는 자산 증가, 부채 감소, 자본 감소, 비용 발생을 기록하고, 대변에는 자산 감소, 부채 증가, 자본 증가, 수익 발생을 기록한다.
- 유동성 정도에 따라 유동자산과 비유동자산, 유동부채와 비유동부채로 구분한다. 유동·비유동 구분은 보고기간말부터 1년 이내 현금이 유입되거나 유출되는지로 구분한다.
- 자산을 역사적원가로 측정하면 취득 시점의 원가로 계속 기록하므로 평가손익을 인식하지 않는다. 공정가치로 자산을 측정하면 평가시점의 공정가치로 기록하므로 평가손익을 인식한다.
- 재무상태표는 일정 시점의 자산, 부채와 자본을 나타내며, 손익계산서는 일정 기간의 경영성과를 보여준다. 자본변동표는 일정 기간의 자본변동을, 현금흐름표는 일정 기간의 현금흐름을 보여준다.

- 재무제표를 작성하는 일정한 기준을 일반적으로 인정된 회계원칙(GAAP)이라고 한다. 우리나라 상장기업과 금융기관은 한국채택국제회계기준(K-IFRS)에 따라 재무제표를 작성한다. 비상장기업은 K-IFRS와 일반기업회계기준 중에서 선택해 재무제표를 작성한다.
- 국제회계기준은 원칙중심의 회계원칙을 따르고 있어, 기업은 다양한 회계처리 방법 중 경제적 실질 가치를 가장 잘 표현하는 방법을 선택해 회계처리를 할 수 있다.
- 외부감사는 기업의 재무제표가 회계기준에 따라 공정하게 작성되었는지, 능력을 갖춘 독립적인 외부감사인이 재무제표를 감사하는 제도이다. 외부감사법에 따라 주권상장법인, 올해나 다음 연도에 주권상장법인이 되려는 회사, 직전연도말 자산총액이 120억 원 이상인 회사 등은 재무제표를 작성해 외부감사를 받아야 한다.
- 회사가 재무제표를 회계기준에 따라 작성하면 외부감사인은 적정의견을 표명한다. 적정의견은 회계기준을 준수해 재무제표를 작성했다는 의미이며, 기업의 경영성과나 재무상태의 양호 여부를 평가하는 것은 아니다.
- 외부감사인은 감사보고서에 핵심감사사항과 강조사항을 기재해 재무제표이용자가 의사결정에 참고할 사항을 알려준다. 핵심감사사항(KAM)은 상장기업 재무제표감사에서 외부감사인이 가장 중요하다고 판단한 기업의 재무 이슈이고, 강조사항은 재무제표이용자가 재무제표를 이해하는 데 근본이 될 정도로 중요하다고 외부감사인이 판단해 재

무제표에 기재한 사항을 다시 감사보고서에 포함해 강조한 내용을 말한다.
- ⊙ 재무제표는 계속기업의 가정에 따라 작성하는데, 외부감사인이 기업의 핵심 재무비율이 악화해 계속기업으로서의 존속 능력에 중요한 불확실성이 있다고 판단하면, 그러한 언급을 감사보고서에 기재한다.

3장.
수익과 비용은 언제, 어떻게 인식해야 할까?

수익은 기업이 경영활동의 대가로 재화 판매나 서비스 제공 또는 자금 운용 등으로 획득한 가치입니다. 비용은 수익을 획득하기 위해 소비한 경제가치입니다. 예를 들어 재료를 사용하거나 사람이 일하거나 설비를 이용하는 행위를 금액으로 바꾼 것이 회계에서 말하는 비용입니다.

회계에서는 수익을 언제, 어떻게 인식해야 할까요? 일상생활에서는 "할 일을 다 했으니 돈을 주세요"라고 말합니다. 계약조건 상 의무를 이행하면 대가를 받을 권리가 발생하므로, 회계에서도 의무이행 시점에서 수익을 인식합니다.

발생기준에서는 거래나 사건이 발생했을 때 수익을 인식하는데, 대가를 현금으로 받지 않아도 의무를 이행하면 수익을 인식하고 외상 대금을 매출채권으로 기록합니다. 비용은 수익이 발생하는 기간에 인식하는데, '수익·비용 대응의 원칙'이라고 합니다.

  수익이 비용보다 크면 순이익이라 부르고, 반대의 경우에는 순손실이라고 표현해요. 간혹 '배우 A는 연 매출액 500억 원을 올리는 중견 건설사의 장남이다'라는 뉴스를 볼 수 있어요. 수익과 이익을 혼동하면 매년 500억 원을 번다고 오해할 수 있습니다. 수익은 번 돈이고, 이익은 수익에서 비용을 뺀 금액입니다. 수익(매출)은 500억 원이고 비용이 480억 원이면 순이익은 20억 원이고, 비용이 600억 원이면 순손실은 100억 원입니다. 수익은 번 돈이므로 사업으로 남는 돈인 이익과 구분해야 합니다.

발생기준에 따라
수익을 인식하는 이유

현금기준을 적용하면 현금수입이 있을 때 수익을 기록하고, 현금지출이 있을 때 비용을 인식합니다. 회계에서는 현금의 유출입시점이 아닌, 거래가 발생했을 때 수익과 비용을 인식하는 발생기준을 적용합니다.

현금기준과 발생기준의 차이

다음 사례로 두 방법의 차이를 살펴봅시다.

2020년 브람스기업은 현금 10억 원에 산 상품을 고객에게 판매하고, 판매대금 20억 원은 2021년에 받기로 했다. 2021년 3월의 주주총회에서 2020년 경영성과에 따라 박준영 사장의 연임은 결정된다.

현금기준과 발생기준으로 손익계산서를 작성하면 [표 3-1]과 같습니다.

현금기준에서는 현금을 지출한 2020년에 비용 10억 원을 기록하고, 현금이 들어오는 2021년에 수익 20억 원을 기록합니다. 현금기준으로 손익계산서를 작성하면 2020년에 순손실 10억 원을 보고합니다.

발생기준에서는 상품을 판매한 기간에 수익과 비용을 인식하므로 2020년에 당기순이익 10억 원을 기록합니다. 2020년에 아직 받지 못한 외상 대금 20억 원은 매출채권으로 재무상태표에 보고합니다. 현금기준과 발생기준의 차이인 '돈 흐름의 차이'를 발생액(accruals)이라고 하는데, 매출채권이 발생액에 해당합니다.

구분	현금기준		발생기준
	2020년	2021년	2020년
수익	0	20억 원	20억 원
비용	(10)억 원	0	(10)억 원
순이익(손실)	(10)억 원	20억 원	10억 원

[표 3-1] 현금기준과 발생기준에 따른 순이익의 계산

현금기준을 적용하면 2020년에 당기순손실 10억 원을 보고합니다. 주주들은 경영성과가 나쁘다고 판단해 박준영 사장의 연임에 반대할 겁니다. 2020년에 상품 판매를 위해 온갖 노력을 다한 박 사장이 이러한 결정을 받아들일까요?

　현금기준으로 경영성과를 판단하면 재무제표이용자는 잘못된 의사결정을 할 수 있어요. 이러한 이유로 회계에서는 발생기준에 따라 수익과 비용을 인식합니다.

 핵심 쏙쏙

- 현금기준과 발생기준의 차이를 발생액이라고 한다. 발생기준으로 거래를 기록해야 경영성과와 재무상태를 적절하게 평가할 수 있다.

수익은 의무를 이행하는 시점에서 인식

 수익을 언제 인식하는지에 따라 당기의 경영성과는 달라질 수 있어요. 올해 인식해야 할 수익을 다음 해에 인식하면 올해 순이익은 적게, 다음 해 순이익은 크게 보고됩니다. 수익을 적절한 기간에 인식하지 않으면 기간별 경영성과는 왜곡됩니다.

 재화를 판매하거나 용역을 제공해 벌어들인 돈을 수익이라고 불러요. '재화를 인도하거나 용역을 제공한다'라는 말은 '수행의무를 이행한다'라는 의미이고, '벌어들인 돈'을 '재화나 용역의 대가로 받을 금액'이라고 표현합니다. 계약에 따른 의무를 이행하고, 현금을 받거나 현금을 청구할 수 있는 권리를 갖게 될 때 수익을 인식해요.

일상생활에서 물건을 사거나 서비스를 받기 전에 지급한 돈을 선금이라고 하고, 회계에서는 선급금이라고 합니다. 예를 들어 의약품을 제조·판매하는 동의보감은 백신 생산에 필요한 원재료 원가가 상승할 것으로 예상했습니다. 2021년 12월 말 동의보감은 재료공급업체인 안티겐에 10억 원을 지급하고 2022년 4월에 원재료를 공급받기로 합니다. 동의보감이 원재료를 받기 전에 지급한 돈을 '선급금'이라고 하고, 안티겐이 원재료를 공급하기 전에 받은 돈을 '선수금'이라고 합니다.

안티겐은 돈을 받은 대가로 원재료를 공급해야 할 '의무'가 있으니 선수금 10억 원을 부채로 인식합니다. 안티겐이 원재료를 생산하기 위해서는 비용이 발생하지만, 동의보감에 원재료를 공급해 수익을 인식하면 선수금은 사라집니다.

선수금은 재화를 인도하거나 용역을 제공하면 사라지므로 돈으로 갚아야 하는 다른 부채와는 성격이 다릅니다. 선수금이 증가하면 일감이 늘었다는 의미이므로, 향후 수익성은 개선될 수 있어 기업평가를 할 때 긍정적인 요소로 보기도 합니다.

수익과 관련한 네 가지 주문

재화는 고객에게 판매하는 시점에서 의무를 이행하므로 인도시점에서 수익을 인식합니다. 용역은 일한 정도에 따라 수익을 인식하는데, 이를 '진행기준'이라고 합니다. 일한 정도를 '진행률'이라고 표현하는데, 진행기준에서는 계약 대가에 진행률을 곱해 수익을 인식합니다. 다음의 선샤인 사례로 용역제공기업에서 수익을 어떻게 인식하는지 살펴봅시다.

청소업체인 선샤인은 2020년부터 2021년까지 태양기업에 청소용역 10회를 제공하기로 하였다. 계약금액은 4,000원이다.

용역제공기업인 선샤인은 용역의 제공 횟수에 따라 진행률을 측정합니다. 선샤인은 2020년과 2021년에 용역을 각각 4회와 6회 제공하면 진행률은 각각 40%와 60%입니다. 진행기준에서는 계약금액에 진행률을 곱해 2020년과 2021년에 각각 1,600원(4,000원 × 40%)과 2,400원(4,000원 × 60%)을 수익으로 인식합니다.

선샤인이 용역을 제공하기 전에 계약금액 4,000원을 받으면 어떻게 처리할까요? 선샤인은 2020년에 수익 1,600원을 인식하므로 계약금액 4,000원 중 선금 2,400원은 2021년에 용역을 제공해야 할 의무가 있습니다.

[그림 3-1]에서 보듯이 2020년 말 재무상태표에 선수금(부채) 2,400원을 보고하고 매출액 1,600원을 기록합니다. 2021년에 용역을 제공하면 부채(선수금)는 소멸하고 수익 2,400원을 인식합니다.

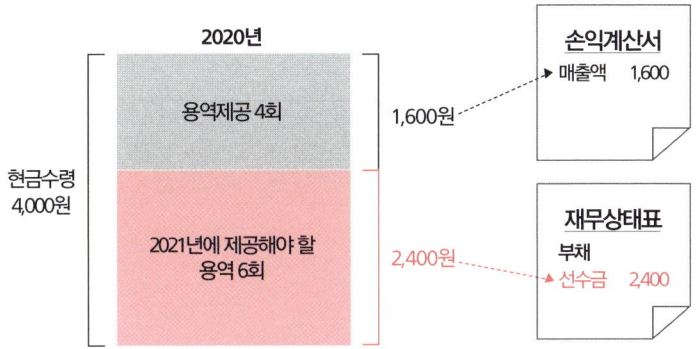

[그림 3-1] 진행기준에 따른 수익 인식

[그림 3-2]에서 보듯이 의무(재화 인도, 용역 제공)를 이행하는 시점에서 수익을 인식합니다. 의무를 이행하기 전에 현금을 먼저 받으면 선수금(부채)으로 기록해요. 의무를 이행했는데 현금을 나중에 받기로 했다면 매출채권으로 분류합니다.

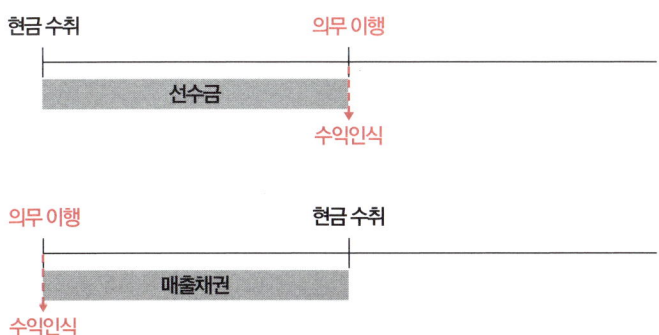

[그림 3-2] 매출채권과 선수금

마지막으로 수익과 관련한 다음의 네 가지 주문을 외워봅시다.

주문 1. 계약상 의무를 이행하는 시점에 수익을 인식한다.

주문 2. 의무를 이행하기 전에 받은 돈은 선수금(부채)으로 분류한다.

주문 3. 선수금은 의무를 이행하는 시점에서 사라지고, 동 금액을 수익으로 인식한다.

주문 4. 계약상 의무를 이행하고 대가를 나중에 받는다면 매출채권(자산)으로 분류한다.

 **핵심 쏙쏙**

- 재화를 인도하거나 용역을 제공한다'라는 말은 '수행의무를 이행한다'라는 의미이다. 계약에 따른 의무를 이행하고, 현금을 받거나 현금을 청구할 수 있는 권리를 갖게 될 때 수익을 인식한다.
- 선수금은 수행의무를 이행하기 전에 받은 돈으로, 수행의무를 이행하면 선수금을 제거하고 수익을 인식한다.
- 재화는 고객에게 판매하는 시점에 수익을 인식한다.
- 용역은 일한 정도인 진행기준에 따라 수익을 인식한다.

합리적인 방법으로 비용을 인식하려면

일상생활에서 어떤 일을 하는 데 돈이 든다면 '비용이 발생한다'라고 표현하죠? 수익과 마찬가지로 비용도 언제 인식하느냐에 따라 기간별 손익이 다르게 계산됩니다. 수익이 발생하는 기간에 비용을 인식하는 것을 '수익·비용 대응의 원칙'이라고 합니다.

수익을 인식하는 시점에서 비용도 인식

상기업은 제조기업이 생산한 제품을 사서 일정한 이윤을 붙여 최종소비자에게 판매합니다. 상기업은 상품을 사는 시점에서 비용으로 인식해야 할까요? 아니면 상품을 판매하는 시점에서 비용으로 인식해야 할까요? 상품을 산 이유는 상품을 판매해서 돈을 벌기 위해서입니다. 이러한 이유로 상품을 산 시점이 아니라 상품을 판매하는 시점에서 비용을 인식해요.

"기업이 언제 비용을 인식해야 하냐?"라고 물으면, "수익이 언제 발생했냐?"라고 되물어보세요. 그럼 기업이 비용을 언제 인식해야 하는지 명확하게 알 수 있습니다.

상품은 판매하기 전까지 창고에 보관합니다. 창고(庫)에 있는(在) 자산(資産)이라는 의미에서 재고자산(在庫資産)이라고 불러요. 상품은 산 시점부터 고객에게 상품을 판매하는 시점까지 재고자산으로 분류합니다. 제조기업에서는 창고에 보관 중인 원재료와 제품도 재고자산에 해당합니다. 보고기간말 현재 완성되지 않아 생산공정에 있는 미완성품을 재공품이라고 하는데, 다음 연도에 완성해서 판매하므로 재고자산으로 분류합니다.

[그림 3-3]에서 보듯이 상품의 매입시점부터 판매시점까지는 자산(재고자산)으로 기록합니다. 매출을 인식하는 시점에서 재고자산을 제거하고 매출원가를 인식하면 수익과 비용을 직접 대응시킬 수 있습니다. '비용은 수익이 발생하는 시점에 인식한다'라는 수익·비용 대응의 원칙을 잊지 마세요.

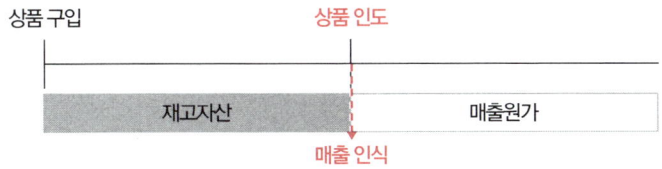

[그림 3-3] 매출과 매출원가의 인식

　매출원가는 매출을 발생시키기 위해 지출한 원가입니다. 예를 들어 상품을 1,000원에 매입해 1,500원에 판매하면 매출과 매출원가로 각각 1,500원과 1,000원을 기록합니다. 매출총이익은 매출액에서 매출원가를 차감해서 계산하는데, 상품 판매로 얻은 이익 500원이 매출총이익입니다.

수익에 비용을 직접 대응시킬 수 없다면, 비용은 언제 인식해야 할까?

　1830년 9월 인류 최초의 철도인 리버풀·맨체스터철도가 개통되었는데, 주주들은 매년 거액의 배당금을 받습니다. 이러한 모습을 본 투자자들이 런던·버밍엄철도와 그레이트웨스턴철도의 주주가 되기 위해 몰리기 시작해요. 경영자는 주주의 기대에 부응하기 위해 배당금을 줘야 하는데, 심각한 문제가 발생합니다. 철도사업은 노선이 지나는 곳의 토지를 구입하고, 터널을 뚫고, 침목을 깔아 철로를 놓고, 기관차와 객차를 제조해야 하므로 막대한 투자가 필요해요. 투자 시점에 투자금을 비용으로 처리하면 거액의 손실을 보고하는데, 투자가 없는 기간에는 이익을 보고합니다. 기업은 이익이 있어야 배당할 수 있는데, 어느 시기에 투자한 주주인지에 따라 배당금이 달라져요. 이러한 문제를 어떻게 해결했을까요?

철도회사 경영자는 이익을 평준화하고 주주에게 안정적으로 배당금을 지급할 방법을 만들어 냅니다. 자산을 샀을 때 비용으로 처리하지 않고, 투자금인 기관차의 취득원가를 자산의 사용기간에 걸쳐 비용으로 인식하는 '감가상각'을 고안합니다. 기관차는 장기간 사용하므로 기관차의 취득원가도 장기간에 걸쳐 인식해야 한다며 이론적 근거로 수익·비용의 대응 원칙을 제시합니다. 기관차가 돈을 버는 기간에 걸쳐 기관차 취득원가를 비용으로 나눠 인식해야 수익과 비용을 적절하게 대응할 수 있다는 논리로 감가상각의 근거를 확보합니다.

기업은 유형자산을 영업활동에 사용해 돈을 법니다. 토지를 제외한 모든 유형자산(건물, 기계장치, 차량운반구, 비품 등)은 '돈을 벌어주는 기간(수익이 발생하는 기간)'이 한정되어 있어요. 감가상각은 유형자산의 취득원가를 수익이 발생하는 기간에 걸쳐 비용으로 인식하는 방법입니다. 이렇게 취득원가를 수익이 발생하는 기간에 걸쳐 비용으로 인식하면 수익과 비용을 적절하게 대응시킬 수 있어요.

감가상각처럼 비용을 인식하는 것을 '체계적이고 합리적으로 비용을 인식한다'라고 표현합니다. 감가상각에는 여러 가지 방법이 있습니다. '체계적'이란 한 번 선택한 감가상각방법은 상황 변화가 없다면 계속해서 적용해야 한다는 의미이고, '합리적'이란 발생하는 수익에 비용을 적절하게 대응시킬 수 있는 감가상각방법을 적용하라는 뜻입니다.

자, 다음의 감가상각 주문을 외워볼까요?

주문. 유형자산의 취득원가는 자산을 사용해 수익이 발생하는 기간에 걸쳐 비용으로 인식한다.

예를 들어 기계장치를 5년간 사용할 수 있다면, 취득원가 5,000원을 5년으로 나눠 매년 1,000원을 비용으로 인식할 수 있겠죠? 기계장치의 취득원가를 사용 가능한 기간으로 나눠 매년 비용으로 인식하는 금액을 감가상각비라고 불러요.

[그림 3-4]에서 보듯이 기계장치를 5년간 사용할 것으로 예측하면 취득원가는 5년에 걸쳐 감가상각비로 인식합니다.

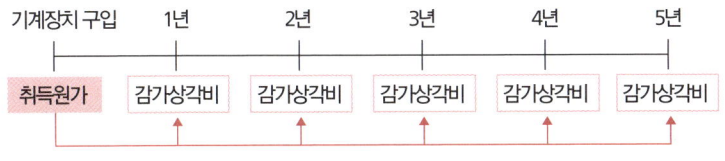

[그림 3-4] 감가상각 : 취득원가의 기간별 배분

비용 인식은 다음 페이지의 [그림 3-5]에서 보듯이 세 단계로 구분할 수 있습니다.

수익에 비용을 직접 대응시킬 수 있다면, 매출원가나 판매수수료처럼 수익이 발생한 시점에 비용을 인식합니다(1단계). 직접 대응이 가능하지 않다면 감가상각비처럼 체계적이고 합리적인 방법으로 비용을 인식해요(2단계). 체계적이고 합리적인 방법으로 비용을 인식하는 것도 가능하지 않다면, 광고비처럼 지출한 기간의 비용으로 인식합니다(3단계).

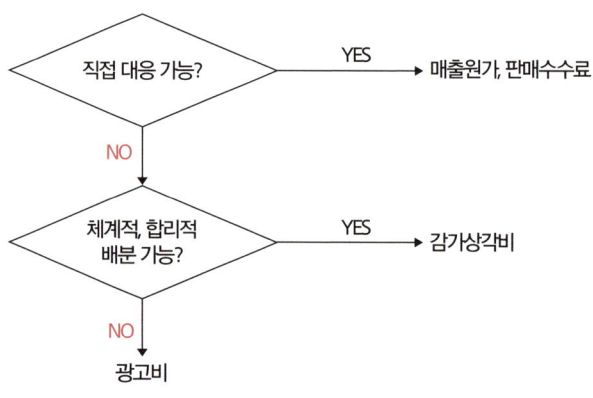

[그림 3-5] 비용 인식의 3단계

 핵심 쏙쏙

- 비용은 수익비용 대응의 원칙에 따라 수익이 발생한 기간에 인식한다.
- 유형자산의 취득원가를 자산의 사용기간에 걸쳐 비용으로 인식하는 것을 감가상각이라고 하고, '체계적이고 합리적인 방법으로 비용을 인식한다'라고 표현한다.

손익은 어떻게 계산할까?

손익계산서(income statement)는 기업의 수익성에 관한 정보를 제공하는데, 경영활동을 얼마나 잘했는지 보여주는 기업의 성적표에 해당합니다.

청춘(주)의 사례로 수익과 비용을 어떻게 계산하는지 살펴봅시다.

2021년 청춘(주)는 상품 10억 원을 구매해 20억 원에 판매하였다. 당기에 급여 2억 원, 임차료 1억 원과 이자 1억 원을 현금으로 지급했다.

수익은 20억 원에서 비용 합계인 14억 원(매출원가 10억 원 + 급여 2억 원 +

임차료 1억 원 + 이자 1억 원)을 차감하면 당기순이익(net income)은 6억 원으로 계산됩니다. 당기순이익이 높을수록 경영을 잘했다고 평가하고, 경영성과가 좋지 않아 수익보다 비용이 많으면 당기순손실이라고 표현합니다.

손익계산서

청춘(주)　　　2021년 1월 1일부터
　　　　　　　12월 31일까지　　　　　　　(단위 : 억 원)

수익		
매출		20
비용		
매출원가	10	
급여	2	
이자비용	1	
임차료	1	14
당기순이익		6

미래의 현금흐름을 예측하려면

　재무제표이용자는 미래 현금흐름을 예측하기 위해 손익계산서를 이용합니다. 미래 현금흐름을 어떻게 예측하는지 살펴봅시다. 올해 발생한 수익과 비용을 기초로 내년의 수익과 비용을 추정해 순이익을 예측할 수 있어요.

　올해는 발생했으나 내년에 발생할 가능성이 크지 않다고 판단한 수익과 비용 항목은 고려하지 않는 게 좋겠죠? 예를 들어 올해 당기순이익에는 토지나 주식을 처분해 발생한 이익이 포함되어 있어요. 내년에도 토지 처분 등 똑같은 방법으로 이익을 증가시키기는 힘들겠죠? 매년 발생하기 힘든 토지나 주식의 처분이익은 내년의 순이익을 예측할 때 제외합니다.

옆 페이지에 있는 청춘(주)의 손익계산서처럼 작성하면 반복적인 주된 영업활동(판매 활동)과 비반복적이면서 부수적인 활동(주식·토지 처분)을 구분할 수 없어요. 주된 활동과 부수적인 활동을 구분할 수 없다면 미래 현금흐름을 예측하기 힘들겠죠?

이런 이유로 다단계손익계산서가 등장했는데, 4장에서 자세하게 살펴볼게요. 다단계손익계산서는 수익을 매출, 기타수익과 금융수익으로 구분하고, 비용은 매출원가, 판매비와관리비, 기타비용과 금융비용으로 구분합니다. 다단계손익계산서는 수익과 비용을 분해해 수익과 비용을 활동별로 구분해 단계별 손익을 계산하는 방식입니다.

핵심 쏙쏙

- 손익계산서는 기업의 수익성에 관한 정보를 제공한다.
- 수익에서 비용을 차감해 당기순이익을 계산하는데, 당기순이익이 높을수록 경영을 잘했다고 평가한다.

당기순이익과 이익잉여금

손익계산서와 재무상태표는 당기순이익으로 연결됩니다. 어떤 방법으로 당기순이익이 손익계산서와 재무상태표를 연결하는 다리가 되는지 살펴봅시다.

회사 설립 시점의 재무상태표

2021년 1월 1일 청춘(주)는 자본금 10억 원에 설립했는데, 은행으로부터 10억 원을 차입하면 2021년 초 재무상태표는 다음과 같습니다.

차입금은 만기에 갚아야 하는 '의무'가 있으므로 부채로 분류합니다.

재무상태표

청춘(주)　　　　　　　2021년 1월 1일　　　　　　　(단위:억 원)

[자산]		[부채]	
현금	20	차입금	10
		부채총계	10
		[자본]	
		자본금	10
		자본총계	10
자산총계	20	부채와 자본총계	20

자산과 부채의 주문을 외워봅시다.

주문 1. 권리가 발생하면 자산은 증가하고, 권리가 소멸하면 자산은 감소한다.

주문 2. 의무가 발생하면 부채는 증가하고, 의무를 이행하면 부채는 감소한다.

2021년에 당기순이익 6억 원이 발생했습니다. 2021년 손익계산서의 당기순이익 6억 원을 2021년 말 재무상태표의 이익잉여금에 반영하면 다음과 같습니다.

재무상태표

청춘(주) 2021년 12월 31일 (단위:억 원)

[자산]		[부채]	
현금	26	차입금	10
		부채총계	10
		[자본]	
		자본금	10
		이익잉여금	6
		자본총계	16
자산총계	26	부채와 자본총계	26

 기업이 보고한 당기순이익은 곳간인 이익잉여금에 쌓입니다. 2021년에 보고한 당기순이익 6억 원은 2021년 말 곳간인 이익잉여금에 쌓입니다. 2022년에 당기순이익 12억 원을 보고하면 2022년 말 이익잉여금은 18억 원(기초이익잉여금 6억 원 + 당기순이익 12억 원)으로 증가합니다.

 [그림 3-6]에서 자본을 자본금과 이익잉여금으로 구분하고 있죠? 기업이 사업을 계속하기 위해서는 자금이 필요한데, 자본금은 사업밑천에 해당해요. 사업밑천을 주주에게 배당으로 지급하면 기업 운영을 위한 자금이 줄어들어 회사는 정상적인 영업을 할 수 없습니다. 이러한 이유로 주주가 배당으로 가져갈 수 있는 돈(이익잉여금)과 사업밑천(자본금)을 자본에서 별도로 분류합니다.

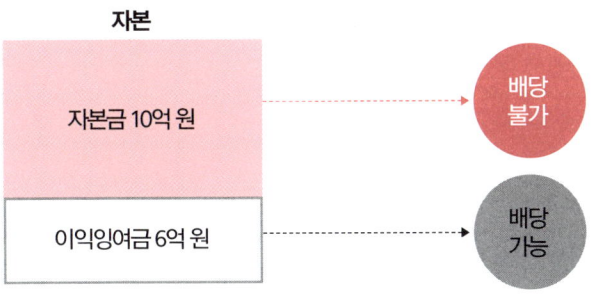

[그림 3-6] 자본금과 이익잉여금

배당은 기업이 주주에게 소유 지분에 따라 이익을 분배하는 것으로, 이익배당이라고도 불러요. 이익배당이 가능한 금액은 재무상태표의 자본총계에서 상법에서 정해진 항목을 공제해 계산하는데, 상당히 복잡하므로 '이익잉여금이 있어야만 배당할 수 있다'라고만 기억합시다. 이익배당은 이사회 결의를 받고 잉여금 처분사항이므로 주주총회의 승인을 받아 확정됩니다.

회사 경영진은 이익잉여금을 배당으로 지급하기보다는 설비투자를 위한 재원으로 사용할 수 있습니다. 이런 이유로 이익이 발생해도 주주가 배당을 받을 수 있는 건 아니에요.

회계기간이 종료하면 재무제표를 작성합니다. 손익계산서를 먼저 작성하고, 다음 페이지의 [그림 3-7]처럼 2021년에 발생한 손익계산서의 당기순이익 6억 원을 2021년 말 이익잉여금에 가산합니다. 손익계산서의 당기순이익을 재무상태표의 이익잉여금으로 옮겨 쓰는 과정을 마감분개라고 합니다. 마감분개는 올해 발생한 수익과 비용 계정을 마무리 짓고, 다음 회계기간의 수익과 비용이 0원에서 출발할 수 있는 상태로 만들기 위해 수행합니다.

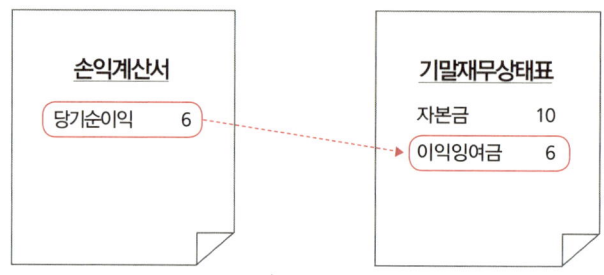

[그림 3-7] 손익계산서와 재무상태표의 연계

이익 중 쓰고 남은 금액, 이익잉여금

'잉여'란 쓰고 난 후 남은 것을 의미하는데, 이익잉여금은 이익에서 쓰고 남은 금액을 말합니다. 기업이 당기순이익을 보고하면 이익잉여금은 증가하고, 당기순손실을 보고하면 이익잉여금은 감소해요.

주주에게 현금배당을 지급하면 이익잉여금은 감소합니다. 이익잉여금은 주주에게 배당하지 않고 회사에 남겨 놓은 주주 몫인데, 다음과 같은 계산식으로 정리할 수 있어요.

> 기말 이익잉여금 = 기초 이익잉여금 + 당기순이익 - 당기순손실 - 배당금

　수익보다 비용이 많아 손실이 발생하면 당기순손실이라 표현합니다. 이런 상황이 지속되면 위 계산식에서 기말 이익잉여금은 음수(-)가 되겠죠? 이때는 결손금이라고 부르고 자본에서 차감합니다. 결손금이 발생하면 자본은 적어지고 자본잠식에 빠질 수 있습니다.

　예를 들어 2022년에 청춘(주)는 당기순손실 10억 원을 보고했습니다. 기초 이익잉여금(2021년 말) 6억 원에서 당기순손실 10억 원을 차감하면 재무상태표에 결손금 4억 원을 보고합니다. 2021년 말 현금 26억 원에서 2022년 말 현금은 16억 원으로 10억 원이 감소했어요. 당기순손실 10억 원만큼 현금이 감소했죠?

　당기순손실을 지속해서 보고하면 자산은 감소하고, 자본금(10억 원)보다 자본(6억 원)이 적으므로 자본잠식(4억 원)이 발생합니다.

재무상태표

청춘(주)　　2022년 12월 31일　　(단위: 억 원)

[자산]		[부채]	
현금	16	차입금	10
		부채총계	10
		[자본]	
		자본금	10
		결손금	(4)
		자본총계	6
자산총계	16	부채와 자본총계	16

핵심 쏙쏙

- 자본은 사업밑천인 자본금과 주주에게 배당 가능한 이익잉여금을 구분해서 표시한다.
- 이익잉여금이 있어야만 이익배당이 가능하다. 이익잉여금은 당기순이익을 보고하면 증가하고, 당기순손실을 보고하고 배당금을 지급하면 감소한다.
- 당기순손실을 계속 보고해 이익잉여금이 음(-)의 금액이 되면 결손금이라고 부른다. 결손금이 커져 '자본금 > 자본총계'이면 자본잠식에 빠졌다고 표현한다.

한 번 더! key point

- 현금기준은 현금이 들어올 때 수익을 인식하고, 현금을 지출할 때 비용을 인식한다. 회계에서는 발생기준으로 수익과 비용을 인식하는데, 현금기준과 발생기준의 차이를 발생액이라고 한다.
- 계약상 의무(재화 인도, 용역 제공)를 이행하는 시점에 수익을 인식하고, 계약상 의무를 이행하고 대가를 나중에 받는다면 매출채권(자산)으로 인식한다. 의무를 이행하기 전에 받은 돈은 선수금(부채)으로 분류하고, 의무를 이행하면 선수금은 사라지고 수익을 인식한다.
- 재화는 인도하는 시점에서 수익을 인식하고, 용역(서비스)의 제공은 진행기준에 따라 수익을 인식한다. 진행기준은 일한 정도인 진행률을 측정해 계약금액에 진행률을 곱해 수익을 인식한다.
- 비용은 수익비용 대응의 원칙에 따라 인식한다. 매출원가나 판매수수료처럼 수익에 비용을 직접 대응시킬 수 있다면, 수익이 발생한 시점에 비용을 인식한다. 유형자산의 취득원가는 수익이 발생하는 기간에 걸쳐 감가상각해 비용으로 인식한다.
- 수익에서 비용을 차감해 손익을 계산하는데, 수익이 비용보다 크면 당기순이익을 보고하고 반대의 경우에는 당기순손실을 보고한다.
- 권리가 발생하면 자산이 증가하고, 권리가 소멸하면 자산은 감소한다. 의무가 발생하면 부채가 증가하고, 의무를 이행하면 부채는 감소한다.
- 자본은 사업밑천인 자본금과 주주에게 배당 가능한 이익잉여금으로 구분한다. 이익잉여금은 당기순이익을 보고하면 증가하고, 당기순손실을 보고하거나 배당금을 지급하면 감소한다.

4장.
손익계산서가
담고 있는
메시지

2011년 개봉한 브래드 피트(Brad Pitt) 주연의 영화 '머니볼(Moneyball)'은 메이저리그 단장이 약팀을 강하게 발전시키는 이야기를 담고 있어요. 영화에서는 몸값은 낮지만, 기량이 뛰어난 선수를 영입할 때 가치를 종합적으로 평가하기 위해 경기 데이터를 활용해요. 회계정보를 활용하는 과정 역시 야구 데이터 분석 과정과 비슷합니다.

야구 데이터 분석은 '데이터 수집 → 가공 → 분석'으로 진행합니다. 야구에서 경기 내용을 기록하는 과정은 '데이터 수집'에 해당해요. 회계에서는 기업의 경영활동 정보를 화폐 단위로 인식·측정해 회계장부에 반영하는데, 이러한 과정이 '데이터 수집'이죠.

야구는 수집한 데이터로 선수의 기초 능력을 평가하기 위해 타율, 평균자책점 등을 산출하는 방식으로 데이터를 가공합니다. 회계에서는 회계장부에 기록한 거래를 매출액과 영업외수익으로 분류하고, 비용을 매출원가와 영업외비용으로 분류해요. 이렇게 수익 및 비용을 분류하는 작업이 데이터를 가공하는 단계입니다.

야구에서는 OPS(출루율 + 장타율), WAR(대체선수 대비 승리 기여도), WPA(승리확률 기여도) 등의 데이터를 분석해 엔트리(entry, 경기 출전 명부)를 확정해요. 회계에서는 매출, 매출원가, 당기순이익 등 수집한 자료로 추세 및 증감 분석을 수행하는 방식으로 데이터를 분석합니다. 이러한 분석으로 차기 매출액과 당기순이익을 예측합니다.

'회계머리'를 갖추려면 손익계산서가 어떤 항목으로 구성되어 있는지, 각 구성항목은 어떤 메시지를 담고 있는지 해석할 수 있어야 합니다.

손익계산서를 요소별로 분해하면

　손익계산서를 [그림 4-1]처럼 분해해 수익과 비용을 구성하는 각 요소를 살펴봅시다. 수익은 매출, 기타수익과 금융수익으로 구분하고, 비용은 매출원가, 판매비와관리비, 기타비용과 금융비용으로 분류할 수 있어요.

　매출, 매출원가와 판매비와관리비는 영업활동에 해당하고, 영업외활동으로는 기타수익, 금융수익, 기타비용과 금융비용으로 구분할 수 있어요. 각 구성요소를 어떻게 측정하는지 살펴보겠습니다.

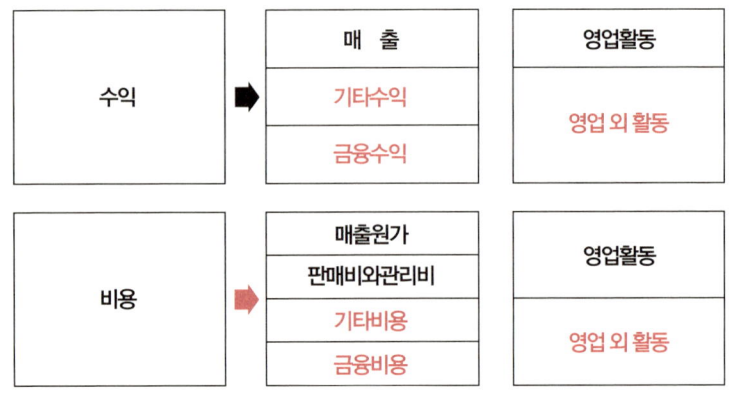

[그림 4-1] 수익과 비용의 요소별 분해

손익계산서의 매출액은 '순매출액'으로 기록한다

매출은 기업의 주된 영업활동에서 발생한 총매출액에서 매출할인, 매출환입과 에누리를 빼서 계산합니다. 판매시점에서는 판매가격인 총매출액으로 기록하는데, 판매시점 이후에 매출할인, 매출환입과 에누리가 발생해요.

매출할인은 약정기일 전에 거래상대방이 대금을 지급하면 일정액을 깎아주는 혜택이에요. 보통 여유가 있어도 약정일이 되어서야 돈을 갚잖아요? 매출할인은 외상 대금을 약정일보다 조기에 회수하기 위해 부여하는 조건이에요. 예를 들어 상품 10,000원을 외상 판매하고 외상 대금은 30일 이내 결제해야 하는데, 매입처가 10일 이내 결제하면 1%를 할인해주기로 했어요. 거래처가 10일 내 대금을 결제하면 9,900원(외상대금 10,000원 × 할인율 1%)을 받고, 깎아주는 100원이 매출할인입니다. 총매출액 10,000원에서 100원을 뺀 9,900원으로 매출액을 기록해요.

판매한 상품에 하자가 있으면 거래상대방은 반품하거나 깎아 달라고 요청합니다. 반품은 판매된 상품이 기업으로 '돌아와(還)' 창고로 '들어온다(入)'라는 의미에서 매출환입(賣出還入)이라고 표현합니다. 매출에누리는 상품에 하자가 있어 값을 깎아주는 것으로, 실무에서는 매출환입과 매출에누리를 합해 '매출환입과 에누리'라고 불러요.

총매출액에서 매출할인, 매출환입과 에누리를 차감한 금액을 순매출액이라고 하는데, 손익계산서의 매출액은 '순매출액'입니다.

▼ 손익계산서 기록 매출액

매출액 = 총매출액 − 매출할인 − 매출환입과 에누리

매출액은 '판매가격 × 판매수량'으로 계산하는데, 판매가격이 오르거나 판매수량이 증가하면 매출액이 늘어요. 수요가 늘거나 공급이 부족하면 판매가격이 상승하거나 판매량이 증가합니다. 환율이 상승하면 외화를 원화로 환산한 매출액이 커집니다. 매출액에 변화가 발생하면 가격, 수량, 환율 중 어떤 요인으로 변동했는지 분석해야 합니다.

재고자산은 상품을 판매한 시점에서 매출원가로 인식

매출원가는 당기에 판매된 제품이나 상품 등 매출액에 대응하는 제품원가 또는 매입원가를 의미합니다.

제조기업인 삼성전자는 원재료를 생산공정에 투입해 제품을 만들어요. 상기업인 롯데하이마트는 삼성전자로부터 제품을 사서 소비자에게 판매하기 전까지 상품으로 분류합니다. 상품이나 제품은 판매하기 전까지 재무상태표의 재고자산으로 분류하고, 판매한 때 손익계산서에 매출원가(비용)로 인식합니다.

▼재고자산 등식

> 기초재고액 + 당기매입액 = 매출원가 + 기말재고액
> 매출원가 = 기초재고액 + 당기매입액 − 기말재고액

냉장고에 맥주 2캔이 있는데 10캔을 사서 냉장고에 넣었어요. 8캔을 마셨다면 냉장고에는 맥주캔이 몇 개가 남았을까요? 재고자산 등식은 '기초재고액 + 당기매입액 = 매출원가 + 기말재고액'입니다. 기말재고액에 대해 정리하면 '기말재고액 = 기초재고액 + 당기매입액 − 매출원가'로 표현할 수 있어요. 재고자산 등식에 맥주캔을 넣으면 냉장고에 남은 맥주캔을 다음과 같이 계산할 수 있습니다.

> 2캔 (기초재고액) + 10캔 (당기매입액) − 8캔 (매출원가) = 4캔 (기말재고액)

　[그림 4-2]에서 보듯이 매입한 상품 중 판매한 부분은 매출원가로 기록하고, 창고에 남아있는 상품은 재고자산으로 보고해요. 예를 들어 로우마트는 세별전자로부터 상품 100개를 개당 1,000원에 사서 올해 소비자에게 80개를 개당 2,000원에 판매했어요. 로우마트는 매출액과 매출원가로 각각 160,000원(80개 × 2,000원)과 80,000원(80개 × 1,000원)을 인식하고, 재무상태표에 기말재고자산은 20,000원(20개 × 1,000원)으로 기록합니다.

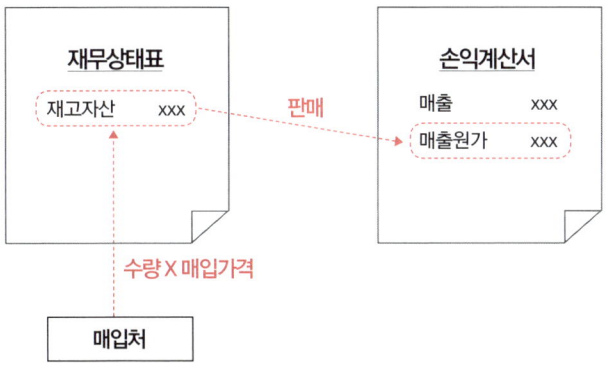

[그림 4-2] 재고자산과 매출원가

　매출액에서 매출원가를 차감해 매출총이익을 계산하는데, 매출액이 일정해도 매출원가가 감소하면 매출총이익은 증가합니다. 재고자산 등식을 살펴보면, 기말재고액이 증가하면 매출원가는 작아지죠? [그림 4-3]에서 보듯이 기말재고가 증가하면 매출원가는 감소해서 당기순이익이 늘어나요. 당기 기말재고는 차기에는 기초재고이므로, 기초재고가 증가하면 매출원가도 증가하므로 당기순이익은 감소합니다.

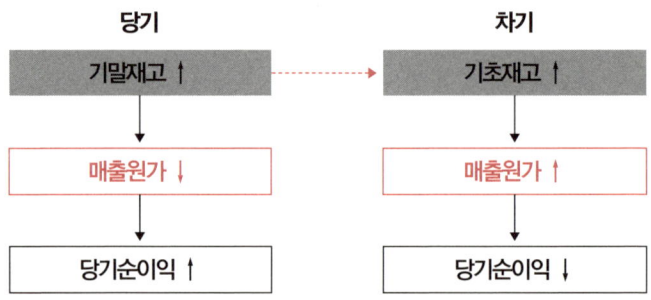

[그림 4-3] 기말재고가 당기순이익에 미치는 영향

실무에서 적정 재고량 이상으로 상품을 매입하거나 제품을 생산해 기말재고액을 늘려 매출원가를 작게 만들어 매출총이익을 크게 보고하기도 합니다. 이러한 현상을 실물활동 이익조정이라고 합니다.

이익조정(earnings management)은 개인적인 이익을 얻기 위해 외부에 재무제표를 보고할 때 의도적으로 개입하는 행위입니다. 이익조정은 회계기준 범위 내에서 재무나 생산에 대한 의사결정을 조정하거나 회계추정이나 회계처리 방법을 선택해 보고이익을 조정하는 행위를 말합니다.

실물활동 이익조정은 회계기준을 위반하는 행위는 아니지만, 적정 재고량 이상으로 상품을 매입하거나 제품을 생산해 기업의 자원을 효율적으로 활용하지 못하므로 기업가치를 훼손시킬 수 있습니다. 기말재고액은 다음 해에는 기초재고액이 되어 매출원가를 늘리므로, 기업은 다음 해에도 필요 이상으로 구매하거나 생산해야 합니다.

이익조작은 회계기준을 위반한 이익조정으로 분식회계나 회계부정이 이에 해당합니다. 분식회계는 회사 실적을 좋게 보이도록 회사의 장부를 조작하는 것으로, 가공 매출을 기록하거나 비용을 적게 보고하거나 누락시키는 행위를 포함해요. 분식회계는 회사의 재무상태와 경영성과를 거짓으로 만들어 투자자나 채권자의 판단을 흐리게 할 수 있어 '회계사기'라고도 부릅니다.

1999년 부도로 해체된 대우그룹은 세계 최대인 41조 원의 분식회계를 했는데, 부채는 줄이고 순이익은 늘려 자본잠식 상태인 기업을 흑자기업으로 위장했어요. 한보철강은 6조 6,600억 원의 분식회계 사실이 적발되었고, 기아그룹의 분식회계 규모는 3조 원이었어요. 이러한 대기업의 분식회계는 우리나라가 1997년 '국가부도' IMF 체제를 맞이하게 된 도화선이 되었어요.

분식회계는 이렇게 기업만이 아니라 사회나 국가 전체의 문제로 비화할 수 있습니다.

공장에서 발생한 지출은 제품원가를 구성한다

2021년 삼산테크는 모션데스크 100대를 생산했다. 생산과정에서 재료비 100,000원, 인건비 300,000원과 기계장치에 대한 감가상각비 400,000원이 발생했다. 삼산테크는 2021년에 생산한 제품 100대 중 70대를 판매했다.

위의 사례로 총제조원가를 계산해봅시다.

모션데스크 생산을 위해 공장에서 지출한 800,000원(원재료비 100,000원 + 인건비 300,000원 + 감가상각비 400,000원)을 총제조원가라고 합니다. 총제조원가를 생산 수량으로 나누어 계산한 금액인 8,000원(800,000원 ÷ 100대)을 '단위당 제조원가'라고 합니다.

2021년 삼산테크는 제품 100대 중 70대를 판매했습니다. 판매한 70대에 대한 제품원가 560,000원(70대 × 8,000원)은 손익계산서에 매출원가로 인식합니다. 아직 판매하지 못한 30대에 대한 제품원가 240,000원(30대 × 8,000원)은 재무상태표에 재고자산으로 보고합니다.

사례에서는 미완성품인 재공품이 없었는데, 실제 상황에서는 기초나 기말시점에서 완성되지 않은 재공품이 있습니다. 재공품이 있을 때 제품원가를

어떻게 계산하는지 살펴봅시다.

[그림 4-4]에서 보듯이 기초재공품은 당기에 재료비, 인건비 및 감가상각비를 추가로 투입해 완성하고, 당기 중 생산에 착수했으나 완성하지 못하면 기말재공품으로 분류합니다. 당기제품제조원가는 기초재공품 완성분과 당기 투입해 완성한 제품으로 구성됩니다.

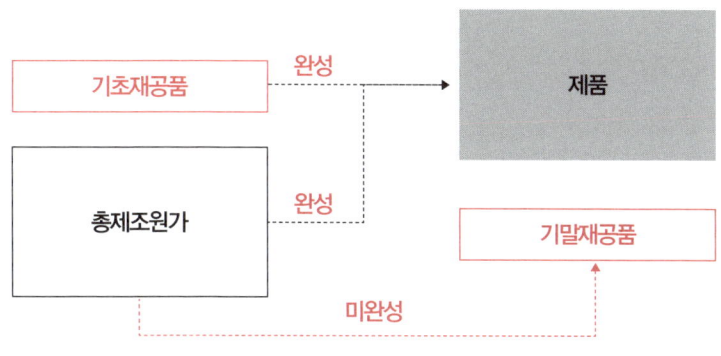

[그림 4-4] 총제조원가와 제품원가

▼제조기업의 재고자산 등식

당기제품제조원가 = 기초재공품 + 당기총제조원가 − 기말재공품
매출원가 = 기초제품재고액 + 당기제품제조원가 − 기말제품재고액

제조원가에 대해 좀 더 살펴봅시다. 제조원가는 원재료비, 인건비, 감가상각비와 기타제조경비로 구성됩니다. 원가행태는 판매량이나 생산량 증감에 따라 원가 발생액이 변화하는 행태를 말하는데, 변동

비와 고정비로 구분할 수 있어요. 판매량이나 생산량 증가에 따라 비용이 변화하면 변동비, 변화가 없으면 고정비로 분류합니다.

예를 들어 1대를 생산할 때 대당 4원이 발생하고, 4대를 생산하면 16원(4대×4원)이 발생합니다. 1대를 생산할 때마다 단위당 4원이 증가하죠? 변동비는 생산량이나 판매량 변화에 따라 총변동비가 변동합니다.

[표 4-1]에서 보듯이 1대를 생산하거나 10,000대를 생산해도 발생하는 총비용이 10,000원으로 변화하지 않으면 고정비로 분류해요. 생산량이 증가하면 단위당 고정비는 감소합니다. 100대를 생산하면 단위당 고정비는 100원(10,000원 ÷ 100대)이고, 1,000대를 생산하면 단위당 고정비는 10원(10,000원 ÷ 1,000대)이에요.

생산량이 많아질수록 단위당 고정비는 하락합니다. 생산량이나 판매량이 증가할 때 단위당 원가가 감소하는 현상을 '규모의 경제'라고 표현합니다.

생산량	변동비		고정비	
	단위당 원가	총원가	단위당 원가	총원가
1개	4원	4원	10,000원	10,000원
100개	4원	400원	100원	10,000원
1,000개	4원	4,000원	10원	10,000원

[표 4-1] 변동비와 고정비의 원가행태

[그림 4-5]를 살펴보면, Y축에 단위당 원가 또는 총원가가 오는지에 따라 변동비와 고정비의 형태가 달라져요. Y축이 총원가이면 변동비는 판매수량이 증가할수록 '판매수량 × 단위당 원가'만큼 증가합니다. 고정비는 판매수량과 관계없이 발생하는 총원가는 일정하므로 수평선 형태로 나타납니다. Y축이 단위당 원가이면 변동비는 수평선 형태를 보이지만, 고정비는 '총원가 ÷ 판매수량'만큼 감소하므로 우하향하는 형태로 나타납니다.

고정비 비중이 높을수록 많이 판매하거나 생산해야 단위당 원가가 하락해 이익이 발생할 수 있어요.

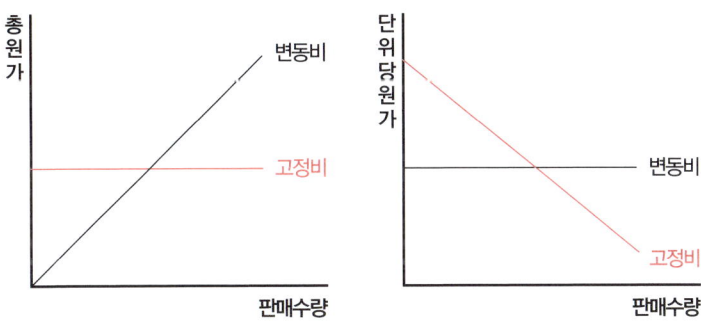

[그림 4-5] 변동비와 고정비

원재료비는 변동비로 분류하고, 인건비는 고정비와 변동비 성격이 모두 있지만, 일반적으로 고정비로 분류해요. 감가상각비는 고정비에 해당하고 기타제조경비는 전기료, 수도료, 운반비 등이 있는데 대부분 변동비로 구성됩니다.

　재무제표 주석 부분에서 '비용의 성격별 분류'와 '판매비와관리비'를 비교하면 매출원가 구성을 확인할 수 있습니다.

　삼성전자의 '비용의 성격별 분류'와 '판매비와관리비'의 주석 공시사항 중 주요 사항을 발췌해 아래의 [표 4-2]로 정리했어요. '비용의 성격별 분류'의 금액은 손익계산서의 매출원가와 판매비와관리비(판관비)를 합한 금액입니다.

　비용의 성격별 분류의 금액에서 판관비 내역에 기재된 금액을 빼면 매출원가로 분류한 금액을 구할 수 있어요. 성격별로 분류한 금액을 전기와 당기로 비교하면 어떤 항목이 증가하고 감소했는지를 분석할 수 있습니다.

(단위: 억 원)

변동비	비용의 성격별 분류	판관비	매출원가
원재료 등의 사용액 및 상품 매입액 등	778,353	0	778,353
급여	102,947	17,198	85,749
퇴직급여	6,497	1,177	5,320
감가상각비	152,011	4,396	147,615
무형자산상각비	23,851	1,768	22,083

[표 4-2] 삼성전자 2019년 비용의 성격별 분류

'판관비'는 상품 판매와 회사 관리를 위해 지출한 비용

　삼산테크(주)가 생산한 모션데스크를 판매하기 위해서는 영업과 마케팅부서도 필요하고, 경영전략 및 기획, 연구개발, 회계 및 재무 등의 부서도 필요합니다. 이들 부서에서 발생하는 비용으로는 급여, 광고선전비, 물류비, 판매수수료, 본사 사옥의 감가상각비 등이 있습니다. 매출원가에 속하지 않는 모든 영업비용을 '판매비와관리비'라고 하고, 판매비와관리비를 줄여 '판관비'라고 표현합니다.

　다음 페이지의 [그림 4-6]에서 보듯이 공장에서 발생한 비용은 매출원가로 분류하고, 본사에서 발생한 지출은 판관비로 인식해요.

　생산직 인건비는 제품을 만드는 데 직접 투입된 비용입니다. 제품원가에 포함하므로 판매 전까지는 재고자산으로 분류하고, 판매시점에서 매출원가(비용)로 인식합니다. 관리직 인건비는 발생하는 기간에 판관비(비용)로 인식합니다.

　공장과 본사 사옥의 취득원가는 감가상각을 수행해 내용연수(자산을 사용해 수익이 발생하는 기간)에 걸쳐 비용으로 인식합니다. 공장 건물이나 기계장치에서 발생하는 감가상각비는 제품원가에 포함하므로 재고자산으로 분류한 후 판매하는 기간에 매출원가로 보고합니다. 본사 사옥에서 발생하는 감가상각비는 판관비로 인식합니다.

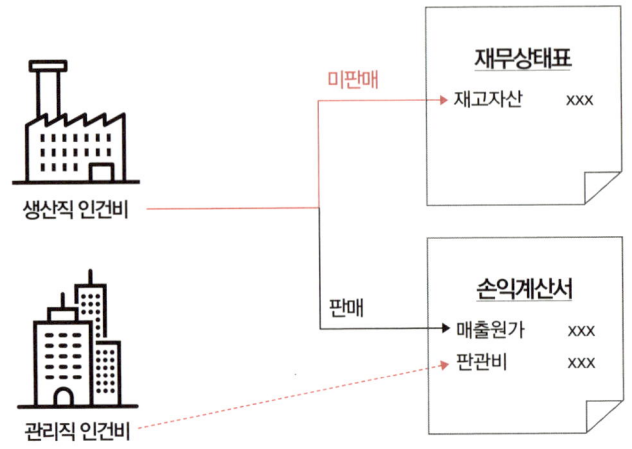

[그림 4-6] 생산직 인건비와 관리직 인건비의 분류

영업외 활동에서 발생하는 수익과 비용은 영업외손익으로 보고

삼산테크는 모션데스크를 생산·판매하는 활동이 본업이에요. 영업외수익은 기업의 본업이 아닌 보조 활동이나 부수 활동에서 발생하는 수익으로, 금융수익이나 기타수익으로 분류합니다. 예를 들어 삼산테크가 사용하던 트럭을 처분했는데, 장부에 기재된 트럭의 장부금액은 2천만 원입니다. 트럭을 3천만 원에 팔면 유형자산처분이익 1천만 원이 발생하는데, 삼산테크는 모션데스크의 생산·판매가 본업이므로 유형자산 처분은 부수 활동에 해당합니다.

금융수익으로는 주식에 투자해서 배당을 받거나 주식 처분으로 인한 이익, 현금을 예치하고 받는 이자수익이 있어요. 기타수익으로는 유형자산처분이익과 임대료수익이 있습니다.

영업외비용은 본업이 아닌 기업의 보조 활동이나 부수 활동에서 발생하는 비용으로, 금융비용과 기타비용으로 구분합니다. 금융비용은 이자비용이 있고, 기타비용은 유형자산처분손실이 있습니다.

 **핵심 쏙쏙**

- 매출, 매출원가와 판관비는 영업활동 관련 손익이고, 영업외 활동 관련 손익으로는 기타수익, 금융수익, 기타비용과 금융비용이 있다.
- 손익계산서의 매출액은 외상 대금 조기 결제로 할인해 주는 매출할인, 상품 하자로 값을 깎아 주거나 반품으로 인한 매출환입과 에누리를 차감한 금액으로 기록한다.
- 재고자산 등식 : 기초재고액 + 당기매입액(당기제품제조원가) = 기말재고액 + 매출원가
- 당기제품제조원가 = 기초재공품 + 당기총제조원가(원재료비 + 인건비 + 기타제조경비) − 기말재공품
- 이익조정은 개인적인 이익을 얻기 위해 외부에 재무제표를 보고할 때 의도적으로 개입하는 행위이다. 실물활동 이익조정은 기말재고액을 늘려 매출총이익을 크게 보고하는 행위이다.
- 생산량이나 판매량이 증가할 때 총비용이 증가하면 변동비라고 부르고, 고정비는 생산량이나 판매량과 관계없이 일정한 금액이 발생한다. 생산량이나 판매량이 증가할수록 단위당 고정비는 하락한다.
- 판관비는 매출원가에 속하지 않는 모든 영업비용이다.

성과를 구분해 보여주는 다단계손익계산서

롯데하이마트가 실제 공시한 손익계산서에 표시한 수익과 비용을 [표 4-3]과 같이 총액으로 집계해 순이익을 계산했습니다. 수익과 비용을 총액으로 집계해 공시하면 본업과 부업을 구분할 수 없어 당기 경영성과를 정확하게 분석할 수 없어요.

(단위:억 원)

과목	2019년	2018년
수익	40,365	41,264
비용	(41,364)	(40,409)
당기순이익(손실)	(999)	855

[표 4-3] 수익합계와 비용합계로 표시한 롯데하이마트 손익계산서

본업을 잘했는지 부업에서 수익을 올렸는지

롯데하이마트는 가전제품 도소매업을 영위하는데, 가전제품을 매입해 소비자에게 판매하는 활동이 주된 영업입니다. 롯데하이마트의 대부분 수익과 비용은 본업인 주된 영업활동에서 발생하지만, 부업인 부수적인 활동에서 금융상품 투자에 따른 이자수익 등이 발생할 수 있어요. [표 4-3]처럼 수익합계에서 비용합계를 차감하는 단순한 방식으로 순이익을 계산하면 본업을 잘해서 돈을 벌었는지, 부업(금융상품 투자)에서 수익을 올렸는지 알 수 없어요. 이러한 이유로 다단계손익계산서를 작성해 재무제표이용자에게 공시합니다.

[그림 4-7]의 다단계손익계산서처럼 수익과 비용을 몇 단계로 나눠 분류해 보고하면, 재무제표이용자는 본업과 부업에서 발생한 항목을 구분할 수 있습니다. 매출액부터 영업이익까지가 주된 영업활동으로 발생한 손익이고, 영업외손익은 부수적인 활동에서 발생한 수익과 비용입니다.

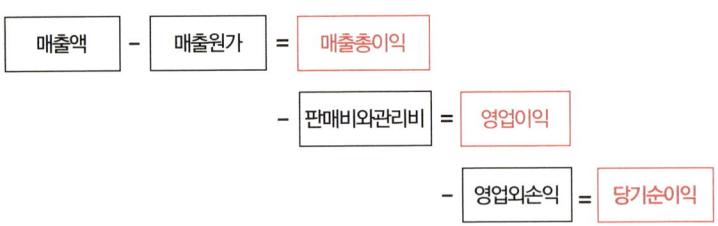

[그림 4-7] 다단계손익계산서의 구조

손익계산서를 다단계로 작성하면 수익과 비용이 발생한 거래나 경제적 사건을 유형별로 구분해, 활동별 손익 항목의 차별성을 부각해서 보여줄 수 있습니다.

[표 4-3]에서 2019년 수익합계는 40,365억 원인데, 매출, 기타수익, 금융수익으로 구분합니다. 비용 합계는 41,364억 원인데 기능별로 분류해 매출원가, 판매비와관리비, 기타비용, 금융비용, 법인세비용으로 보고합니다.

'당기손익에 반영한다'라는 표현을 사용하는데, '당기순이익(손실)을 계산할 때 고려한다'라는 의미입니다. 다음 페이지에 나오는 [표 4-4]의 손익계산서에서 흑색과 별색으로 기재한 항목은 각각 수익과 비용에 해당합니다.

2019년 매출액과 매출총이익은 각각 40,265억 원과 10,007억 원으로 전기보다 각각 862억 원과 722억 원이 감소했습니다. 매출액은 감소했지만, 판관비는 44억 원이 증가해 영업이익은 766억 원이 줄었어요. 영업이익을 매출액으로 나눈 비율을 영업이익률이라고 하는데, 영업활동의 수익성을 보여주는 대표적인 지표입니다. 영업이익률은 2018년 4.53%에서 2019년 2.73%로 크게 하락했어요. 전년보다 기타비용이 3.2배 정도 증가해 법인세비용차감전순이익은 2,110억 원이 감소했습니다.

기타비용의 상세한 내역은 주석에서 확인할 수 있는데, 유형자산 및 사용권자산 손상차손 233억 원과 영업권 손상차손 1,554억 원이 발생했어요. 손상차손은 유형자산에서 개념을 설명하는데, 자산가치가 하락해 장기간 회복할 가능성이 없을 때 인식하는 손실입니다.

수익과 비용을 단계별로 집계해 손익을 구분해 기간별로 비교하면 어떤 활동(영업활동, 영업외활동)에서 성과가 좋고 나빴는지를 확인할 수 있습니다.

(단위: 억 원)

과목	2019년	2018년
Ⅰ. 매출	40,265	41,127
Ⅱ. 매출원가	(30,258)	(30,398)
Ⅲ. 매출총이익	10,007	10,729
Ⅳ. 판매비와관리비	(8,908)	(8,864)
Ⅴ. 영업이익	1,099	1,865
Ⅵ. 기타수익	29	44
Ⅶ. 기타비용	(1,829)	(564)
Ⅷ. 금융수익	70	93
Ⅸ. 금융비용	(208)	(167)
Ⅹ. 법인세비용차감전순이익(손실)	(839)	1,271
Ⅺ. 법인세비용	(160)	(416)
Ⅻ. 당기순이익(손실)	(999)	855

[표 4-4] 롯데하이마트 손익계산서

당기순이익보다는 영업이익을 눈여겨봐야

매출액에서 매출원가를 차감해 매출총이익을 계산합니다. 소비자에게 야박하게 들릴 수 있겠지만, 싸게 사서 비싸게 팔면 상기업의 매출총이익은 커져요. 제조기업은 원가절감을 통해 제품원가를 낮추면 매출원가가 감소해 매출총이익이 커질 수 있습니다.

기업의 주된 영업활동에서 발생하는 영업이익은 매출총이익에서 판관비를 차감해 계산합니다. 정부의 과세정책에 따라 법인세비용은 달라지고, 기업의 재무정책에 따라 이자수익이나 이자비용이 달라져요. 영업이익은 법인세비용과 이자비용을 차감하기 전 이익이므로 과세정책이나 재무정책의 영향을 받지 않습니다.

이런 이유로 영업이익은 기업이 순수하게 영업에서 얼마를 벌었는지 보여줍니다. 영업이익은 기업의 본래 활동의 결과이므로 경영성과를 평가할 때 당기순이익보다는 영업이익을 눈여겨보아야 합니다.

회계는 미래를 예측할 수 있는 정보를 제공한다고 했죠? 예를 들어 올해 김라라 씨는 급여로 4,000만 원을 받았고 아르바이트를 해서 1,000만 원을 벌었어요. 내년 김 씨의 소득은 얼마로 예측해야 할까요?

낙관적으로 예측하면 5,000만 원으로, 비관적으로 예측하면 4,000만 원이 되겠죠. 아르바이트는 임시로 하는 일인데 내년에도 올해와 같은 금액을 벌기는 어렵겠죠? 김 씨가 받는 급여는 영업이익이라 볼 수 있고, 아르바이트에서 얻은 수입은 영업외손익으로 볼 수 있습니다.

미래를 예측할 수 있는 정보를 제공하기 위해 손익계산서에서 영업활동과 영업외 활동을 구분합니다. 영업이익에서 영업외손익을 가감해 법인세비용차감전순이익을 계산하고, 여기에서 법인세비용을 차감해 당기순이익을 계산합니다.

핵심 쏙쏙

- 매출액에서 매출원가를 차감해 매출총이익을 계산하는데, 판매가격이 상승하고 상품이나 제품 원가가 하락하면 매출총이익은 증가한다.
- 매출총이익에서 판관비를 차감해 영업이익을 계산한다. 영업이익은 기업의 본래 활동에 대한 경영성과이므로 중요한 수익성 지표이다.
- 영업이익에서 영업외손익을 가감해 법인세비용차감전순이익을 계산하고, 여기에서 법인세비용을 차감해 당기순이익을 산정한다.

미실현이익은
기타포괄손익으로 분류

회계거래는 손익거래와 자본거래로 구분하는데, 손익거래는 손익계산서에 반영하고 자본거래는 재무상태표에 표시합니다. 현금을 출자받고 주식을 발행하는 유상증자가 대표적인 자본거래입니다.

손익거래에서 발생하는 손익은 거래의 완결 여부에 따라 실현손익과 미실현손익으로 나눌 수 있어요.

계약조건에 따른 의무를 이행하고, 현금을 받았거나 현금청구권을 확보하면 '실현되었다'라고 표현하고 수익을 인식합니다. 당기순이익에는 손익거래가 종결된 실현손익만 포함하고, 주주에게 배당할 수 있는 곳간인 이익잉여금에 쌓습니다.

남도산 씨는 장기간 투자할 목적으로 주식으로 샀는데, 주식이 2천만 원에서 5천만 원으로 올랐어요. 친구인 이철산 씨는 3천만 원을 벌었으니 멋진 슈트를 사라고 말합니다. 남 씨는 3천만 원을 벌었으니 이제 비싼 슈트를 사도 될까요?

남 씨는 주식을 장기간 보유할 목적이므로 당분간 팔 생각이 없고, 주식을 팔아야 현금이 생깁니다. 남 씨는 현금이 들어오는 날까지 지출을 미루어야 하므로, 주식에서 발생한 평가이익 3천만 원은 '미실현이익'에 해당합니다. 남 씨의 주식거래는 주식을 처분할 때 종결됩니다.

기업도 마찬가지로 주식에서 평가이익이 발생해도 현금이 들어온 것이 아니므로 주주에게 배당해서는 안 됩니다. 이런 이유로 다음 페이지에 있는 [그림 4-8]에서 보듯이 미실현이익은 기타포괄손익으로 분류해 당기순이익에 포함하지 않고, 현금이 들어올 때까지 기타포괄손익누계액(자본)에 쌓아둡니다.

거래가 끝날 때 기타포괄손익누계액에 쌓아두었던 미실현이익을 이익잉여금으로 옮기거나 당기순이익에 반영한 후 이익잉여금으로 옮깁니다.

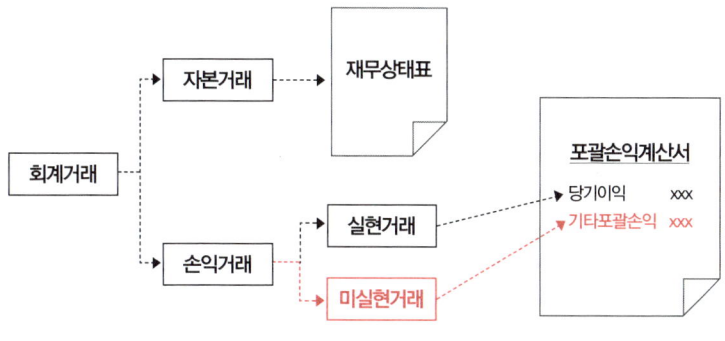

[그림 4-8] 자본거래와 손익거래

총포괄이익을 보고하는 이유는?

포괄손익계산서에서는 당기순이익에 기타포괄손익을 가감해 총포괄이익을 계산하는데, 총포괄이익을 보고하는 이유는 뭘까요?

경영자는 주주와 채권자로부터 받은 자금으로 자산을 구성하는데, 경영자는 자산에서 발생하는 수익을 최대화하고자 합니다. 경영자는 자산가치가 오를 것으로 판단하면 자산을 보유하고, 자산가치가 떨어질 것으로 예상하면 자산을 매각할 겁니다. 이러한 경영자의 자산 처분 또는 보유에 대한 의사결정도 성과 평가의 대상이 되어야 합니다.

예를 들어 삼산테크의 서달미 대표가 기업의 여유 자금을 주식에 투자했어요. 평가이익이 발생하면 투자를 잘했다고 평가할 수 있겠죠?

이런 이유로 자산의 가치변동인 미실현손익을 기타포괄손익에 보고하면, 재무제표이용자는 경영자의 성과를 평가할 수 있습니다. 또한 포괄손익계산서에 미실현손익을 반영하면 재무제표이용자는 순자산 변동정보를 더 잘 파악할 수 있습니다.

국제회계기준에서는 [그림 4-9]처럼 손익계산서와 포괄손익계산서를 별도로 작성하는 별도보고방법과 포괄손익계산서 하나만 작성하는 단일보고방법 중 기업이 선택할 수 있도록 규정하고 있습니다.

별도보고방법에서는 손익계산서의 마지막 단에는 당기순이익만 표시하고, 포괄손익계산서에는 당기순이익뿐만 아니라 총포괄이익을 함께 기재합니다. 단일보고방법에서는 하나의 보고서에 매출액부터 총포괄이익까지 모두 표시합니다.

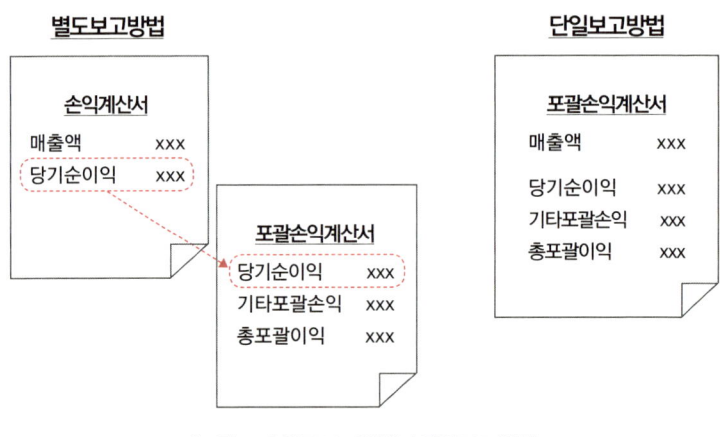

[그림 4-9] 별도보고방법과 단일보고방법

삼성전자와 현대자동차는 별도보고방법으로 재무제표를 공시하고 있고, 네이버와 카카오는 단일보고방법으로 재무제표를 작성해요. 포괄손익계산서를 살펴보면 회계기간에 발생한 순자산 변동액을 변동요인에 따라 항목별로 파악할 수 있습니다.

기타포괄손익은 실현될 때까지 기타포괄손익누계액에 쌓아둔다

손익계산서에 보고한 당기순이익은 보고기간말에 재무상태표의 이익잉여금으로 옮긴다고 했죠? 마찬가지로 포괄손익계산서에 보고한 기타포괄손익을 보고기간말 재무상태표의 기타포괄손익누계액에 쌓아둡니다. '누계(累計)'는 소계를 계속하여 덧붙여 합산한다는 의미입니다.

예를 들어 기타포괄손익이 2020년과 2021년에 각각 150원과 200원이 발생했고, 2020년 초 기타포괄손익누계액과 이익잉여금은 모두 0원입니다. 2020년 포괄손익계산서에 보고한 당기순이익 10,000원은 재무상태표의 이익잉여금으로, 기타포괄손익 150원은 기타포괄손익누계액으로 보고합니다.

2020년

포괄손익계산서		재무상태표	
당기순이익	10,000	자본금	10,000
기타포괄손익	150	기타포괄손익누계액	150
총포괄이익	10,150	이익잉여금	10,000

2021년에 발생한 기타포괄손익은 포괄손익계산서에 보고하고 재무상태표에 기타포괄손익누계액에 가산합니다. 기타포괄손익누계액의 기초잔액(2020년 말) 150원에 당기에 발생한 기타포괄손익 200원을 가산하면, 기타포괄손익누계액 기말잔액(2021년 말)은 350원입니다. 2021년에 당기순이익 8,000원을 보고했으므로 이익잉여금은 18,000원 (기초이익잉여금 10,000원 + 당기순이익 8,000원)입니다.

2021년

포괄손익계산서		재무상태표	
당기순이익	8,000	자본금	100,000
기타포괄손익	200	기타포괄손익누계액	350
총포괄이익	**8,200**	이익잉여금	18,000

[그림 4-10]에서 보듯이 포괄손익계산서의 수익과 비용은 기간별로 계산하므로 마감분개를 수행해 다음 회계연도의 수익과 비용이 0원에서 출발하도록 만들어요. 마감분개를 수행해 당기순이익은 재무상태표의 이익잉여금에 가산하고, 기타포괄손익은 기타포괄손익누계액에 가감합니다.

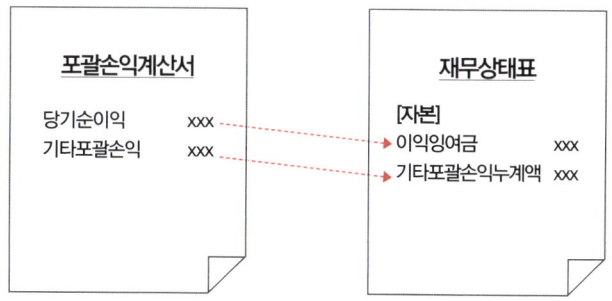

[그림 4-10] 당기순이익과 기타포괄손익의 마감분개

핵심 쏙쏙

- 손익거래 중 거래가 완료된 실현손익은 당기손익에 반영하고, 거래가 끝나지 않은 거래는 기타포괄손익으로 보고하고 기타포괄손익누계액에 쌓아둔다.
- 경영자의 성과 평가와 기업의 순자산 변동정보를 파악할 수 있도록 기타포괄손익을 총포괄손익에 포함해 재무제표이용자에게 보고한다.
- 손익계산서와 포괄손익계산서를 별도로 작성하는 별도보고방법과 포괄손익계산서 하나만 작성하는 단일보고방법 중 선택해 공시할 수 있다.

규모가 다른 기업도 비교하게 해주는 주당순이익

 경기자의 체중에 따라 등급을 매겨 같은 등급끼리 권투 경기를 합니다. 체중을 실어 펀치를 날리기 때문에 체중에 따라 때릴 때 힘에 차이가 있어 같은 체급끼리 경기를 합니다. 권투 경기에서만 체급이 필요할까요?
 투자금액에 현격한 차이가 있는 기업들의 경영성과를 당기순이익으로 비교하면 적절하게 판단할 수 있을까요? 100억 원을 투자한 기업과 10억 원을 투자한 기업의 경영성과를 당기순이익 크기로 평가하면 적절하지 않습니다. 투자금액이 많으면 발생하는 이익도 더 많을 수 있으니까요.

체급이 같은 선수들을 링 위에 올리듯이 기업의 경영성과를 비교할 때 기업의 투자금액을 같은 체급으로 조정합니다. 기업들의 회계이익을 비교할 때 같은 체급의 기업으로 만드는 방식 중 하나가 주당순이익입니다.

같은 체급의 기업으로 만들어 수익성을 비교

기업은 주식을 발행해 조달한 현금을 영업활동에 사용해 수익을 창출해요. 주당순이익(earning per share: EPS)은 보통주 1주당 얼마나 벌었는지 계산한 값으로, 보통주당기순이익을 유통보통주식수로 나눠 계산합니다. 주당순이익은 보통주 1주당 경영성과에 대한 정보를 제공해 주주가 제공한 자본이 얼마나 효과적으로 사용되었는지 알려줍니다.

주식의 종류에는 보통주와 우선주가 있어요. 기업이 배당할 때 우선주는 보통주보다 먼저 배당받는 우선권을 부여하는 대신 의결권을 주지 않습니다. 당기순이익 중 우선주 주주가 배당을 먼저 받고 남은 금액을 보통주 주주에게 배당합니다. 보통주당기순이익은 당기순이익에서 우선주 배당금을 차감해 계산하는데, 보통주 주주의 몫에 해당합니다.

유통보통주식수는 발행주식수에서 자기주식수를 차감해 계산합니다. 자기주식(자사주)은 주식을 발행한 회사가 자신이 발행한 주식을 취득해 보유 중인 주식을 말해요. 예를 들어 10,000주를 발행했는데, 주식시장에서 유통되고 있는 자사주 1,000주를 회사가 사면 주식시장에서는 9,000주가 유통됩니다.

[그림 4-11]에서 보듯이 주식을 발행하면 회사에 현금이 들어오고, 주주로부터 조달한 자금을 영업활동에 사용해 수익을 창출해요. 주당순이익이 높을수록 주주에게 받은 돈을 효과적으로 사용하고 있다는 의미입니다.

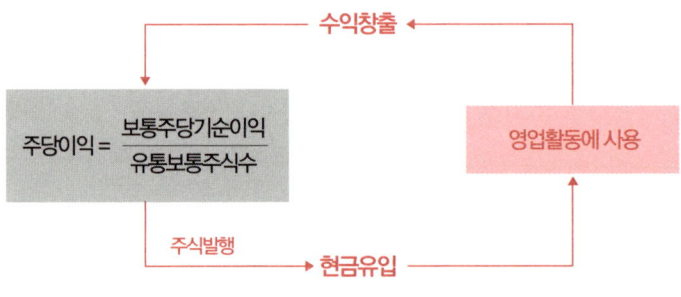

[그림 4-11] 주당순이익의 계산

다음의 사례로 주당순이익을 계산하는 과정을 살펴봅시다.

사랑(주)와 불시착(주)의 당기순이익은 각각 10,000원과 20,000원이다. 사랑(주)와 불시착(주)의 주당 액면금액은 모두 500원이고, 각각 500주와 2,000주의 보통주식을 발행해 자금을 조달했다.

불시착(주)의 당기순이익이 더 크니 경영성과가 더 좋다고 판단할 수 있겠죠? 그런데 투자금액을 고려하면 판단이 달라질 수 있습니다. 당기순이익을 유통보통주식수로 나누면 1주당 이익이 얼마인지를 나타내 기업 간 수익성을 비교할 수 있어요. 기업 규모를 조정한 주당순이익을 비교하면 사랑(주)가 불시착(주)보다 수익성이 더 좋다고 평가할 수 있습니다.

보통주당기순이익을 보통주 주주의 몫이라 했죠?

[표 4-5]에서 보듯이 보통주당기순이익을 모두 배당한다면 불시착(주)의 주주는 1주당 10원을 받지만, 사랑(주)의 주주는 1주당 20원을 받습니다. 주식을 취득할 때 100원을 지급했다면 사랑(주)의 주주는 투자원금을 회수하는 데 5년이 걸리지만, 불시착(주)의 주주는 10년이 걸립니다. 이처럼 주당순이익은 같은 체급의 기업으로 만들어 수익성을 비교합니다.

구분	사랑(주)	불시착(주)
보통주당기순이익	10,000원	20,000원
유통보통주식수	500주	2,000주
주당이익	20원	10원

[표 4-5] 사랑(주)와 불시착(주)의 주당이익

 핵심 쏙쏙

- 주당순이익은 보통주당기순이익을 유통보통주식수로 나눠 계산한다.
- 주당순이익이 클수록 주주가 제공한 자본을 효율적으로 사용했다고 평가한다.

한 번 더! key point

- 손익계산서의 매출액은 총매출액에서 매출할인, 매출환입과 에누리를 차감한 금액으로 기록하고, 매출원가는 '기초재고액 + 당기매입액 – 기말재고액'의 계산식으로 구한다. 매출액에서 매출원가를 빼서 매출총이익을 계산한다.
- 변동비의 단위당 원가는 일정하나 판매수량이 증가할수록 총원가는 증가한다. 고정비는 판매수량과 관계없이 발생하는 총원가는 일정하나, 판매수량이 증가할수록 단위당 고정비는 감소한다.
- 판매비와관리비는 상품의 판매활동과 회사의 관리활동을 위해 지출하는 비용으로, 매출총이익에서 판관비를 빼서 영업이익을 계산한다. 영업이익에서 영업외손익을 가감해 법인세비용차감전순이익을 계산하고, 법인세비용을 차감해 당기순이익을 구한다.
- 손익거래에서 발생한 손익 중 거래가 완결된 사항은 당기순이익(손실)을 계산할 때 고려하고, 거래가 끝나지 않은 미실현손익은 기타포괄손익으로 분류한다. 마감분개를 수행해 당기순이익은 재무상태표의 이익잉여금으로 보내고, 기타포괄손익은 재무상태표의 기타포괄손익누계액에 가감한다.
- 손익계산서와 포괄손익계산서를 별도로 작성하거나, 포괄손익계산서 하나만 작성해서 보고할 수 있다.
- 주당순이익은 보통주 1주당 얼마나 벌었는지 계산한 값으로, 보통주당기순이익(당기순이익 – 우선주 배당금)을 유통보통주식수로 나눠 계산한다. 주당순이익이 높을수록 주주에게 받은 돈을 효과적으로 사용하고 있다고 판단한다.

5장.
이제 재무제표가 읽힌다!
- 기본 편

'회계머리'는 금액으로 표현된 경영활동의 결과를 판단하는 능력입니다.

'3장. 수익과 비용은 언제, 어떻게 인식해야 할까?'와 '4장. 손익계산서가 담고 있는 메시지'에서 '회계머리'를 갖추는 데 필요한 기본적인 내용을 살펴보았습니다.

'회계머리가 있다'라는 말은 재무제표를 자신의 의사결정에 활용할 수 있다는 의미입니다. '회계머리'를 갖추기 위해서는 재무제표를 읽고 해석할 수 있어야겠죠? 5장에서 회사의 재무제표를 읽는 법에 대한 설명을 들으면, 이제 진짜 '회계머리'를 갖게 될 거예요. 재무제표를 읽고 해석하기 위해 필수적으로 알아야 할 계정과목을 살펴봅시다.

제조기업은 원재료를 사서 제조과정에 투입해 제품을 만들어 판매하기 전까지 재고자산으로 분류해요. 원재료를 외상으로 구매하면 외상 대금은 매입채무로 기록하고, 판매로 받을 외상 대금은 매출채권으로 보고합니다. 영업활동에 사용해 돈을 버는 자산은 유형자산으로 분류해요. 유형자산으로는 토지, 건물, 기계장치, 비품 등이 있는데, 토지를 제외한 유형자산 취득원가는 돈을 벌 수 있는 기간에 걸쳐 감가상각 과정을 통해 비용으로 인식해요. 기업은 여유 자금을 운용할 목적으로 부동산에 투자하는데, 투자부동산으로 분류합니다.

  기업이 금융기관으로부터 자금을 빌리면 차입금으로 기록해요. 기업이 사업을 잘해 이익이 발생하면 주주에게 배당금을 지급하는데, 채권자는 기업이 손실을 보고해도 약정 이자를 받고 만기에 빌려준 원금을 받습니다. 자본은 사업밑천인 자본금과 회사가 경영해서 번 이익잉여금으로 구분합니다. 자본의 크기와 변동에 관한 정보는 자본변동표를 작성해 재무제표이용자에게 제공합니다.

  회사가 빌린 돈을 결제하지 못하면 망하는데, 당기순이익을 보고한 기업도 부도가 날 수 있어요. 흑자도산을 예측하고, 기업에 들어온 돈과 쓴 돈을 보여주기 위해 현금흐름표가 탄생했습니다.

현금으로 바꿀 수 있는 현금성자산

　몇 년 전까지만 해도 지갑이 두툼할수록 돈이 있어 보인다는 말을 들었지만, 요즘은 지갑이 두툼하면 촌스러워 보입니다. 출근하면서 삼성페이로 지하철 요금을 결제하고, 스타벅스에서 현금카드나 신용카드로 커피를 사고, 카카오페이로 송금합니다. 지갑에는 지폐 대신 몇 장의 카드만 꽂혀있습니다.

　"현금 좀 있니?"라는 질문에 "지갑에 지폐가 별로 없는데"라고 답하는 사람은 거의 없습니다. 은행에서 즉시 현금을 찾을 수 있거나 송금할 수 있기 때문이죠.

　회계에서도 금고에 보관 중인 지폐뿐만 아니라 은행에서 즉시 인출이 가능한 예금도 현금으로 분류합니다. 현금성자산은 '현금으로 바꿀 수 있는(cashable)' 자산을 의미해요. 현금성자산으로 분류하려면 확정된 금액으로 전환할 수 있고, 가치변동이 거의 없어야 하며, 만기는 아주 짧아야 합니다.

유동성을 가늠할 수 있는 핵심 지표

회계에서는 지폐와 동전, 즉시 인출이 가능한 당좌예금과 보통예금도 현금으로 분류해요. 당좌예금은 당좌수표를 발행할 목적으로 가입하고, 긴급한 자금 수요에 대비하기 위한 목적으로 보통예금에 예금합니다.

보통예금은 이자율이 상당히 낮아요. 그래서 기업은 여유 자금을 자산관리계좌(CMA), 머니마켓 펀드(MMF), 적금, 적립식 펀드 등의 금융상품에 투자합니다. 현금성자산은 투자 목적이 아닌 단기의 현금 수요를 맞출 목적으로 보유하는데, 취득 시점부터 만기가 3개월 이내인 금융상품은 현금성자산으로 분류합니다.

[그림 5-1]에서 보듯이 보고기간말부터 만기가 1년 이내인 금융상품은 유동자산으로, 만기가 1년을 초과하면 비유동자산으로 보고합니다.

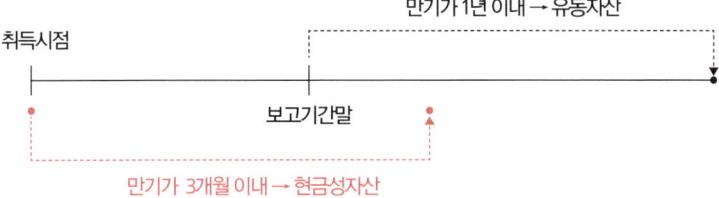

[그림 5-1] 현금성자산 및 단기금융자산의 분류

　재무제표이용자는 2020년 재무제표를 2021년 3월경에 볼 수 있어요. 2020년 말 현금성자산은 금융상품 형태이지만, 2021년 3월 경에는 만기가 도래해 현금으로 바뀌어 있습니다.

　이런 이유로 현금과 현금성자산을 합해 '현금및현금성자산'으로 공시해요. 재무제표이용자가 재무제표를 처음 접할 때는 현금성자산은 현금으로 전환되어 있어 현금과 구분할 필요가 없기 때문이죠.

　현금및현금성자산은 기업의 유동성을 가늠할 수 있는 핵심 지표입니다. 경기 침체가 장기간 지속되면 불확실성에 대응하기 위해 현금성자산 비중을 높이는 기업이 많아져요. 다른 기업을 인수하거나 합병하기 위해 거액의 현금성자산을 쌓아두기도 합니다.

　한화에어로스페이스로 현금및현금성자산의 공시사례를 살펴볼게요.

　재무상태표를 보면, 한화에어로스페이스의 2019년 말 현금및현금성자산은 전기보다 920억 원 감소했어요. 상당히 많이 줄었는데, 이유가 뭘까요?

이런 궁금증이 생기면 현금흐름표를 살펴보세요. 차입금 상환이나 설비투자에 현금을 사용했을 수 있거든요. 2019년 현금흐름표를 살펴보면 '유형자산의 취득'과 '무형자산의 취득'에 각각 470억 원과 793억 원을 지출했어요. 이러한 투자에 현금성자산을 사용했다고 추론할 수 있어요.

현금성자산 구성내용을 주석에서 확인해봅시다. '주석 8'의 보유현금은 회사 금고에 보관 중인 화폐를 말하고, 요구불예금은 예금주 요구가 있을 때 언제든지 찾을 수 있는 예금으로 보통예금과 당좌예금이 있습니다. 보유현금과 요구불예금을 합해 현금으로 분류하고, 기타현금성자산은 현금성자산을 말해요.

현금성자산에 사용이 제한된 사실이 있을 때 주석에 기재하지 않으면, 재무제표이용자는 즉시 현금화할 수 있다고 오해할 수 있습니다. 특정한 제한이나 협약으로 기업이 자유롭게 예금 등을 찾을 수 없으면 '사용이 제한된 금융자산'으로 공시합니다.

한화에어로스페이스의 주석에는 '2019년 말 현금및현금성자산 중 83억 원은 기술개발사업협약에 따른 조건을 충족할 때 찾을 수 있다'라고 기재되어 있어요. 기술개발사업협약 조건을 충족하는 시점에 해당 예금을 찾을 수 있다는 의미입니다.

▼ 한화에어로스페이스의 현금 및 현금성자산

재무상태표

(단위 : 천 원)

과목	주석	2019년 말	2018년 말
현금 및 현금성자산	8	31,870,824	123,898,557

주석

8. 현금 및 현금성자산

(단위 : 천 원)

구분	당기말	전기말
보유현금	4,205	14,292
요구불예금	31,168,598	3,511,321
기타현금성자산	698,021	120,372,944
합계	31,870,824	123,898,557

🎯 **핵심 쏙쏙**

- 확정된 금액으로 전환할 수 있고, 가치변동이 거의 없고, 취득 당시 만기가 3개월 이내인 금융자산은 현금성자산으로 분류한다.
- 사용이 제한된 현금성자산은 주석에서 '사용이 제한된 금융자산'으로 공시한다.

매출채권, 받지 못할 위험을 경고하는 대손충당금

기업 간 거래는 대부분 외상으로 이루어지는데, 재무상태표의 매출채권과 미수금이 외상 대금에 해당합니다.

예를 들어 삼산테크는 모션데스크를 생산·판매하는데, 모션데스크를 외상 판매하면 매출채권으로 기록해요. 사무실에서 사용하던 컴퓨터를 외상으로 팔면 외상 대금을 미수금으로 분류합니다. 본업에서 발생하는 외상 대금은 매출채권으로 기록하고, 본업 외에서 발생하는 외상 대금은 미수금으로 분류해요.

매출채권은 항상 떼일 위험이 있는데, 경기가 좋지 않으면 받지 못할 위험이 더 커집니다. 거래처로부터 외상 대금을 갚지 못하겠다는 통보를 받으면 피눈물을 흘리며 매출채권을 장부에서 지워야 합니다.

예를 들어 외상으로 상품을 판매한 거래처 사장에게 전화했는데 통화를 할 수 없어요. 채무자가 돈을 제때 주지 못하거나 아예 갚지 못할 때 채권자의 연락을 피하죠? 외상 대금을 떼일 가능성이 있습니다. 이런 상황에서는 받지 못할 예상 금액을 추정해 매출채권을 받을 수 있는 금액으로 낮추고, 받지 못할 예상 금액은 비용으로 인식합니다.

이러한 과정을 '대손처리한다'라고 표현해요. 매출채권을 확실하게 받지 못하거나 받지 못할 것으로 예상하는 매출채권이 있을 때 대손으로 처리해요.

손실에 대비해 쌓아두는 대손충당금

상품을 현금판매하면 매출을 인식한 날에 현금이 증가하지만, 외상 판매하면 매출을 기록한 날부터 일정 기간이 지나야 현금이 들어와요. 매출채권은 계약상 의무를 이행(재화 인도 또는 용역 제공)하고 매출을 인식했으나, 대금을 나중에 받기로 한 때 발생합니다.

일반적으로 매출이 늘면 매출채권도 증가해요. 매출이 늘지 않았는데 매출채권이 급증했다면 원인을 파악해야 합니다. 실적 부진을 만회하기 위해 신용이 좋지 않은 거래처에 외상 판매하면 매출채권을 회수하지 못할 위험이 커지겠죠?

외상 대금을 받지 못해 손해를 볼 때 '대손(貸損)'이라 표현하고, '상각(償却)'은 금액을 낮추는 것을 의미합니다. 대손상각은 거래처 파산 등으로 매출채권을 회수할 수 없거나 불확실해 입게 될 손실을 말합니다.

손상은 어떤 원인에 의해 흠이 생긴 것을 말하고, 차손은 어떤 변동에 따라 생긴 손해를 의미해요. 이런 의미에서 대손상각을 손상차손(損傷差損)이라고도 불러요. 손상차손은 앞으로 여러 자산에서 나오는데, 자산가치가 낮아지면 손상차손을 인식한다고 이해합시다.

충당은 미래에 발생할 손실을 대비하여 쌓아둔다는 의미입니다. 대손충당금은 매출채권에서 받지 못할 미래의 예상 손실을 현재 시점에서 손실로 인식하고 쌓아둔 금액을 말해요. 즉 대손충당금은 매출채권에서 회수가 불확실하다고 예상하는 금액을 합리적이고 객관적인 기준으로 추정해 비용으로 인식한 금액입니다.

외상거래는 대금을 받지 못할 위험이 있어요. 매출채권에 받지 못할 금액이 있다고 판단하면 재무제표이용자에게 경고 메시지를 보내야겠죠? 대손충당금은 이러한 경고 메시지에 해당합니다.

대손을 추정할 때 받지 못할 금액을 채권별로 측정하는 개별법을 적용할 수도 있고, 과거의 경험률을 기초로 채권을 몇 개의 집단(group)으로 구분하는 연령분석법을 적용할 수도 있습니다. 연령분석법에서는 기간이 오래될수록 매출채권을 회수하지 못할 확률이 높다고 보아, 기간 경과별로 몇 개의 집단으로 구분해 대손추정률을 다르게 적용해 대손충당금을 추정합니다.

예를 들어 과거 경험에 따르면 매출 일자부터 60일이 지나면 10%를 받지 못하고, 90일이 지나면 20%를 받지 못했어요. 매출채권 300,000원을 기간 경과별로 구분했는데, 매출 일자부터 60일과 90일이 지난 매출채권이 각각 100,000원과 200,000원이에요. 매출채권에 대손추정률을 곱해 대손충당금을 계산하면 50,000원(100,000원 × 10% + 200,000원 × 20%)입니다.

양팔 저울은 수평으로 평형을 이루게 해 무게를 측정합니다. 복식부기 원리는 이와 유사한데, [그림 5-2]에서 보듯이 양팔 저울에서 왼쪽과 오른쪽은 각각 차변과 대변에 해당합니다. 대손상각비는 왼쪽(차변)에 올리고 저울의 평형을 맞추기 위해 오른쪽(대변)에 같은 무게(금액)의 대손충당금을 올린다고 생각하세요.

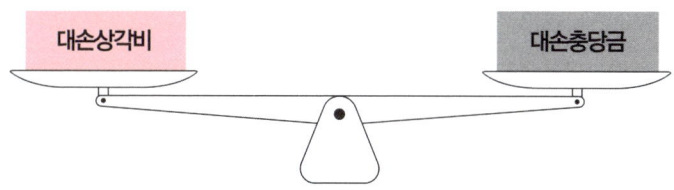

[그림 5-2] 복식부기의 원리 : 대손상각비와 대손충당금

저울의 오른쪽(대변)에 올리는 대손충당금은 어떤 성격의 계정과목일까요? 도도사와 솔솔사 간의 거래로 대손충당금 성격을 살펴봅시다.

2021년 도도사는 상품 10,000원을 솔솔사에 외상 판매했다. 2021년 말 솔솔사의 재무 상황이 좋지 않아, 도도사는 매출채권 중 2,000원은 회수하지 못할 것으로 예측한다.

재무상태표에 매출채권을 10,000원으로 표시하면, 재무제표이용자는 10,000원이 회수될 거라고 오해할 수 있어요. 재무제표이용자가 오해하지 않도록 매출채권을 회수 가능한 금액으로 표시해야겠죠?

2021년 말 '받지 못할 것으로 예측하는 금액(회수 불능 예상비)'인 2,000원을 손익계산서에 대손상각비(판매비와관리비로 분류)로 인식하고, 같은 금액을 대손충당금(회수 불능 추정액)에 쌓아요. 재무상태표에는 매출채권 10,000원에서 대손충당금 2,000원을 차감한 8,000원으로 표시하고, 주석에서 상세한 내용을 보여줍니다.

[그림 5-3]은 '외상매출로 10,000원을 받기로 했는데, 거래처의 재무 상황이 좋지 않아 2,000원은 받지 못할 수 있다'라는 메시지를 담고 있어요.

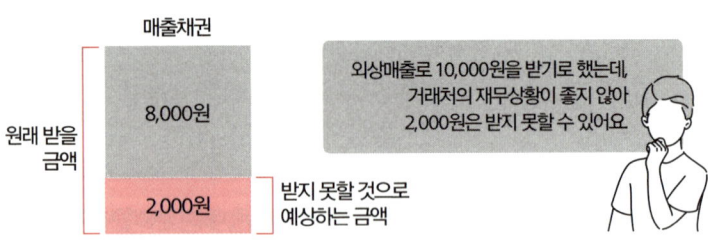

[그림 5-3] 매출채권과 대손충당금의 의미

거래 발생순서에 따라 재무상태표에 어떻게 표시하는지 [표 5-1]로 살펴봅시다.

도도사는 매출을 인식할 때 매출채권 10,000원을 기록합니다. 대손예상시점에서 회수하지 못해 입게 될 손실인 2,000원을 대손상각비로 인식하고, 같은 금액을 대손충당금에 쌓아요. 대손 예상은 솔솔사와 연락하지 않고 도도사 혼자서 '매출채권 2,000원을 못 받을 수도 있어!'를 의미해요. 대손 확정은 '솔솔사가 부도나서 매출채권을 8,000원만 준대!'를 의미합니다.

도도사는 재무상황이 좋지 않은 솔솔사가 매출채권 10,000원 중 8,000원만 지급하겠다는 통보를 받으면, 매출채권 2,000원을 감소시키고 대손충당금 2,000원을 제거해요. 이를 '대손확정'이라고 표현해요.

대손예상시점에서 대손충당금을 설정하면서 대손상각비를 인식했으므로 대손확정시점에서는 비용을 인식하지 않습니다. 도도사는 솔솔사로부터 현금 8,000원을 받으면 매출채권 8,000원을 감소시킵니다.

계정과목	수익인식시점	대손예상시점	대손확정시점	대금회수시점
매출채권	10,000	10,000	8,000	0
대손충당금	0	(2,000)	0	0
장부금액	10,000	8,000	8,000	0

[표 5-1] 시점별 매출채권과 대손충당금

그런데 만약 대손충당금을 제거한 후 매출채권을 회수한다면 어떻게 처리해야 할까요?

도도사는 매출채권 10,000원 중 2,000원을 받지 못한다고 예상해 대손충당금 2,000원을 인식했어요. 솔솔사가 9,000원을 입금하면 어떻게 처리해야 할까요? 8,000원을 받을 것으로 예상했는데 9,000원을 받는다면, 이익 1,000원이 발생했다고 할 수 있겠죠? 이렇게 대손충당금으로 설정한 금액보다 실제 대손이 적게 발생하면 '대손충당금환입'이라 부르고, 손익계산서에 기타수익으로 분류해요.

어음의 만기까지 기다릴 수 없다면

어음은 발행하는 사람이 일정한 시기에 일정한 장소에서 일정한 금액을 지급하겠다고 약속한 유가증권입니다. 발행인 자신이 지급을 약속하는 약속어음과 제삼자에게 지급을 위탁하는 환어음이 있어요. 어음을 발행하는 채무자는 '지급어음'이라고 부르고, 어음을 받아 금전을 청구할 수 있는 권리가 있는 채권자는 '받을어음'이라고 표현해요.

매출채권은 외상매출금과 받을어음으로 구성되는데, 받을어음의 어음소지인(채권자)은 만기 전에는 어음 발행인(채무자)에게 돈을 달라고 할 수 없어요. 받을어음 만기가 60일이면 어음의 발행 시점으로부터 60일이 지나야 어음에 기재된 금액(액면금액)을 청구할 수 있습니다.

기업(어음소지인)은 자금 사정이 좋지 않으면 만기 전에 금융기관에 어음을 매각하는데, 어음의 액면금액보다 적은 돈을 받기 때문에 '할인'이라고 표현해요. 어음소지인이 금융기관에 받을어음을 매각하면 어음의 액면금액에서 금융기관의 수수료(할인료)를 뺀 나머지 금액을 받습니다.

돈이 급해 만기 전에 정기예금이나 정기적금을 해지하면 원래 받기로 한 이자보다 적게 받아 손해를 보죠? 마찬가지로 금융기관에 양도한 매출채권이 증가하면 회사가 급전이 필요하다는 의미로 해석합니다. 회사의 재무 상황이 좋지 않아 만기까지 기다리지 못하고 어음의 액면금액보다 낮은 금액으로 매각하는 거죠.

만기에 어음 발행인(채무자)이 채권자가 된 금융기관에 어음금액을 지급하지 못하면 '어음이 부도가 났다'라고 표현합니다. 금융기관은 이런 위험을 회피하기 위해 어음소지인에게 어음을 할인할 때 상환청구권 조건을 요구해요. 금융기관이 상환청구권을 갖고 있으면 만기에 어음 발행인으로부터 어음금액을 회수하지 못해도 자기에게 어음을 할인한 양도인에게 상환을 청구해 어음금액을 받을 수 있어요. 어음할인으로 법적 소유권은 금융기관에 있지만, 상환청구권 조건이 있으면 양도인은 여전히 어음과 관련한 위험을 부담합니다.

회계에서는 법적 소유권보다는 경제적 실질을 강조합니다. 매출채권을 매각했는데 법적 소유권이 이전되어도 양도한 매출채권 소유에 따른 위험과 효익을 양도자가 여전히 부담(예를 들어 상환청구권 조건으로 어음을 매각)하면 재무상태표에서 매출채권을 제거하지 않습니다.

다음의 한화에어로스페이스의 매출채권 공시사례로 설명해볼게요.

재무상태표의 매출채권은 원래 받을 금액에서 대손충당금을 차감한 장부금액으로 표시하고, 주석에서 해당 내역을 보여줍니다. 주석 10을 살펴보면 2019년 외상판매로 원래 받을 금액은 237,717억 원인데 이 중 2,577억 원은 떼일 위험이 있어 대손충당금을 설정했고, 장부금액인 235,140억 원만 회수할 수 있다는 의미입니다.

주석 10에서 보듯이 2019년 말 대손충당금은 전년보다 453억 원 증가했어요. 매출채권이 늘면 대손충당금도 증가할 수 있습니다. 이렇게 전기와 당기를 비교할 때 금액의 증감으로만 분석하면 착시효과가 생길 수 있어요.

대손충당금을 매출채권으로 나눈 전기와 당기 비율은 각각 1.07%와 1.08%입니다. 차이가 거의 없죠? 당기와 전기를 비교할 때 증감 금액과 비율도 같이 확인해야 합니다.

▼ 한화에어로스페이스의 매출채권 공시내역

재무상태표

(단위: 억 원)

과목	주석	2019년 말	2018년 말
매출채권	10	235,140	202,514

주석

10. 매출채권

(단위: 억 원)

과목	2019년 말	2018년 말
매출채권	237,717	204,638
차감 : 대손충당금	(2,577)	(2,124)
소계	235,140	202,514

> **좀 더 깊이 들어가기**

수주산업의 미청구공사와 청구공사

수주산업은 수요자에게 주문을 받아 대형 발전기나 선박을 제조하거나 건축물을 건설하는 업종을 말해요. 수주산업은 설비투자 순환의 영향을 크게 받기 때문에 경기지표로 활용하기도 합니다. 호경기를 예상하면 선주는 선박 물동량의 증가에 대비해 선박제조회사에 선박 제조를 발주해요. 선박제조회사의 수주가 늘면 경기가 좋아진다는 신호라고 보기도 합니다.

건설업과 중공업과 같은 수주산업에 관심이 있다면 아래 내용을 찬찬히 읽어 보세요. 수주산업에 관심이 없다면 약간 복잡하니 책을 끝까지 읽어 '회계 머리'가 갖추어졌을 때 다시 돌아와 읽으셔도 좋습니다.

수주산업에서는 진행기준을 적용합니다. 진행기준에서는 계약금액에 일한 정도인 진행률을 곱해 매출을 인식해요. 이렇게 계산한 매출보다 현금을 더 받을 수도 있고 덜 받을 수도 있겠죠? 한 일(매출액으로 인식한 금액)보다 현금을 더 받으면 앞으로 일을 해야 할 의무가 있으니 부채로 인식하고, 한 일보다 현금을 덜 받으면 돈을 받을 권리가 있으므로 자산으로 인식합니다.

발주처에 청구해 받은 현금이 매출보다 많으면 '초과청구'한 것으로, 앞으로 재화를 인도하거나 용역을 제공해야 할 의무가 있어요. 선수금과 같은 성격이므로 받은 현금과 매출의 차액을 초과청구공사(유동부채)로 보고합니다. 초과청구공사는 선수금과 마찬가지로 다음 해에 재화 인도 또는 용역 제공하여 매출로 인식하면 사라집니다. 초과청구공사는 돈으로 갚지 않고 의무를 이행하면 사라져요. 초과청구공사나 선수금은 돈을 갚지 않고 재화를 인도하거나 용역을 제공하면 부채가 없어져요. 초과청구공사나 선수금처럼 현금지출이 없는 부채도 있으니, 부채를 꼼꼼하게 살펴보면 기업이 부채상환을 위해 필요한 자금을 가늠할 수 있어요.

발주처에 청구해 받은 현금이 매출보다 적으면 '미청구'한 것으로 돈을 받을 권리가 있습니다. 매출채권과 같은 성격이므로 매출과 받은 현금의 차액을 '미청구공사(유동자산)'로 보고하고, 현금을 받으면 사라져요. 미청구공사 잔액에서 회수하지 못할 가능성이 있는 금액은 대손충당금으로 인식합니다.

구분	현금 수취액 > 매출	현금 수취액 < 매출
상황	발주처로부터 현금 100원을 받았고, 매출로 70원을 인식	발주처로부터 현금 50원을 받았고, 매출로 70원을 인식
의미	70원만큼 일을 했는데 100원을 받았으니, 앞으로 30원을 일해야 하는 의무가 있음. 일한 것보다 30원을 초과청구한 것으로 봄	70원만큼 일을 했는데 50원을 받았으니, 앞으로 현금 20원을 받을 권리가 있음. 일한 것보다 20원을 청구하지 못한 것으로 봄
재무상태표 표시	[유동부채] 초과청구공사　　　　30	[유동자산] 미청구공사　　　　20

[표 5-2] 초과청구공사와 미청구공사

 **핵심 쏙쏙**

- 대손상각은 매출채권을 회수할 수 없거나 불확실해 입게 될 손실로, 손상차손이라고도 표현한다.
- 대손충당금은 매출채권에서 회수가 불확실하다고 예상하는 금액을 추정해 미리 비용으로 인식하고 쌓아둔 금액이다. 매출채권에서 대손충당금을 차감한 장부금액으로 재무상태표에 표시한다.
- 어음의 만기 전에 금융기관에 매각하는 것을 '받을어음 할인'이라고 한다. 어음 매각으로 법적 소유권이 이전되어도 양도한 매출채권의 소유에 따른 위험과 효익을 양도자가 부담하면 매출채권을 제거하지 않는다.

판매를 통해 돈을 벌어주는 재고자산

자산은 돈벌이 수단인데 재고자산은 판매를 통해 돈을 벌어줍니다. 즉 재고자산은 기업이 생산이나 판매를 위해 보유하는 재화로, 재고자산 범위는 기업이 수행하는 영업활동에 따라 달라져요.

재고자산은 팔릴 때 비용(매출원가)으로 인식

다음 페이지의 [그림 5-4]에서 보듯이 상품이나 제품을 판매하기 전까지 재무상태표에 자산으로 인식하고, 판매시점에 매입원가를 비용

(매출원가)으로 기록합니다. 매출이 발생한 기간에 비용(매출원가)을 인식하면 수익(매출)과 비용(매출원가)이 적절하게 대응하므로 경영성과를 더 적절하게 보고할 수 있어요.

[그림 5-4] 제조기업과 상기업의 재고자산

제조기업에서 원재료, 재공품, 제품, 반제품과 저장품이 재고자산에 해당합니다. 반제품은 제품이 여러 공정을 거쳐 완성될 때, 하나의 공정이 끝나 다음 공정에 인도될 완성품 또는 부분품으로서 완전한 제품은 아니지만, 판매 가능한 부품을 말해요. 저장품은 제품을 생산할 때 연료처럼 소비될 뿐 제품의 실체를 형성하지 않는 소모성 재료를 의미합니다. 재공품은 생산공정에 있는 물품으로 더 가공해야 제품이나 부분품이 될 수 있는 미완성품을 말해요.

장부에 기록된 재고 수량과 창고에 보관 중인 재고 수량이 일치할 때 '재고 수량은 정확하다'라고 표현해요. 장부에 기록된 재고 수량과 창고에 있는 재고 수량이 일치하지 않으면 원인을 파악해야 합니다. 재고자산 수량이 정확하지 못하면 회사의 손익계산도 정확하지 않다는 의미이므로 재고자산 수량을 정확하게 파악해야 합니다.

실무에서는 매입 및 매출할 때 매번 재고자산의 수량 증감을 장부에 기록합니다. '계속해서 기록한다'라는 의미에서 계속기록법이라고 하고, 장부에 기록된 수량이라는 의미에서 '장부수량'이라고 표현합니다.

도난이나 분실이 발생하면 장부상 수량과 창고에 있는 실제 수량이 다를 수 있어요. 정확한 기말재고 수량을 파악하기 위해 기말에 창고에 있는 재고자산 수량을 조사합니다. 이를 '실지재고조사'라고 부르는데, 줄여서 '실사'라고 표현합니다. 기업이 실사를 수행해 파악한 수량을 '실사수량'이라고 합니다.

실무에서는 기중에 계속기록법으로 재고 수량(장부수량)을 기록하고, 기말에 실사를 수행해 실제 창고에 남아있는 재고 수량(실사수량)을 파악해요. 재고자산감모손실을 다음과 같이 계산합니다.

> 재고자산감모손실 = (장부수량㈜ – 실사수량) × 단위당 원가
> ㈜기말재고 장부수량 = 기초재고 + 당기매입 – 매출원가

재고자산감모손실이 발생하면 파손이나 도난 등 기업의 재고관리가 적절하지 않다는 의미입니다. 국제회계기준에서는 재고자산감모손실의 비용분류에 대한 구체적인 규정이 없어요. 회사는 매출원가 또는 기타비용 중 선택해 손익계산서에 보고할 수 있습니다.

다음 사례로 재고자산감모손실을 어떻게 인식하는지 살펴봅시다.

스위트홈은 기능성 베개를 판매한다. 기초재고는 100개이고, 당기에 1,200개를 매입해 950개를 판매했다. 스위트홈은 기중에는 계속기록법으로 재고자산을 기록하고, 기말에는 실사를 수행해 재고자산 수량을 파악하는데, 실사 수량은 300개이다. 기초재고와 당기매입의 단위당 원가는 100원이고, 단위당 판매가격은 200원이다. 스위트홈은 재고자산감모손실을 기타비용으로 분류한다.

계속기록법에 따라 장부에 기록한 기말재고 수량(장부수량)은 '350개 [100개(기초재고) + 1,200개(당기매입) - 950개(매출)]'입니다. 감모수량은 장부수량에서 실사수량을 빼서 계산하는데, 감모수량은 50개(장부수량 350개 - 실사수량 300개)이고, 재고자산감모손실 5,000원(50개 × 100원)은 기타비용으로 분류합니다. 재무상태표에 재고자산은 실사수량에 단위당 원가를 곱한 30,000원(300개 × 100원)으로 기록합니다.

손익계산서		재무상태표	
매출액	190,000	[자산]	
매출원가	95,000	1. 유동자산	
매출총이익	95,000	재고자산	30,000
판매비와관리비	XXX		
영업이익	XXX		
기타비용	5,000		

[표 5-3] 재고자산감모손실의 보고

재고자산의 단위원가 결정방법 : 원가흐름의 가정

판매한 상품의 원가를 개별적으로 추적해 매출원가로 기록하는 방법을 개별법이라고 합니다. 예를 들어 상품 1개를 100원에 사서 200원에 판매하면, 매출액과 매출원가는 각각 200원과 100원으로 기록해요.

여러 가지 품목을 대량 생산하면서 상품의 개별원가를 파악하기 힘들어졌어요. 실제 물량의 흐름과 관계없이 원가계산의 편의를 위해 재고자산의 원가흐름에 일정한 가정을 합니다. 회사는 먼저 매입한 상품을 판매(출고)하겠죠? 원가흐름의 가정은 실제 물량흐름(생산·매입한 순서대로 제품·상품을 출고)과는 관계없이 나중에 매입한 상품이 먼저 판매된다거나 기초와 기중에 매입한 상품이 평균적으로 판매된다고 가정해요.

원가흐름의 가정으로는 먼저 매입·생산한 품목이 먼저 판매된다고 가정하는 선입선출법(first-in first-out: FIFO)과 기초재고와 당기매입액이 평균적으로 판매된다고 가정하는 이동평균법(moving average method)이 있습니다. 국제회계기준에서는 나중에 매입한 항목이 먼저 판매된다고 가정하는 후입선출법(last-in first-out: LIFO)은 인정하지 않아요.

다음의 간단한 사례로 원가흐름의 가정에 따라 매출원가와 기말재고자산이 어떻게 달라지는지 살펴봅시다.

1. 1월 2일 : 상품 1개를 ₩1,000에 사다.

2. 2월 5일 : 상품 1개를 ₩1,200에 사다.

3. 3월 8일 : 상품 1개를 ₩2,000에 판매하다.

3월 8일 상품 1개를 판매했는데, 선입선출법에서는 먼저 매입한 상품부터 판매된다고 가정하므로 1월 2일에 매입한 상품을 매출원가로 기록합니다. 기말재고는 최근 매입(2월 5일)한 항목으로 구성됩니다.

▼ 선입선출법

매출원가 : ₩1,000 (1월 2일 매입)
매출총이익 : ₩2,000 (매출액) − 1,000 (매출원가) = ₩1,000
기말재고 : ₩1,200 (2월 5일 구매)

이동평균법에서는 상품을 취득할 때마다 수량과 금액을 직전까지 기록된 재고 수량 및 금액에 더해 평균원가를 구해요. 단위당 원가는 평균값인 1,100원 ($\frac{₩1,000 + ₩1,200}{1개 + 1개}$) 입니다.

▼ 이동평균법

매출원가 : ₩1,100 (1월 2일 매입과 2월 5일 매입의 평균값)
매출총이익 : ₩2,000 (매출액) − 1,100 (매출원가) = ₩900
기말재고 : ₩1,100 (1월 2일 및 2월 5일 구입항목의 평균값)

[그림 5-5]에서 보듯이 선입선출법에서는 먼저 매입한 상품을 매출원가로 인식하고 기말재고는 최근 매입분으로 구성됩니다. 이동평균법에서 매출원가와 기말재고는 기초재고와 당기매입이 평균적으로 구성됩니다.

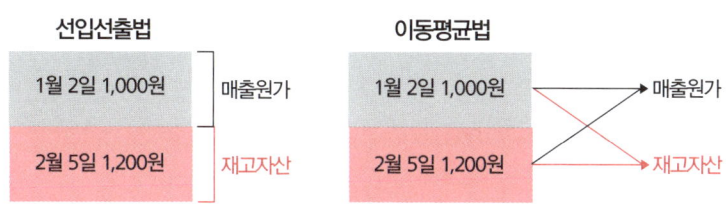

[그림 5-5] 선입선출법과 이동평균법

매입원가보다 낮게 팔린다고 예상하면 재고자산평가손실을 인식

유통기한이 임박한 상품은 정가보다 낮게 판매하기도 하고, 유행이 지난 의류는 대폭 할인해 판매하기도 합니다. 보고기간말에 예상 판매가격이 매입원가보다 낮으면 재고자산평가손실을 인식합니다.

예를 들어 상품을 1,000원에 샀는데, 보고기간말 상품의 예상 판매가격은 900원입니다. 매입원가(취득원가)보다 100원이 떨어졌는데, '재고자산평가손실 100원이 발생했다'라고 표현해요.

보고기간말 재고자산은 취득원가와 순실현가능가치 중 낮은 금액으로 기록합니다. 둘 중 낮은 금액으로 평가하기 때문에 저가법이라고 표현해요. 순실현가능가치(net realizable value: NRV)에서 '순(net)'은 관련된 비용을 차감한다는 의미이고, 실현가능가치는 판매하면 받을 것으로 기대하는 금액입니다. 순실현가능가치(NRV)는 예상 판매가격(실현가능가치)에서 처분시점까지 예상하는 비용을 차감한 금액입니다.

> 재고자산평가손실 = [단위당 원가 − 순실현가능가치] × 실사수량

취득원가와 순실현가능가치의 차액을 재고자산평가손실로 기록하는데, 국제회계기준에서는 재고자산평가손실의 비용분류에 대한 구체적인 규정이 없어요. 기업은 매출원가 또는 기타비용 중 선택해 손익계산서에 보고할 수 있어요.

재고자산평가손실을 매출원가로 분류하면 매출총이익이 작아집니다. 기업이 선택 가능하므로 매출총이익과 영업이익에 영향을 미치지 않도록 재고자산평가손실을 기타비용으로 분류하는 것이 바람직합니다.

다음 사례로 재고자산평가손실을 어떻게 인식하는지 알아볼게요.

모나미는 볼펜을 생산판매한다. 볼펜의 취득원가는 1,000원인데, 보고기간말 현재 볼펜의 예상 판매가격은 950원이고, 볼펜을 처분하는 데 50원이 발생할 것으로 예측한다.

순실현가능가치는 900원(예상판매가격 950원 - 예상처분비용 50원)이에요. [그림 5-6]에서 보듯이 재무상태표의 재고자산은 취득원가와 순실현가능가치 중 낮은 금액인 900원으로 보고하고, 손익계산서에 재고자산평가손실 100원을 인식합니다.

재무상태표에 기록하는 재고자산의 장부금액은 취득원가와 순실현가능가치 중 낮은 금액으로 기록하기 때문에 '저가법'이라고도 불러요. 저가법의 이론적 근거는 보수주의에 있습니다.

보수주의에서는 수익은 늦게 인식하고, 비용은 빨리 인식해 순이익을 낮게 인식합니다. 보수주의를 적용하면 기업의 이익이 줄어, 세금과 주주에 대한 배당금 지급액이 줄어 현금유출을 적게 하는 효과가 발생합니다. 보수주의를 적용하면 현금유출이 적게 발생하므로 기업의 재무적 기초를 견고하게 할 수 있어요.

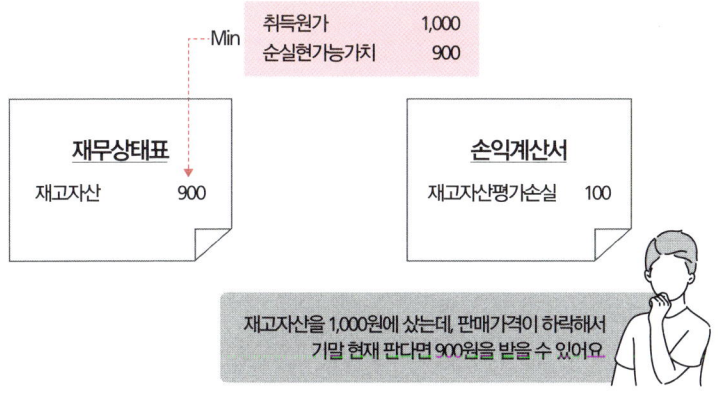

[그림 5-6] 재고자산평가손실의 인식 및 보고

'매출채권에서 대손충당금을 차감한 장부금액으로 표시한다'라고 했었죠? 매출채권을 재고자산으로, 대손충당금을 재고자산평가충당금으로 바꿔서 위 문장에 대입해볼게요.

'재고자산에서 재고자산평가충당금을 차감한 장부금액으로 표시한다라고 표현할 수 있습니다.

대손충당금은 회수하지 못할 것으로 예상하는 금액을 의미하고, 재고자산평가충당금은 '판매할 때 예상하는 손실(재고자산평가손실)'을 의미합니다. 이름은 다르지만, 자산에서 발생할 것으로 예상하는 손실이라는 공통점이 있어요.

재무상태표의 재고자산은 재고자산 취득원가(1,000원)에서 재고자산평가충당금(100원)을 차감한 장부금액 900원으로 기록하고, 주석에서 상세한 내용을 보여줍니다.

삼성전자와 현대건설 공시 사례

삼성전자는 재고자산의 상세한 내용을 '주석 10'에서 설명하고 있어요. 미착품은 기말 현재 운송 중이라 창고에 도착하지 않은 상품이나 원재료를 말합니다. 해상 운송 중에 상품이 파손되면 분쟁이 발생할 수 있겠죠?

상품을 선적하면 매입자에게 소유권이 이전되는 계약조건을 선적지 인도조건이라고 합니다. 도착지 인도조건은 상품이 목적지에 도착하면 매입자에게 소유권이 넘어가는 계약조건입니다. 창고에 없더라도 운송 중인 상품(미착상품)은 계약조건에 따라 재고자산에 포함합니다.

 2019년 말 평가전 금액은 '취득원가'이고, 장부가액은 평가전 금액(취득원가)에서 평가충당금을 차감한 금액으로 재무상태표의 금액과 일치해요. 주석에서 '평가전 금액'인 129,835억 원은 취득원가이고, 재고자산평가충당금은 7,818억 원입니다. 제품과 상품을 129,835억 원에 샀는데, 재무제표일 현재 판매하면 122,017억 원만 받을 수 있어 7,188억 원의 손실이 발생할 수 있다는 의미입니다.

 2018년 말 평가충당금 잔액과 비교하면 2019년 말 잔액은 줄었어요. 평가충당금을 평가전 금액으로 나눈 비율도 전기 7.21%에서 당기 6.02%로 감소했어요. 삼성전자는 재고자산평가손실을 매출원가로 분류하는데, 전기와 비교할 때 평가충당금 잔액은 1,854억 원이 줄어 매출원가도 감소했습니다.

▼ 삼성전자의 재고자산 공시내역

재무상태표

(단위 : 억 원)

과목	주석	2019년 말	2018년 말
재고자산	10	122,017	124,409

주석

10. 재고자산

구분	2019년 말			2018년 말		
	평가전 금액	평가충당금	장부금액	평가전 금액	평가충당금	장부금액
제품 및 상품	26,210	(1,480)	24,730	30,452	(3,000)	27,452
반제품 및 재공품	79,569	(2,756)	76,813	83,284	(4,036)	79,248
원재료 및 저장품	20,146	(3,581)	16,565	15,239	(2,636)	12,603
미착품	3,909	0	3,909	5,107	0	5,107
계	129,835	(7,818)	122,017	134,082	(9,672)	124,409

당기 중 비용으로 인식한 재고자산의 금액은 1,133,828억 원(전기: 1,015,014억 원)입니다. 동 비용에는 재고자산평가손실 금액이 포함되어 있습니다.

다음은 현대건설의 사례입니다.

건설업에서 사용하는 재고자산계정은 제조업과 다르므로 현대건설의 2019년 재무제표 주석을 살펴봅시다. 건설회사는 토지(용지) 위에 원자재를 투입해 건물을 완공하는데, 용지와 원자재는 제조기업의 원재료에 해당합니다.

기말 현재 공사 중인 주택은 미완성주택으로 보고하는데, 제조업의 재공품에 해당합니다. 완성되었으나 미분양된 주택은 계약자에게 분양될 때까지 완성주택으로 보고하는데, 제조업의 제품에 해당합니다. 가설재는 공사를 위해 보조적 또는 임시로 설치했다가 공사 완료 후 철거하는 자재입니다.

▼ 현대건설의 재고자산 주석 공시 내역

(단위 : 억 원)

구분	2019년 말			2018년 말		
	평가전 금액	평가충당금	장부금액	평가전 금액	평가충당금	장부금액
용지	9,211	(2)	9,209	11,942	(2)	11,940
완성주택	103	(22)	81	44	(23)	21
미완성주택	540	0	540	613	0	613
원자재	33	0	33	64	0	64
미착품	98	0	98	217	0	217
가설재	20	0	20	34	0	34
합계	10,005	(24)	9,981	12,914	(25)	12,889

우리나라에서는 선분양제도에 따라 주택을 공급하는데, 주택 완공 전에 입주자에게 분양하고 입주자가 낸 계약금과 중도금으로 건설비용을 충당합니다.

아파트 청약경쟁률이 떨어지면 미분양 물량이 증가해 완성주택은 증가합니다. 공사비 지급으로 현금은 유출되지만, 미분양된 완성주택이 증가하면 현금유입이 없어 현금흐름은 나빠집니다.

주택 부문 비중이 큰 건설회사의 재무제표를 분석할 때 완성주택을 고려해야 합니다. 현대건설의 완성주택은 전기대비 60억 원이 증가했는데, 2018년에 비해 2019년에 건설경기가 좋지 않아 미분양 완성주택이 늘었어요. 완성주택은 공사원가보다 낮은 가격으로 분양해야 재고 물량을 해결할 수 있으므로 재고자산평가손실이 발생합니다.

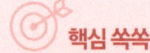 **핵심 쏙쏙**

- 기중에는 매출·매입이 발생할 때마다 재고 수량을 기록하는 계속기록법을 사용하고, 기말에 실사를 수행해 실제 수량을 파악한다. 장부수량(계속기록법)과 실사수량(실지재고조사)의 차이를 감모수량이라고 한다. 감모수량에 단위당 취득원가를 곱해 재고자산감모손실을 계산한다.
- 선입선출법은 먼저 매입한 상품이 먼저 판매된다고 가정하고, 이동평균법은 기초재고와 당기매입이 평균적으로 판매된다고 가정한다.
- 재고자산의 장부금액은 취득원가와 순실현가능가치(예상판매가격 - 예상처분비용) 중 낮은 금액으로 표시하고, 재고자산평가손실에 해당하는 금액은 재고자산평가충당금으로 보고한다.
- 재고자산감모손실과 재고자산평가손실은 기업의 정책에 따라 매출원가 또는 기타비용으로 보고한다.

유형자산 1 – 영업활동에 사용하는 돈벌이 수단

　유형자산은 회사의 영업활동을 위해 보유하는 물리적 형태가 있는 자산입니다. 제조기업에서는 토지, 건물과 기계장치가 유형자산에 해당하고, 항공운수업에서는 항공기, 해상운송업에서는 선박을 유형자산으로 분류합니다. 회사가 주업으로 하는 사업 유형에 따라 유형자산 구성도 달라져요.

　유형자산의 취득원가는 취득시점의 현금가격 상당액으로 기록합니다. 현금가격 상당액은 현금으로 샀다면 지급했을 금액을 말해요. 다음의 사례로 현금가격 상당액의 의미를 살펴봅시다.

소문회사는 기계장치를 풍문기업으로부터 구매하였다. 풍문기업은 현금 판매하면 10,000원을 받지만, 판매시점의 시장이자율 10%를 반영해 1년 후 소문회사로부터 11,000원을 받기로 했다.

풍문기업은 기계장치를 판매하는 시점에서 현금을 수취하면 10,000원을 받아요. 판매대금을 받자마자 은행에 1년간 예금하면 원금과 이자를 포함해 1년 후에는 11,000원을 받을 수 있습니다. 판매대금을 1년 후에 받는다면 손해를 보지 않기 위해서는 11,000원을 받아야 합니다.

소문회사는 기계장치의 대가를 취득시점에서 지급하면 10,000원에 살 수 있는데, 1년 후에 대가를 지급한다면 11,000원에 사야 합니다.

대금결제방법에 따라 기계장치가 미래에 벌어주는 돈이 달라질까요? 그렇지 않기 때문에 일정한 기준이 필요하고, 현금으로 살 때 지급할 가격인 현금가격 상당액인 10,000원으로 자산의 취득원가를 기록합니다.

다음 사례로 취득시점 이후에 발생하는 지출을 어떻게 처리해야 하는지 알아봅시다.

부동산 임대회사인 펜트하우스는 보유 중인 건물이 노후화되어 엘리베이터를 교체하는 리모델링 공사로 10억 원을 지출했어요. 공사 전에는 평당 임대료가 100,000원이었지만 리모델링 공사 후 120,000원으로 인상합니다.

유형자산을 취득한 후에도 개량이나 유지를 위해 지출이 발생할 수 있어요. 펜트하우스가 리모델링 공사로 지출한 10억 원을 어떻게 처리해야 할까요?

지출로 미래에 들어올 돈이 더 많다고 판단하면 자산으로 분류하고, 현상 유지 수준의 지출이라고 판단하면 비용으로 인식해요.

[그림 5-7]을 살펴봅시다. 취득시점 이후 발생하는 지출로 미래 경제적 효익이 유입될 가능성이 크면 자산으로 인식하는데 '자본적지출'이라고 합니다. 현재 상태를 유지하는 수선 및 유지비는 발생한 기간에 비용으로 인식하는데 '수익적지출'이라고 표현합니다. 취득시점 이후에 발생하는 지출도 자산의 정의를 충족하면 자산으로 인식하고, 그렇지 않으면 비용으로 인식합니다.

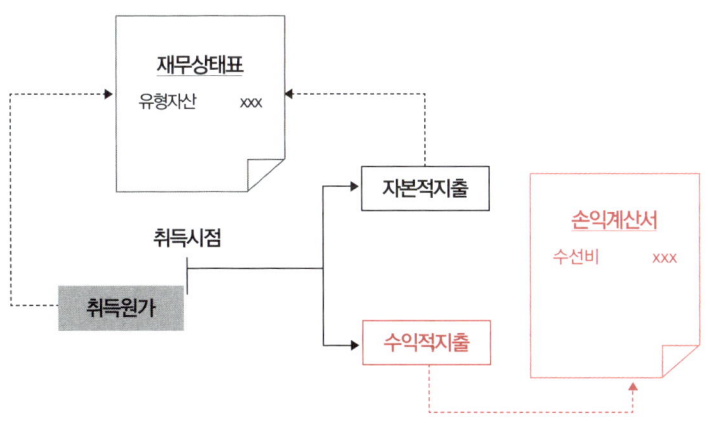

[그림 5-7] 자본적지출과 수익적지출

감가상각은 미래경제적효익의 소비형태를 반영해 결정한다

감가상각은 미래경제적효익이 소비되는 형태를 반영해 결정합니다. 유형자산을 사용해 돈을 벌 수 있는 기간을 '내용연수'라고 하는데, '기계장치의 내용연수는 5년이다'라는 표현은 '기계장치를 영업활동에 사용해 5년 동안 돈을 벌 수 있다'라는 의미입니다.

5년간 수익이 발생하므로 취득원가도 5년간 비용으로 인식해야 수익·비용이 적절하게 대응됩니다. 감가상각이 종료되는 시점에 매각할 것으로 예측하는 금액을 '잔존가치'라고 합니다. 취득원가에서 잔존가치를 차감한 금액을 내용연수 동안 감가상각비로 인식합니다.

예를 들어 삼산테크는 사무실에서 사용할 컴퓨터를 100,000원에 샀는데 5년 동안 사용할 수 있고 5년 말에 10,000원에 팔 수 있다고 예측합니다.

5년간 감가상각비로 인식해야 할 금액은 얼마일까요? 감가상각이 끝날 때 10,000원에 매각할 수 있다고 예측하므로 5년간 감가상각비로 인식할 금액은 90,000원(취득원가 100,000원 - 잔존가치 10,000원)입니다. 취득원가에서 잔존가치를 차감해서 계산한 90,000원을 감가상각대상금액이라고 합니다.

어떤 자산은 매년 일정한 형태로 미래경제적효익이 소비되고, 어떤 자산은 내용연수 초기에 미래경제적효익이 많이 소비되다가 시간이 지날수록 감소할 수 있습니다. 기업은 자산의 미래경제적효익이 소비되는 형태를 더 잘 반영할 수 있는 감가상각방법을 선택해 감가상각비를 인식해야 합니다.

실무에서 사용하는 대표적인 감가상각방법으로 정액법과 정률법이 있어요. 정액법에서는 매년 일정한 금액을 감가상각비로 인식하고, 정률법에서는 장부금액에 일정한 비율을 곱한 금액을 감가상각비로 인식합니다. 정률법을 적용하면 초기에는 감가상각비가 가장 많이 계산되고 시간이 흐를수록 인식하는 감가상각비가 감소합니다.

어떤 방법을 사용하든 '자산을 사용할 수 있는 전체 기간(내용연수)'에 인식하는 감가상각비 총액은 같지만, 매년 보고하는 감가상각비는 차이가 있습니다.

기간 경과에 따른 정액법과 정률법의 감가상각비를 그림으로 표현하면 [그림 5-8]과 같습니다. 정액법은 매년 같은 금액을 감가상각비로 인식하므로 수평선 형태입니다. 정률법은 내용연수 초기에 감가상각비를 인식하다 시간이 지날수록 금액이 감소하므로 우하향하는 형태를 보입니다.

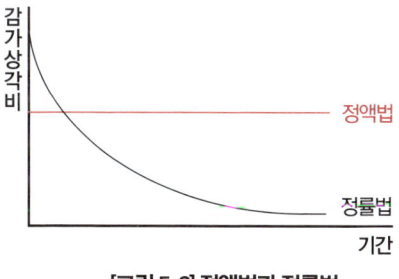

[그림 5-8] 정액법과 정률법

감가상각누계액은 어떤 메시지를 담고 있을까?

다음 사례로 감가상각누계액의 성격을 알아봅시다.

삼산테크는 기계장치를 10,000원에 취득했는데, 올해 감가상각비 3,000원을 보고했다. 감가상각비를 인식해 기계장치의 장부금액은 7,000원으로 감소했다.

    회계는 친절합니다. 회사 외부에 있는 재무제표이용자는 회사의 내부 사정을 잘 모르기 때문에 친절하게 이런저런 정보를 제공해주어야 합니다. 친절한 회계는 기계장치를 얼마에 샀고, 감가상각비를 얼마 인식했고, 자산에서 남은 금액이 얼마인지 알려줍니다. 이런 이유로 감가상각비 3,000원을 기계장치에서 직접 차감하는 '직접법'으로 표시하지 않습니다.
    회계는 어떤 방식으로 재무제표이용자에게 친절하게 메시지를 전달할까요?
    삼산테크는 '기계장치를 10,000원(취득원가)에 샀는데, 감가상각비 3,000원을 인식해 남은 금액은 7,000원이다'라는 형태로 정보를 제공해야 합니다. 이를 위해 등장한 계정과목이 '감가상각누계액'입니다.
    감가상각누계액은 자산의 취득 시점부터 현재 시점까지 발생한 감가상각비 합계를 의미합니다. 회계에서는 취득원가에서 자산감소액을 직접 차감하는 방법보다는 재무제표이용자에게 더 많은 정보를 제공할 수 있도록 취득원가에서 감가상각누계액을 차감하는 간접 표시를 선호합니다.

다음의 간접 표시 방식이 어떤 메시지를 전달하는지 해석해봅시다. 재무상태표에는 장부금액으로 표시하고, 주석에서 장부금액의 상세한 내용을 보여줍니다.

1 : 매출채권의 대손충당금

재무상태표		손익계산서		주석	
매출채권	7,000	대손상각비	3,000	매출채권	10,000
				대손충당금	(3,000)
				장부금액	7,000

주석의 공시사항은 매출채권 10,000원 중 3,000원이 떼일 가능성이 있어 7,000원만 회수할 것으로 추정한다는 의미입니다. 외상 대금 중 떼일 위험이 있는 3,000원은 손익계산서에 대손상각비로 인식하고 대손충당금을 설정했습니다. 재무상태표의 매출채권은 장부금액인 7,000원으로 표시합니다.

2 : 재고자산의 재고자산평가충당금

재무상태표		손익계산서		주석	
재고자산	7,000	기타비용	3,000	재고자산	10,000
				재고자산평가충당금	(3,000)
				장부금액	7,000

주석의 공시사항은 재고자산을 10,000원에 샀는데 순실현가능가치가 7,000원이라 재고자산평가손실 3,000원이 발생했다는 의미입니다. 재고자산평가손실 3,000원은 손익계산서에 기타비용으로 분류하고 재고자산평가충당금을 설정했습니다. 재무상태표의 재고자산은 장부금액인 7,000원으로 표시합니다.

다음 사례로 감가상각비를 어떻게 계산하는지와 감가상각누계액을 표시하는 방법을 알아봅시다.

2020년 초 낭군(주)는 본사 건물을 10,000원에 취득했다. 내용연수는 3년이고, 정액법으로 감가상각한다. 내용연수말 잔존가치는 1,000원이다.

정액법은 매년 같은 금액을 감가상각비로 인식하므로 손익계산서에 보고할 감가상각비는 3,000원[(취득원가 10,000원 - 잔존가치 1,000원) ÷ 3년]입니다. [표 5-4]에서 보듯이 감가상각누계액은 취득 시점부터 일정 시점까지 발생한 감가상각비 합계이므로, 2020년 말 3,000원, 2021년 말 6,000원, 2022년 말 9,000원으로 보고해요. 내용연수말 잔존가치는

1,000원이므로 감가상각이 끝나면 장부금액은 1,000원이 됩니다.

(단위: 원)

과목	2020년	2021년	2022년
[손익계산서]			
감가상각비	3,000	3,000	3,000
[재무상태표]			
건물	7,000	4,000	1,000
[주석]			
건물	10,000	10,000	10,000
(감가상각누계액)	(3,000)	(6,000)	(9,000)
장부금액	7,000	4,000	1,000

[표 5-4] 감가상각을 재무제표에 표시하는 방법

 다음 페이지에 나오는 [그림 5-9]에서 보듯이 매년 인식하는 감가상각비에 해당하는 금액만큼 건물의 장부금액은 감소합니다. 유형자산의 장부금액은 매년 인식하는 감가상각비에 해당하는 금액만큼 감소해 감가상각이 종료하는 내용연수말에는 잔존가치만 남습니다.

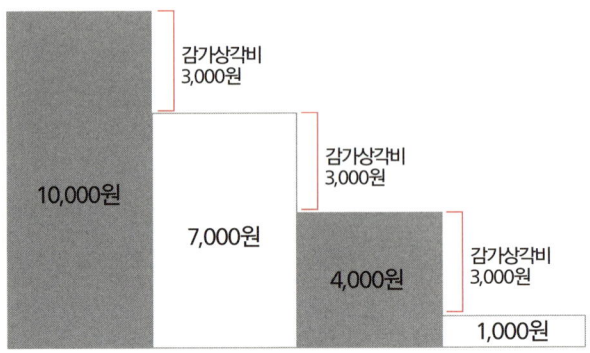

[그림 5-9] 감가상각에 따른 장부금액의 변동

유형자산을 처분하면 유형자산의 취득원가와 감가상각누계액을 장부에서 제거하고, 매각대가와 유형자산 장부금액을 비교해 유형자산처분이익(손실)을 계산해요. 예를 들어 건물의 장부금액은 4,000원인데, 6,000원에 매각한다면 유형자산처분이익 2,000원을 인식합니다.

유형자산 매각은 본업과 관계가 없는 부수적인 활동에 해당하므로 유형자산처분이익은 손익계산서에 기타수익(영업외수익)으로 보고합니다. 유형자산처분손실(매각대가<장부금액)은 기타비용(영업외비용)으로 인식합니다.

 **핵심 쏙쏙**

- 유형자산 취득 후 개량이나 유지를 위한 지출 중 미래경제적효익이 있다고 판단하면 자산의 취득원가에 가산하고, 미래경제적효익이 없다고 판단하면 비용으로 인식한다.
- 취득원가에서 잔존가치를 차감한 금액을 감가상각대상금액이라고 한다. 감가상각대상금액은 정률법이나 정액법을 선택해 내용연수에 걸쳐 감가상각비를 인식한다. 정액법은 매년 똑같은 금액을 감가상각비로 인식하고, 정률법은 일정 비율에 해당하는 금액을 감가상각비로 인식한다.
- 감가상각비는 감가상각누계액에 쌓는다. 재무상태표에는 유형자산의 취득원가에서 감가상각누계액을 차감한 장부금액으로 표시하고, 주석에서 상세한 내역을 보여준다.
- 유형자산을 처분하면 매각대가와 장부금액의 차이를 유형자산처분이익(또는 손실)으로 인식하고, 영업외손익으로 보고한다.

유형자산 2 – 자산가치가 하락하면 손상차손을 인식

　유형자산이 진부화되거나 시장가치가 급격하게 하락할 수 있습니다. 2019년 코오롱생명과학에서 출시한 골관절염 유전자치료제인 '인보사'의 허가가 취소되었어요. 인보사의 허가 취소로 인보사를 생산하는 기계장치가 쓸모가 없어져 손상차손 66억 원을 인식했어요. 손상차손은 자산이 진부화되거나 시장가치가 급격하게 하락해 유형자산의 미래 경제적 가치가 장부금액보다 현저하게 낮아질 때 인식합니다.

　다음의 손상차손 주문을 외워봅시다.

주문. 자산의 미래 경제적 가치가 장부금액보다 급격하게 하락해 장기간 지속될 것으로 예측하면 손상차손을 인식한다.

유형자산의 회수가능액이 장부금액보다 작으면 손상차손을 인식합니다. 회수가능액은 사용가치와 순공정가치 중 큰 금액이므로 손상차손은 다음의 계산식으로 표현할 수 있습니다. 유형자산의 장부금액은 취득원가에서 감가상각누계액을 뺀 금액을 의미합니다.

> 손상차손 = 유형자산 장부금액 − 회수가능액[Max (① 사용가치, ② 순공정가치)]

유형자산을 사용해 제품을 생산·판매할 경우 기업에 유입될 미래현금흐름을 '사용가치'라고 합니다. 유형자산을 사용하지 않고 시장에 팔아 현금을 회수할 수 있는데, 공정가치(매각가치)에서 처분할 때 발생할 비용(예를 들어 수수료와 세금)을 차감한 금액이 순공정가치입니다.

경영자는 기업가치를 최대화하는 방향으로 의사결정을 합니다. 유형자산을 팔았을 때 받을 금액(순공정가치)보다 계속 사용해 버는 돈(사용가치)이 많다면 유형자산을 사업에 계속 사용하겠죠? 반대 상황이면 유형자산을 매각하고요. 이런 이유로 회수가능액은 순공정가치와 사용가치 중 큰 금액으로 평가합니다. 다음 사례로 손상차손을 표시하는 방법을 알아봅시다.

2020년 초 백일(주)는 토지를 10,000원에 취득하였다. 2022년 말 회수가능액은 8,000원인데 이러한 가치하락은 장기간 지속할 것으로 예측한다.

장부금액(10,000원)보다 회수가능액(8,000원)이 낮으므로 차액 2,000원을 손상차손으로 인식합니다. 손상차손은 손익계산서에 기타비용으로 보고하는데, 손상차손을 토지 원가에서 직접 차감하지 않고 손상차손누계액계정을 이용해 토지에서 차감하는 방식으로 표시해요.

[그림 5-10]의 재무상태표는 다음의 메시지를 담고 있어요. '토지를 10,000원에 샀습니다. 시장가치가 하락했고, 이러한 가치하락은 장기간 지속할 것으로 예측해 토지의 회수가능액은 8,000원입니다. 손상차손 2,000원은 비용으로 인식합니다.'

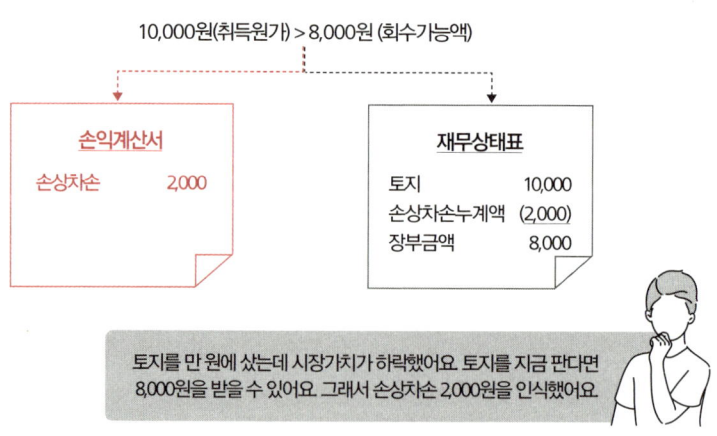

[그림 5-10] 손상차손의 재무제표 표시

발생 원인은 다르지만, 손상차손누계액과 감가상각누계액은 유형자산에서 차감한다는 공통점이 있어요. 감가상각누계액과 마찬가지로 보고시점까지 발생한 손상차손의 누계액을 보여주기 위해 취득원가에서 차감해 표시합니다.

손상차손은 기업이 보유한 유형자산의 미래 전망이 좋지 않다는 메시지를 담고 있어요. 손상차손이 급증하는 기업이 있다면 유의해서 살펴보세요.

국제회계기준에서 개별자산의 회수가능액과 장부금액을 비교해 손상차손을 인식합니다. 개별자산의 회수가능액을 계산할 수 없으면 현금창출단위로 회수가능액을 산정합니다. 현금창출단위(cash generating unit: CGU)는 독립적인 현금유입을 창출하는 식별할 수 있는 최소자산집단입니다.

다음의 롯데쇼핑 사례로 현금창출단위의 개념을 살펴봅시다.

롯데쇼핑은 점별(개별자산)로 회수가능액을 산정하지 않고, 현금창출단위로 백화점, 할인점, 슈퍼 및 기타로 구분하고 있어요. 할인점 515개 점, 백화점 28개 점과 슈퍼마켓 341개 점이 각각 현금창출단위에 해당합니다. 롯데쇼핑은 유형자산을 할인점, 백화점, 슈퍼마켓, 기타로 구분했어요. 네 가지의 현금창출단위를 설정해 회수가능액과 장부금액을 비교, 손상차손을 인식하고 있어요.

▼ 롯데쇼핑 실적

[표 5-5]에서 보듯이 롯데쇼핑은 2020년 상반기에 유형자산 손상차손 724억 원을 인식했습니다. 백화점과 할인점에서 거액의 손상차손이 발생했는데, 백화점과 할인점에서 부실 징후를 보이는 점포가 많았다는 의미입니다. 전국에 있는 할인점 515개의 장부금액 합계보다 회수가능액 합계가 465억 원이 낮아 해당 금액을 손상차손으로 인식했어요. 백화점과 할인점의 점포 가치가 크게 하락해 손상차손이 발생했어요. 코로나19 확진자가 다녀갈 때마다 임시 휴점과 단축 영업이 잦았고, 다중시설 이용을 꺼리는 분위기로 손실이 커진 점포가 많았습니다.

(단위: 억 원)

구분	백화점	할인점	슈퍼	기타	합계
유형자산손상차손	214	465	8	37	724

[표 5-5] 롯데쇼핑의 유형자산에서 발생한 손상차손 내용

유형자산은 공정가치로 재평가할 수도 있다

SK네트웍스는 직영주유소 338개를 운영하고 있어 다수의 토지를 보유하고 있습니다. SK네트웍스의 재무상태표에는 토지의 장부금액은 6,959억 원으로 기록되어 있는데, 토지의 시가는 19,926억 원으로 알려져 있습니다. 이렇게 부동산을 많이 보유한 기업의 주식을 '자산주'라고 불러요.

자산주를 보유한 주주는 유형자산을 얼마에 샀는지보다는 얼마에 팔 수 있을지에 관심이 있을 겁니다. 재무제표이용자의 정보 욕구를 충족시키기 위해 재평가모형이 등장했어요. 재평가모형으로 자산을 평가하면 공정가치로 기록하고 자산평가이익(또는 손실)을 인식합니다.

국제회계기준에 따라, 기업은 보유 중인 유형자산을 원가모형과 재평가모형 중 선택해 평가할 수 있어요.

원가모형은 유형자산의 공정가치가 변동해도 계속해서 취득원가로 기록하므로, 재무제표이용자에게 평가손익과 공정가치에 관한 정보를 제공하지 못합니다. 자산이 물가상승 등으로 장부금액과 공정가치 간에 큰 차이가 생겼을 때 재평가모형을 적용하면 공정가치 변동을 장부금액에 반영해 현실화할 수 있어요.

기업이 재평가모형을 선택하면 자산의 장부금액이 공정가치와 중요한 차이가 나지 않도록 주기적으로 재평가를 수행해야 합니다. 유의적이고 급격한 공정가치 변동이 있는 유형자산은 매년 재평가를 해야 하지만, 공정가치 변동이 미미한 유형자산은 3년이나 5년마다 재평가하기도 합니다. 이를 '재평가주기'라고 해요.

유형자산 분류(토지, 건물, 기계장치 등)별로 원가모형이나 재평가모형 중 하나를 선택할 수 있어요.

토지 전체를 대상으로 재평가모형을 적용하고, 건물 전체를 대상으로 원가모형을 적용할 수 있습니다. 유형자산에 대해 재평가모형을 도입한 기업 대부분은 토지에 대해서만 재평가모형을 적용하고 있어요. 즉 토지는 재평가모형으로 평가하고, 건물 등 감가상각을 하는 자산은 원가모형으로 평가하고 있어요.

토지와 건물에 대해 각각 다른 평가모형을 적용하는 이유는 무엇일까요?

건물에 대해 재평가모형을 선택하면 장부금액이 증가하므로 감가상각비가 증가해 당기순이익은 작아집니다.

[그림 5-11]에서 보듯이 토지는 감가상각하지 않으므로 토지 재평가로 당기순이익은 감소하지 않습니다. 자산과 자본이 증가하므로 부채비율(부채/자본)이 감소해 재무구조는 개선됩니다. 부채비율이 낮아지면 금융기관에서 자금을 빌려올 때 부담하는 이자율이 낮아져 금융비용을 낮출 수 있어요.

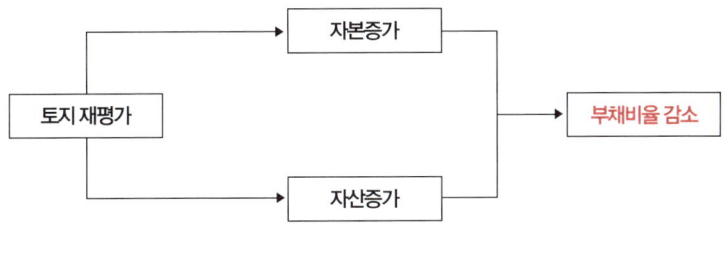

[그림 5-11] 토지 재평가의 재무 효과

다음의 토지 재평가 사례로 재무제표에 미치는 영향을 살펴봅시다.

2020년 초 낭군(주)는 토지를 8,000원에 취득했다. 2022년 말 토지를 재평가했고, 공정가치는 10,000원이다.

낭군(주)는 2020년 초 취득한 토지를 2022년 말에 재평가하므로 토지의 재평가 주기는 3년입니다.

다음 페이지에 나오는 [그림 5-12]에서 보듯이 재평가모형을 적용해 발생한 재평가이익 2,000원은 미실현이익에 해당하므로 포괄손익계산서에 기타포괄손익으로 인식합니다. 2022년 말 포괄손익계산서의 기타포괄손익 2,000원은 재무상태표의 기타포괄손익누계액(재평가잉여금)으로 옮겨 적어요. 토지를 재평가모형에 따라 공정가치로 평가하므로 토지는 10,000원으로 기록합니다.

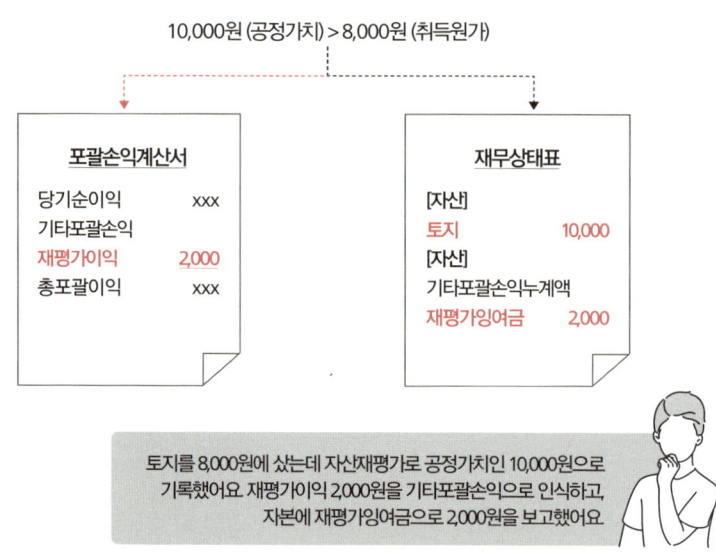

[그림 5-12] 토지 재평가의 재무제표 표시

    최근 토지를 재평가모형으로 평가하는 기업이 늘고 있어요. 2020년 밀가루 제조 전문업체인 한탑은 보유한 토지의 평가 방법을 재평가모형으로 변경해 순자산이 약 270억 원 증가해 부채비율은 193%로 100% 가까이 하락했어요. 기능성 특수 도료 생산업체인 자안은 토지를 재평가해 재평가이익 107억 원이 발생했는데, 재평가차액의 자산총액대비 비율은 30.76%이었습니다. 철도 전문업체인 현대로템은 보유한 토지를 재평가해 3,419억 원의 재평가이익을 보고했는데, 자산재평가로 부채비율은 363%에서 274%로 낮아졌습니다.

처분 예정인 자산은 매각예정비유동자산으로 분류

차입금 상환이나 운영자금 조달을 위해 보유한 자산을 매각하기도 하고, 비주력 사업을 매각해 핵심역량을 강화하고 신규사업 투자재원으로 활용하기도 합니다. 유형자산을 매각하기로 계약했거나 매각할 가능성이 매우 크다면 유형자산으로 분류하지 않고 매각예정비유동자산으로 보고합니다.

일반적으로 매각예정비유동자산의 처분가액은 분류하기 전의 장부금액보다 낮아요. 순공정가치와 장부금액 중 적은 금액으로 측정해 매각예정비유동자산으로 별도로 표시해요.

이렇게 유형자산과 별도표시하면 재무제표이용자는 영업활동에 사용할 자산(유형자산)과 그렇지 않은 자산(매각예정비유동자산)을 구분할 수 있고, 매각으로 들어올 금액을 추정할 수 있겠죠? 자산 매각으로 비유동자산이 유동자산(현금)으로 바뀌어도 부채비율 변동은 없지만, 현금 유동성이 풍성해져 유동비율은 상승합니다.

광동제약의 공시내역을 살펴봅시다. 2020년 1분기 검토보고서에 매각예정비유동자산으로 238억 원을 보고했고, 지피씨와 자산 양수도 계약을 체결해 2분기에 매각대금 238억 원이 유입되었어요. 장부금액으로 매각해 처분손익은 발생하지 않았으나, 매각으로 부채비율은 52.3%에서 50.4%로 하락해 재무구조가 개선되었습니다.

▼ 광동제약의 매각예정비유동자산 공시내역

재무상태표

(단위 : 억 원)

과목	주석	2020년 1분기말	2019년 1분기말
Ⅰ. 유동자산			
매각예정비유동자산	8	237	237

주석

8. 매각예정비유동자산

당사는 전기 중 충청북도 음성군에 위치한 산업시설용지를 경영진의 매각결정에 따라 유형자산에서 매각예정비유동자산으로 분류하였습니다. 당사는 매각예정비유동자산을 장부금액과 순공정가치 중 적은 금액으로 측정하고 있습니다.

    원가모형을 적용한 롯데쇼핑 공시사례를 살펴봅시다. 재무상태표에는 유형자산 총액으로 기재하고, 주석에서 항목별(토지, 건물 및 구축물, 기계장치, 차량운반구, 장치장식물, 비품및공기구, 건설중인자산 등)로 공시합니다. 유형자산의 상각방법과 내용연수는 주석의 '중요한 회계정책과 공시의 변경'에서 확인할 수 있습니다. 롯데쇼핑은 유형자산을 정액법으로 상각하고 있고, 건물의 내용연수는 10~50년으로 설정하고 있어요.

    건설중인자산은 기말 현재 제작, 건설, 매입 중인 자산을 의미해요. 토지를 매입하기로 계약하고 계약금을 지급하면 건설중인자산으로 기록하고, 토지 소유권을 취득하는 시점에 건설중인자산을 제거하고 토지로 기록합니다. 재무상태표에 건설중인자산의 금액이 많다면 회사가 대규모 설비투자를 진행하고 있다고 해석할 수 있어요.

유형자산 중 321억 원은 매각예정비유동자산(유동자산)으로 분류해 감소했고, 손상차손 599억 원이 발생했습니다. 당기에 유형자산 7,890억 원을 처분해 유형자산처분이익 1,599억 원을 보고했어요. 유형자산의 처분으로 구조조정을 진행하고 있다고 추론할 수 있어요. 건설중인자산 1,217억 원이 감소했는데, 대부분 '비품및공기구'로 대체되었습니다.

▼ 롯데쇼핑의 유형자산 공시내역

재무상태표

(단위 : 억 원)

과목	주석	2019년 말	2018년 말
유형자산	12	111,109	123,755

주석

12. 유형자산 : 2019년 말

과목	기초장부금액	취득	매각예정	상각	손상	처분	기타증(감)	기말장부금액
토지	70,029	0	(230)	0	0	(4,156)	(2,468)	63,175
건물	39,571	0	(88)	(1,443)	0	(3,646)	(447)	33,947
구축물	1,974	0	0	(126)	(61)	(28)	111	1,870
기계장치	587	10	0	(72)	(1)	0	0	524
차량운반구	6	2	0	(3)	(1)	0	0	4

장치장식물	3	0	0	(1)	(1)	(163)	0	1
비품및공기구	6,475	1,699	(3)	(2,607)	(535)	(38)	823	5,814
건설중인자산	5,108	1,904	0	0	0	(21)	(1,217)	5,774
합계	123,753	3,615	(321)	(4,252)	(599)	(7,890)	(3,198)	111,109

 핵심 쏙쏙

- 유형자산의 미래 경제적 가치가 장부금액보다 급격하게 하락해 장기간 지속할 것으로 예측하면 손상차손을 인식한다. 손상차손은 유형자산 장부금액에서 회수가능액을 차감해 계산한다.
- 개별자산의 회수가능액을 산정할 수 없다면 독립적으로 현금을 유입하고 식별할 수 있는 최소자산집단인 현금창출단위로 손상차손을 인식한다.
- 유형자산은 자산분류별로 선택해 원가모형 또는 재평가모형 중 선택해 평가할 수 있다. 재평가모형으로 유형자산을 평가하면 공정가치와 장부금액 간의 차이를 재평가이익(또는 손실)으로 보고한다.
- 유형자산을 매각할 가능성이 매우 크다면 유형자산으로 분류하지 않고 매각예정비유동자산으로 보고한다. 매각예정비유동자산은 순공정가치와 장부금액 중 낮은 금액으로 측정한다.

물리적 형태가 없는 돈벌이 수단인 무형자산

무형자산은 영업활동에 사용하므로 유형자산과 용도가 같지만, 물리적 형태가 없어요. 대표적인 무형자산인 특허권은 특허법에 따라 발명을 독점적으로 이용할 수 있는 권리입니다.

미국 반도체 제조사 퀄컴은 무선통신 기술 분야의 선두 기업인데, 스마트폰 제조사의 대부분은 퀄컴에 특허권 사용료를 지불하고 있어 퀄컴의 매출 중 50% 정도가 특허권 사용료 수입이라고 합니다. 무형자산은 특허권처럼 형태는 없지만, 미래경제적효익을 얻을 수 있는 자산을 말해요.

기업은 과학적·기술적 지식, 새로운 공정이나 시스템 설계와 실행,

시장에 대한 지식과 상표 등의 무형자원을 취득, 개발, 유지하거나 개선합니다.

상표권은 상표를 특허청에 출원해 등록함으로써 등록상표를 지정상품에 독점적으로 사용할 수 있는 권리입니다. 공정거래위원회는 자산총액 5조 원 이상인 기업집단 소속 계열사에서 발생한 상표권의 사용료와 관련한 거래 내역을 공시하도록 하고 있습니다. 2019년 상표권 사용료 규모는 1조 3,989억 원이라고 합니다.

대기업인 LG와 SK의 사례로 상표권 사용료를 살펴봅시다.

2003년 합병을 통해 지주회사로 출범한 LG는 LG브랜드를 사용하는 회사와 상표권 사용계약을 체결해 사용회사 매출액의 일정 비율을 상표권 사용료로 받고 있어요. LG의 2019년 영업수익 중 상표권 사용수익은 2,706억 원으로 영업수익의 31%에 해당해요.

LG전자는 지주회사인 LG에 상표권 사용료로 연간 1,000억 원 이상을 지급했어요. LG전자가 LG에 상표권 사용료를 지급하지 않고 소액주주에게 배당금으로 줬다면, 연평균 728억 원(주당 538원)을 추가로 받을 수 있었습니다. LG전자는 상표권을 지주회사인 LG로 이전해 LG전자의 소액주주가 얻을 수 있었던 이익을 지주회사로 이전시켜 지주회사의 배만 불렸습니다.

2015년 지주회사로 전환한 SK는 스피드메이트, 워커힐 등과 SK의 상표권 사용계약을 체결해 상표권 사용료를 받고 있어요. 2019년 재무상태표의 사용권자산은 404억 원인데, 사용권사용수익으로 2,746

억 원을 받았습니다.

LG와 SK의 사례에서 보았듯이 상표권은 수익을 창출합니다. 상표권은 회사에 미래경제적효익을 가져다주고 신뢰성 있게 측정할 수 있으므로 무형자산으로 분류해요. 산업재산권에는 상표권 외에 특허권, 의장권, 실용신안권이 있어요.

유형자산은 감가상각하고 무형자산은 상각한다

무형자산도 유형자산과 마찬가지로 무형자산의 취득원가를 내용연수 동안 상각해 비용으로 인식합니다. 유형자산은 물리적 형태가 있어 '감가상각'이라고 표현하지만, 무형자산은 물리적 형태가 없어 '상각'이라는 용어를 사용해요.

무형자산은 내용연수가 유한한 자산과 내용연수가 비한정인 자산으로 구분합니다. '비한정'은 취득시점에서 내용연수를 한정할 수 없다는 뜻으로 '무한'을 의미하지는 않아요. 내용연수를 비한정으로 추정했으나 상황이 변하면 내용연수가 유한하다고 판단할 수 있어요. 그래서 '비한정'은 미래경제적효익이 무한히 계속되는 '무한'과는 차이가 있습니다.

다음 사례로 '비한정'의 의미를 살펴봅시다.

2021년 초 펜트(주)는 하우스(주)로부터 소프트웨어를 샀다. 하우스(주)는 계약에 따라 소프트웨어를 5년마다 무료로 업그레이드해준다. 2031년 초 하우스(주)는 펜트(주)의 소프트웨어를 업그레이드해준 후 파산했고, 펜트(주)는 소프트웨어를 2035년 말까지 사용할 수 있다.

펜트(주)는 5년마다 소프트웨어 갱신이 가능하며 업그레이드에 원가가 들지 않아 제한 없이 소프트웨어를 사용할 수 있어요. 이러한 상황에서는 소프트웨어를 비한정 내용연수를 가진 무형자산으로 분류하고 상각하지 않습니다. 2031년 초 하우스(주)의 파산으로 펜트(주)는 소프트웨어를 2035년 말까지 사용 가능하므로, 내용연수가 한정된 무형자산으로 변경해 5년에 걸쳐 상각합니다. 이렇게 비한정 내용연수인 무형자산은 시간이 흘러 내용연수가 유한하다고 밝혀지면 내용연수에 걸쳐 상각합니다.

내용연수가 유한한 무형자산은 내용연수 동안 체계적인 방법으로 상각하고 무형자산상각비계정으로 비용을 인식합니다. 미래경제적효익이 예상되는 소비형태에 기초해 상각방법을 선택하는데, 대부분 상장회사는 정액법으로 상각합니다.

연구단계에서 발생한 지출은 비용으로 인식한다

시장경쟁이 치열해지면서 기업들은 기술개발에 상당한 금액을 연구개발비로 지출해요. [그림 5-13]에서 보듯이 기업은 연구단계와 개발단계를 거쳐 기술개발에 성공하면 신제품을 시장에 출시합니다.

[그림 5-13] 신제품 개발단계

연구단계에서는 신제품이나 신기술을 개발하기 위해 시출하는데, 이러한 지출이 미래경제적효익을 발생시킬 가능성은 상당히 불확실해요. 예를 들어 원자력을 원료로 사용하는 자동차 엔진을 만든다고 합시다. 연구단계에서 기초연구를 위한 재료비와 인건비가 발생하는데, 연구진도 "태초에 원자력 자동차 엔진은 존재하지 않았는데, 우리가 개발할 수 있을까?"라며 성공 가능성에 의구심을 가질 겁니다. 연구단계에서 발생한 지출은 미래에 돈을 벌어줄지 불확실해요. 이런 이유로 연구단계에서 발생한 지출은 자산으로 인식하지 않고 비용(연구비)으로 기록합니다.

개발단계에서는 시제품을 생산해 상업화 가능성을 판단해요. 자산성(미래경제적효익의 유입 가능성이 높음)이 있다고 판단하면 무형자산인 개발비로 인식하고, 그렇지 않다면 경상개발비(비용)로 처리합니다. 개발비에는 '비(費)'가 붙어 있어 비용으로 오해하기도 하는데, 자산에 해당합니다. 개발비는 자산으로 인식한 후 내용연수에 걸쳐 무형자산 상각비(비용)로 인식합니다.

단계	연구단계	개발단계	생산단계
회계처리	지출하는 시점에 비용으로 인식	① 무형자산 인식기준을 충족하면 자산(개발비)으로 인식 ② 무형자산 인식기준을 충족하지 못하면 비용(경상개발비)으로 인식	① 무형자산 상각이 제조와 관련 있으면 제조원가에 반영 ② 제조와 관련이 없으면 발생한 기간에 비용(판관비)으로 인식

[표 5-6] 연구프로젝트의 회계처리

[표 5-7]은 개발비의 증감 내역에 대한 주석 공시사항입니다. 2019년 4월 차세대 패키징 기술을 확보하기 위해 관계기업인 삼성전기(주)의 PLP 사업을 양수하면서 취득한 개발비가 '사업결합으로 인한 취득'입니다. 삼성전기(주)는 PLP 사업부문을 떼어 7,850억 원에 삼성전자에게 양도했어요. PLP는 반도체를 완제품에 적용할 수 있는 차세대 반도체 패키징 기술인데, 삼성전자는 PLP 사업부 인수로 여러 개의 칩을 기판 안에 내장할 수 있는 기술을 확보합니다.

(단위: 억 원)

구분	2019년	2018년
기초 장부금액	7,047	8,304
내부개발에 의한 취득	2,857	2,963
사업결합으로 인한 취득	519	0
상각	(2,797)	(4,220)
계정 재분류	(219)	0
기말 장부금액	7,407	7,047

[표 5-7] 삼성전자 재무제표 주석 중 개발비 증감 내역

    개발비도 무형자산에 해당하므로 손상차손을 인식해야 합니다. 개발단계에서 지출한 개발비를 자산으로 인식한 이유는 개발에 성공하면 자산으로 인식한 금액 이상의 매출을 올릴 가능성이 있다고 보기 때문입니다. 제품 개발에 실패하거나 개발에 성공해도 예상했던 금액보다 매출을 올릴 수 없다면 개발비에 대해 손상차손을 인식합니다.

    2019년 코오롱생명과학에서 출시한 골관절염 유전자치료제인 '인보사'의 허가가 취소됩니다. 인보사의 허가 취소로 개발단계에서 자산으로 인식했던 개발비 94억 원을 손상차손으로 인식했어요. 인보사 취소로 매출을 올릴 수 없으니 개발비를 손상차손(영업외비용)으로 인식한 거죠.

    2019년 일동제약은 신규 전문 의약품으로 개발 중이던 개량신약의 개발을 중단했습니다. 개량신약은 2020년에 임상3상을 완료하고 신

약 허가를 신청할 계획이었어요. 실험 결과가 부진해 기술의 실현 가능성이 희박해지고, 타사의 제품 개발 등 경쟁환경 변화로 사업성이 없어져 개발 프로젝트를 중단합니다. 이에 따라 개발비 전액 54억 원을 손상차손으로 처리합니다.

같은 지출인데 회사마다 회계처리를 다르게 한다?

이동통신 3사는 매년 수백억 원에서 수천억 원을 연구개발에 지출하는데, KT와 SK텔레콤, LG유플러스 세 회사의 회계처리는 달라요. SK텔레콤과 LG유플러스는 개발단계에서 발생한 지출을 모두 비용으로 인식해 보수적으로 회계처리하고 있어요. KT는 개발단계에서 발생한 지출을 자산으로 인식하고 있어 공격적으로 회계처리를 하고 있어요.

자산보다는 비용으로 인식해 이익을 적게 내는 방식을 '보수적인 회계처리'라고 표현하고, 지출을 자산으로 인식해 관련 비용을 여러 해에 나눠 인식해 지출 시점의 이익을 크게 내는 방식을 '공격적 회계처리'라고 부릅니다. 보수적으로 회계처리를 하면 지출시점의 비용을 크게 보고하고, 공격적으로 회계처리를 하면 지출시점의 비용을 적게 보고합니다.

기업의 미래를 전망해볼 수 있는 연구개발 능력은 지출한 비용 규모로 판단할 수 있어요. 연구개발에 지출한 금액을 계산하기 위해서는 [표 5-8]과 같이 비용으로 처리한 연구비에 자산으로 인식한 개발비를 더해야 합니다.

[표 5-8]은 이동통신 3사의 2019년 재무제표 주석에서 연구개발 활동과 관련한 지출을 정리한 것입니다. 연구개발비를 매출액으로 나눈 비율은 SK텔레콤이 가장 높고, 그다음 KT와 LG유플러스 순입니다.

(단위: 억 원)

구분	SK텔레콤	KT	LG유플러스
비용으로 처리한 연구개발비	3,240	1,670	628
자산으로 인식한 개발비	0	524	0
합계	3,240	2,194	628
연구개발비/매출액 비율	2.84%	1.21%	0.51%

[표 5-8] 이동통신 3사의 2019년 재무제표 주석 중 연구개발 활동과 관련한 지출

한류 열풍이 지구촌을 휩쓸면서 글로벌 아이돌 강국의 위상이 강화되고 있어요. 기획사는 연습생을 데뷔시킬 때까지 많은 교육훈련비를 지출해요. 기획사에 소속된 연습생 4명 중 1명만 데뷔한다는 통계에서 보듯이 연습생의 데뷔는 쉽지 않습니다. 연습생에 대한 교육훈련비를 어떻게 회계처리를 해야 할까요?

2019년 1분기 기준으로 YG엔터테인먼트는 25억 원 정도를 개발비로 자산에 쌓았습니다. 엔터테인먼트사의 개발비 대부분은 연습생 교육에 따른 지출인데, 연습생이 데뷔하면 수익이 발생하므로 데뷔

시점부터 개발비 상각을 시작합니다. JYP엔터테인먼트와 SM엔터테인먼트는 연습생 교육비를 무형자산(개발비)이 아닌 비용으로 처리합니다. YG처럼 자산으로 인식하면 상대적으로 지출시점의 회사 손실은 줄어들어요.

 YG는 연습생 교육비를 개발비로 인식하는데, 연습생 데뷔가 무산되면 돈벌이 수단인 개발비는 무용지물이 되므로 손상차손을 인식해야 합니다. JYP와 SM은 연습생 교육비를 지출한 기간에 비용으로 인식하므로 연습생이 데뷔하면 YG처럼 개발비 상각액을 인식하지 않아요. JYP와 SM이 YG보다 상대적으로 높은 이익을 보고할 수 있어요.

기업을 인수합병할 때 주는 웃돈은 영업권으로 인식한다

 권리금은 기존 점포가 보유하는 고객과 영업권을 이어받는 대가로 지급하는 돈이에요. 목이 좋고 장사가 잘되는 지역의 점포일수록 권리금이 많습니다. 점포를 인수하면 다른 가게보다 돈을 더 벌 수 있다고 기대하기 때문에 권리금을 지급해요.

 기업도 다른 회사를 인수하거나 합병할 때 미래 초과수익을 기대하며 웃돈을 지급합니다. 이러한 웃돈을 영업권이라고 하는데, 권리금과 유사해요. 영업권은 피매수기업의 순자산 공정가치를 초과해 합병대가를 지급할 때 발생합니다. 예를 들어 피매수기업의 순자산 공정가치(자산의 공정가치 - 부채의 공정가치)는 100억 원인데 합병대가로 120억 원을 지급하면, 영업권은 20억 원이 되는 거죠.

일반적으로 자산의 장부금액과 공정가치는 달라요. 유형자산에 대해 재평가모형을 적용하지 않으면 장부금액은 취득원가로 기록되어 있어요. 토지와 건물은 장부금액인 취득원가보다 공정가치가 더 높아요.

부채 대부분은 장부금액과 공정가치가 같지만, 장부에 반영하지 않은 부채가 있을 수 있습니다. 다른 회사를 인수할 때 장부에 기록된 자산의 공정가치를 측정하고, 장부에서 누락된 부채가 없는지를 확인하기 위해 실사를 수행합니다. 실사를 수행해서 순자산의 공정가치를 결정하고, 영업권을 평가해서 매수회사가 피매수회사에게 지급할 합병대가를 결정해요.

다음 사례로 피합병회사에 대한 실사와 영업권의 산정과정을 알아봅시다.

시목기업은 여진기업을 합병하기로 했다. 시목기업은 회계법인에 의뢰해 여진기업에 대한 실사를 수행했는데, 여진기업의 자산과 부채의 공정가치는 각각 10억 원과 2억 원으로 평가되었다. 여진기업은 우수한 경영 능력 및 인적자원, 높은 대외적 신용과 명성 등을 이유로 순자산 공정가치인 8억 원을 초과해 9억 원을 요구했고, 시목기업은 영업권 평가를 통해 여신기업의 요구를 수용했다.

왜 시목기업은 여진기업의 순자산 공정가치를 초과해 합병대가를 지급했을까요? 여진기업이 동종산업에 있는 기업에 비해 미래에 돈을 더 벌 수 있다고 판단하기 때문이에요. 미래에 더 벌 것으로 기대하는 금액을 영업권이라고 해요.

[그림 5-14]에서 보듯이 시목기업은 여진기업에게 지급하는 합병대가로 8억 원(순자산 공정가치)에 1억 원(영업권)을 합한 9억 원을 지급해요. 부채 2억 원은 만기에 채권자에게 지급합니다.

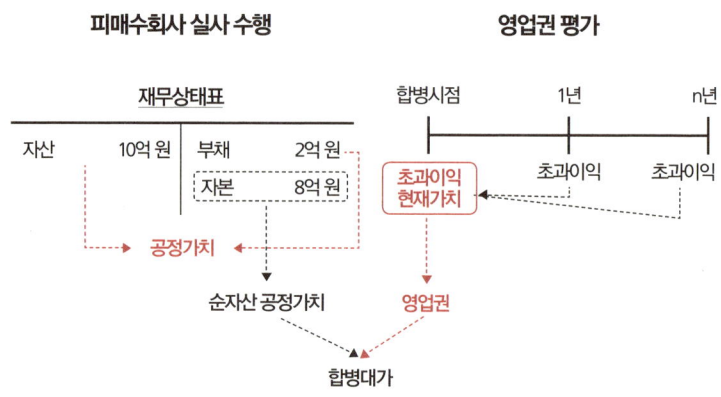

[그림 5-14] 피매수회사의 실사 수행과 영업권 평가

영업권을 어떻게 계산하는지 이해하기 위해서는 현재가치와 미래가치에 대한 개념이 필요해요.

현재가치는 미래에 받을 금액을 현재 시점의 가치로 환산한 금액을 말해요. 예를 들어 삼산테크는 10,000원을 정기예금(이자율 10%, 만기

1년)으로 예금하면, 만기인 1년 후 이자를 포함해 11,000원을 받아요. 10,000원은 현재가치이고, 11,000원은 미래가치입니다. 미래에 받을 금액(미래가치)은 '10,000원(현재가치) × [1 + 0.1(이자율)] = 11,000원(미래가치)'으로 계산해요.

미래가치와 이자율이 주어진다면 현재가치는 어떻게 구할까요? 위의 식을 현재가치에 대해 정리하면 '현재가치 = 11,000원(미래가치)/[(1 + 0.1(이자율)] = 10,000원'으로 표현하면 현재가치를 구할 수 있습니다.

현재가치는 미래가치보다 작죠? '미래가치를 적절한 이자율로 할인해서 현재가치를 구한다'라고 표현하기도 해요. 이때 이자율을 '할인율'이라고 불러요.

영업권은 미래에 발생할 것으로 기대하는 초과이익을 현재가치로 계산한 금액입니다. 예를 들어 경쟁기업은 1억 원을 투자하면 이익 1천만 원을 얻는데, 여진기업은 이익 2천만 원을 얻는다면 여진기업에서 발생하는 초과이익은 1천만 원이에요. 매년 발생할 것으로 기대하는 초과이익 1천만 원을 적절한 이자율로 할인하여 계산한 현재가치 2억 원이 영업권입니다. 영업권은 합병 이후에 발생할 초과이익을 현재가치로 계산해서 구합니다.

영업권은 비한정 내용연수를 가진 자산으로 보아 상각하지 않습니다. 영업권을 비한정 내용연수를 가진 자산으로 보는 이유는 뭘까요? 기업은 초과이익을 유지하기 위해 노력하므로 초과이익이 언제 소멸할지 예측할 수 없어요. 그래서 영업권은 비한정 내용연수를 가진 자산으로 봅니다. 영업권은 미래에 경제적 이익을 가져다줄 수 있는 기술 등으로 발생해요. 신기술이 등장하면 현재의 기술은 쓸모가 없어지겠죠? 이런 상황에서는 영업권 가치가 감소했다고 판단해 손상차손을 인식합니다. 즉 영업권에서 발생할 초과이익이 언제까지 지속될지 모르기 때문에 내용연수를 결정할 수 없어 상각하지는 않지만, 영업권의 가치가 떨어지면 손상차손은 인식해요.

영업권의 가치가 하락해 손상차손을 인식한 사례를 살펴봅시다. LG화학은 자동차 소재사업을 확대하기 위해 2018년 9월 우지막코리아를 인수했어요. LG화학은 우지막코리아의 지분 100%를 230억 원에 인수했는데, 현재 실적보다는 회사의 기술력과 성장 가능성을 크게 평가했어요. 그런데 2019년 영업권에 대해 손상차손 116억 원을 인식합니다. 영업권은 인수·합병하면서 지급한 '웃돈'인데 손상차손을 인식한다면 인수·합병 이후 시너지가 감소했다는 의미입니다.

영업권 손상차손이 발생하면 인수한 관련 사업의 미래 전망이 악화해 기대했던 실적을 크게 밑돌 가능성이 있다는 의미입니다. 기업의 주력 사업과 연계해 손상차손을 인식한 사업 부문이 미래 기업가치에 미치는 영향을 분석해야 합니다.

 핵심 쏙쏙

- 무형자산은 내용연수가 유한한 자산과 내용연수가 비한정적인 자산으로 구분한다.
- 연구단계에서 발생한 지출은 비용으로 인식한다. 개발단계에서 발생한 지출 중 자산성이 있으면 개발비로 인식하고, 자산성이 없으면 경상개발비(비용)로 분류한다.
- 영업권은 매수기업이 인수나 합병할 때 피매수기업의 순자산 공정가치를 초과해 지급한 대가를 말한다. 영업권은 비한정 내용연수로 보아 상각하지 않고, 영업권 가치가 감소하면 손상차손을 인식한다.

부업에서 발생하는 기타채권

　국제회계기준에서 구체적인 분류를 제시하지 않고 있어요. 기업 대부분은 대여금, 미수금, 미수수익 및 선급금을 합해 '기타채권'으로 공시하고 있어요. 돈을 빌려주면 대여금으로 분류하고, 기계장치 등의 유형자산에서 발생한 외상대금은 미수금으로 분류합니다.

　미수수익은 미수이자나 미수임대료처럼 대가를 받기로 한 날 이전에 발생주의에 따라 인식하는 계정을 의미해요. 선급금은 재화를 인도받거나 서비스를 제공하기 전에 먼저 받는 돈을 말합니다. 기타채권도 떼일 가능성이 있다면 매출채권과 마찬가지로 대손충당금을 쌓아야 합니다.

빈 깡통일 가능성이 있는 특수관계자대여금

현금을 빌려주면 대여금으로 분류하는데, 대여 기간에 따라 장기대여금과 단기대여금으로 구분해요. 보고시점부터 1년 이후에 회수하는 장기대여금은 비유동자산으로 표시하고, 1년 이내 회수하는 단기대여금은 유동자산으로 분류합니다.

대여금도 매출채권과 마찬가지로 회수하지 못할 것으로 추정하는 금액은 대손상각비를 인식하고 대손충당금을 쌓아야 해요.

회사와 밀접한 관계가 있어 경영이나 정책에 영향을 미칠 수 있는 기업이나 주주, 임원과 종업원을 특수관계자라고 불러요. 특수관계자와의 거래는 기업의 재무상태와 당기손익에 중요한 영향을 미칩니다.

특수관계에 있는 자회사의 신용이 좋지 않아 금융기관으로부터 차입하기 힘들면, 모회사는 자회사에 돈을 빌려주기도 해요. 이를 특수관계자대여금이라고 불러요. 특수관계자에게 거액의 자금을 대여하고 짧은 기간에 전액을 대손상각비로 인식하는 사례가 빈번해요.

상장폐지 위기에 있는 신라젠의 재무제표 주석에 공시된 특수관계자인 '신라젠 바이오테라퓨틱스'와의 거래내용을 살펴봅시다. 다음 페이지의 [표 5-9]를 살펴보면, 특수관계자와 관련한 채권(장단기매출채권, 장기대여금, 미수수익)이 자산총계에서 차지하는 비율은 최소 7%(2016년)에서 최대 17%(2018년)입니다.

특수관계자와의 매출 및 매입 거래가 증가하면 매출채권은 증가할 수 있지만, 자산총계에서 장기대여금이 차지하는 비율이 상당히 높죠?

2019년 8월 검찰 수사가 시작되자 신라젠은 장단기매출채권, 장기대여금 및 미수수익의 전액에 대해 대손충당금을 설정했어요. 한 푼도 받지 못한다고 시인한 셈이죠. 특수관계자에 대한 대여금은 빈 깡통일 가능성이 크니 조심해야겠죠?

(단위 : 억 원)

구분	2015년	2016년	2017년	2018년
장단기매출채권	56	56	138	241
장기대여금	151	152	129	224
미수수익	14	14	18	28
자산총계	1,761	3,261	2,991	2,826

[표 5-9] 신라젠의 특수관계자 관련 채권 내역

'터널링(tunneling)'이란 소액주주로부터 지배주주로 부가 이전되는 현상을 말해요. 특수관계자 간 장기공급계약을 통해 소액주주의 부를 지배주주로 이전시키면 기업가치는 감소해요. 이렇게 특수관계자에 대한 대여금이 증가하면 기업가치는 감소할 수 있어요.

아직 받지 못해 성은 '미수'로 같지만 이름이 다른 미수금과 미수수익

미수금은 '아직 받지 못한 돈'으로 일반적 상거래 이외에서 계약 이행이나 법적 권리의 확정에 따라 발생한 미수채권입니다. 미수금은 토지나 건물을 매각하고 대금을 나중에 받을 때 사용합니다.

미수수익은 '아직 돈을 받지 못한 수익'으로 발생기준에 따라 용역을 제공했는데 대가를 나중에 받을 때 사용하는 계정으로, 시간 경과에 따라 발생합니다.

예를 들어 삼산테크는 2021년 6월 1일 은행에 예금하고 이자 1,200원을 만기인 2022년 5월 말에 받기로 했어요. 당기에 이자수익으로 인식해야 하는 금액인 700원(1,200원 × 7/12)이 미수이자에 해당합니다.

선급(先給)은 먼저(先) 지급(給)한다는 의미죠? 선급금은 재화나 서비스를 받기 전에 미리 지급한 금액입니다. 원재료 가격이 오를 것으로 예상하면 인상 전 가격으로 재료를 공급받기 위해 대금을 미리 지급하기도 합니다. 상품매매계약을 체결하고 상품을 인도받기 전에 계약금을 지급하면 선급금으로 분류하고, 상품을 인도받으면 선급금을 장부에서 제거합니다.

재무제표가 '예쁘게' 보이도록 만드는 분식회계

분식(粉飾)은 가루(粉)로 꾸민다(飾)는 말로 얼굴을 곱게 꾸미는 화장을 의미해요. 분식회계는 회사가 감추고 싶은 비용이나 부채를 숨기고, 가공으로 매출을 보고해 재무제표이용자의 눈에 재무제표가 예쁘게 보이도록 하는 부정한 회계처리를 말합니다.

2010년 4월 중앙바이오텍은 자본전액잠식과 감사의견을 거절 받아 상장 폐지되었어요. 회사 대표는 회삿돈을 횡령하고 선급금을 지급한 것처럼 분식회계를 했어요.

이러한 사실은 2009년에 밝혀졌는데, 직전에 공시된 재무제표에서 발췌해 정리한 [표 5-10]을 살펴봅시다. 2007년과 2008년 선급금을 재고자산으로 나눈 비율은 각각 0.88%와 39.52%입니다. 2008년 말 재고자산은 감소했지만, 선급금은 전기보다 무려 40배 증가했어요. 이때 외부감사인이 선급금과 재고자산을 함께 분석했다면 선급금을 분식회계의 수단으로 사용했다는 사실을 쉽게 적발할 수 있었을 겁니다.

(단위: 천 원)

구분	2019년	2018년
선급금	31,209	1,259,273
재고자산	3,545,205	3,186,438
비율(선급급/재고자산)	0.88%	39.52%

[표 5-10] 중앙바이오텍의 선급금과 재고자산 내역

 **핵심 쏙쏙**

- 관계회사나 임직원에게 자금을 대여하는 것을 특수관계자대여금이라고 한다. 특수관계자에게 거액의 자금을 대여하고 짧은 기간에 대손상각비로 인식하는 사례가 빈번하니 유의해야 한다.
- 미수금은 일반적 상거래 외에서 발생한 미수채권이고, 미수수익은 돈을 받지 못했지만 시간 경과에 따라 발생한 수익이다.
- 재고자산을 인도받기 전에 현금을 지급하면 선급금이라고 하는데, 재고자산과 함께 분석한다.
- 분식회계는 비용이나 부채를 숨기고, 가공으로 매출을 보고하는 부정한 회계처리를 말한다.

임대수익을 위해 보유하는 투자부동산

　기업은 사업을 위해 사옥이나 공장을 취득하거나 여유 자금을 운용할 목적으로 부동산에 투자합니다. 전자는 유형자산으로, 후자는 투자부동산으로 분류합니다.

투자부동산은 임대수익이나 시세차익을 얻기 위해 보유

　투자부동산은 임대수익이나 시세차익을 얻기 위해 보유하는 부동산을 말해요. 기업이 본사 건물 1층이나 지하층을 상가로 임대하기도 하죠? 건물의 용도와 목적에 따라 회사가 직접 사용하는 부분은 유형자산으로, 임대한 부분은 투자부동산으로 분류합니다.

[그림 5-15]에서 보듯이 유형자산은 자산분류별로 원가모형과 재평가모형 중에서 선택해 평가할 수 있어요. 토지에 대해서는 재평가모형을 선택하고 건물에 대해서는 원가모형을 적용할 수 있어요. 투자부동산은 '모든 투자부동산'을 하나로 묶어 원가모형과 공정가치모형 중에서 선택해 측정합니다.

임대수익과 공정가치 변동은 투자부동산에 대한 재무성과의 주요 구성요소와 밀접하게 연계되어 있어요. 투자부동산을 공정가치로 측정하면 재무성과를 의미 있게 보고할 수 있어요. 유형자산에서는 재평가로 발생한 공정가치 변동액을 기타포괄손익으로 인식해요. 투자부동산에서 발생하는 임대수익은 당기손익에 반영하므로, 공정가치로 평가한 평가손익도 당기손익으로 보고합니다.

[그림 5-15] 유형자산과 투자부동산의 자산평가

 **핵심 쏙쏙**

- 투자부동산은 임대수익이나 시세차익을 얻기 위해 보유하는 부동산이다.
- 투자부동산은 원가모형과 공정가치모형 중 '모든 투자부동산'을 하나로 묶어 선택해 측정한다. 공정가치모형에서 발생한 평가손익은 당기손익으로 보고한다.

거래 성격에 따라 매입채무와 기타채무로 구분

 매입채무는 제품 제조에 필요한 원재료나 부품, 판매하기 위한 상품을 외상으로 사면서 진 빚입니다. 미지급금은 아직 지급하지 않은 유형자산의 외상 대금과 용역대가를 말해요. 매입채무는 상거래에서 발생하는 부채지만, 미지급금은 상거래 외에서 발생하는 채무라는 차이가 있어요.

 상품을 외상으로 매입하고 상품 판매로 회수한 현금으로 매입채무를 결제하면 자금을 효과적으로 운용할 수 있어요. 그런데 매입채무를 조기에 결제하기도 합니다. 왜 그런 결정을 하는지 살펴봅시다.

 이커머스 3사로 티몬, 쿠팡과 위메프가 있는데, 2019년에 티몬만

매입채무를 줄였습니다. 매입채무를 결제하면 현금이 감소해요. 매입채무의 지급을 늦추면 현금흐름이 개선되는데, 왜 티몬은 이런 선택을 했을까요? 티몬은 기업공개(IPO)를 준비 중인데 전자상거래 3사 중 유일하게 완전 자본잠식 상태였어요. 티몬은 현금흐름 개선보다는 상장요건을 충족시키기 위해 매입채무를 줄여 부채를 감소시켜 재무 건전성 확보하는 방안을 선택했습니다.

미지급금은 '아직 지급하지 않은 금액'인 재고자산 이외의 물품이나 용역의 매입, 법인세 등 일반적인 상거래 외에서 발생한 채무입니다. 예를 들어 삼산테크가 모션데스크의 제조를 위해 원재료를 외상으로 사면 매입채무로 분류해요. 모션데스크를 생산하기 위해 기계장치를 외상으로 사면 미지급금으로 기록합니다. 보고기간말부터 1년 이내 지급기일이 도래하면 단기미지급금(유동부채)으로 기록하고, 1년을 초과하면 장기미지급금(비유동부채)으로 분류합니다.

미지급비용은 '아직 지급하지 않은 비용'으로 지급기일이 도래하지 않아 대가를 지급하지 않을 때 인식합니다. 발생주의에 따라 기간손익계산을 할 때 당기 비용으로 인식하고 지급일이 도래하지 않은 금액은 재무상태표에 미지급비용으로 인식해요. 미지급비용으로는 미지급이자, 미지급입금, 미지급임차료, 미지급보험료 등이 있습니다.

예를 들어 2021년 12월 1일 120,000원을 은행으로부터 차입(이자율 연12%)하고, 이자와 원금은 만기인 1년 후 한 번에 지급하기로 했어요. 2021년 12월 31일에 발생주의에 따라 인식한 1개월분 이자 10,000원

(120,000원 × 12% × 1/12)을 이자비용으로 인식하고 동 금액을 미지급이자로 분류합니다.

선수금이 증가하면 재무구조는 나빠질까?

상품을 인도하거나 용역을 제공하기 전에 계약금으로 돈을 미리 받기도 하는데, 선수금이라고 표현합니다. 선수금을 받으면 관련 의무(재화 인도 또는 용역 제공)를 이행하기 전까지 부채로 인식해요. 재화를 인도하거나 서비스를 제공해 의무를 이행하면 수익을 인식하고 선수금을 장부에서 제거합니다.

선수금은 조선업과 건설업 등 공사 수주 후 인도까지 기간이 긴 산업에서 빈번하게 활용됩니다. 조선업은 공사 총액의 10~20%를 계약금(선수금)으로 받고, 나머지 금액은 선박을 인도하고 받는 '헤비테일(heavy tail)' 방식을 사용합니다. 나중에 받는 금액의 비중이 높아 꼬리가 무겁다는 의미에서 '헤비테일'이라고 표현해요.

삼성중공업의 2020년 1분기 부채비율은 180.1%인데 조선업 불황이 한참이던 2015년의 300%와 비교하면 크게 낮아졌어요. 수주가 줄어 선수금이 감소하면서 부채비율이 하락했어요. 그런데 조선사의 부채비율 하락은 재무구조 개선이 아닌 불황기를 나타내는 지표일 수 있어요. 선박을 수주하고 계약금을 받으면 부채는 증가합니다. 조선사의 활발한 영업활동으로 수주가 증가하면 부채 규모가 커지는 거죠.

선수금이 늘면 부채는 증가하지만, 선수금 증가는 일감을 많이 확보했다는 긍정적인 메시지입니다. 기업의 공시사항 중 주요 계약체결사항을 확인해 계약금액을 살펴보면 향후 발생할 매출 규모를 추정할 수 있어요.

선수수익은 대가는 미리 받았지만, 수익을 당기가 아닌 차기에 인식하는 항목입니다. 선수수익은 부채로 인식하지만, 돈으로 갚아야 할 의무가 없고 용역을 제공하면 변제되는 부채입니다. 선수수익의 대표적인 예로는 먼저 받은 이자와 임대료가 있어요.

예를 들어 은행이 본사 건물의 1층을 커피전문점에 임대하고 1년분 임대료 120,000원을 2021년 10월 1일에 받았어요. 보고기간말인 2021년 12월 31일에 3개월분 임대료 30,000원(120,000원 × 3/12)은 수익으로 인식합니다. 2022년에 제공할 9개월분 임대료 90,000원(120,000원 × 9/12)은 선수수익으로 분류합니다. 2022년에 90,000원을 수익으로 인식하고 선수수익을 장부에서 제거합니다.

 **핵심 쏙쏙**

- 매입채무는 원재료나 상품 매입과 같은 상거래에서 발생하는 부채이다.
- 미지급금은 재고자산 이외의 물품이나 용역의 매입 등 일반적 상거래 외에서 발생한 채무이다.
- 미지급비용은 아직 지급하지 않은 비용으로 지급기일이 도래하지 않아 대가를 지급하지 않을 때 인식한다.
- 선수금은 상품을 인도하거나 용역을 제공하기 전에 미리 받은 돈이다.
- 선수수익은 대가는 미리 받았지만, 수익을 당기가 아닌 차기에 인식하는 항목이다.

금융기관에서 빌린 차입금

차입금은 운전자금이 부족하거나 시설 투자를 위해 차용증을 교부하고 타인으로부터 돈을 빌릴 때 발생하는 부채입니다. 보고기간말부터 1년 이내에 갚아야 하면 단기차입금(유동부채)으로 분류하고, 1년을 초과해 갚아야 하면 장기차입금(비유동부채)으로 분류해요.

차입금 만기가 특정 시점에 집중되면 영업활동에서 벌어들인 현금으로는 상환이 어려울 수 있어요. 이런 상황에서는 신규로 차입하거나 만기를 연장해야겠죠? 이때 금리상승, 금융시장 경색 등 조달환경이 좋지 않으면 조달조건이 불리해질 수 있고, 신규조달이나 만기 연장이 어려울 수 있어요. 단기차입금이 과도하게 많으면 만기 집중 문제와 금리변동으로 지급이자가 많아져 유동성은 악화할 수 있습니다.

비상장법인인 대방건설은 아파트 건설을 주요 사업으로 하는데, 2010년까지는 하도급 순위 108위에 불과했지만 2020년 27위에 올랐어요. 자산총계는 2017년 1조 원에서 2019년 1조7천억 원으로 70% 증가해 무서운 성장세를 보입니다.

기업 규모가 크게 증가하는 추세라면 긍정적으로 해석할 수 있을까요? 자산총계를 기업 규모로 보기도 하는데, 자산총계는 부채총계와 자본총계를 합한 금액입니다. 자산이 자본이 아닌 부채로 증가한다면 갚아야 할 빚이 많아지므로 부정적으로 해석합니다.

다음 페이지의 [표 5-11] 부채비율을 살펴보면, 2017년의 73%에서 2019년에는 115%로 증가해 차입금에 의존하는 비율이 상당히 높아졌어요. 단기차입금은 두 배 이상 증가했어요. 차입금 중 절반에 가까운 금액을 1년 이내 갚아야 하고 이자율이 상대적으로 높은 단기차입금에 의존하고 있어요. 이자비용도 2017년과 비교할 때 2019년에는 두 배 이상 증가해 많이 벌어도 남는 게 없을 수 있어요.

(단위: 억 원)

구분	2017년	2018년	2019년
[재무상태표]			
단기차입금	1,317	1,715	2,976
유동성장기부채	100	676	100
장기차입금	2,802	1,038	3,200
부채총계	4,242	5,501	9,371
자본총계	5,811	6,878	8,143
부채비율	73%	80%	115%
[손익계산서]			
이자비용	85	104	196

[표 5-11] 대방건설의 재무상태

    대부분 건설회사는 단순 도급사업에 집중하는데, 시행사와 연계해 자금조달부터 사업을 추진하면 수익성이 월등히 높아져 단기간에 외형을 키울 수 있어요. 이러한 수익모델에서 미분양이 많이 발생하면 공사대금 지급 문제로 유동성 위기를 겪을 수 있습니다. 대방건설은 이러한 사례에 해당해요. 재무제표를 해석할 때 숫자뿐만 아니라 회사의 수익모델도 고려해야 합니다. 도급사업은 건축물을 완성하면 대가를 받으므로 안정적인 수익모델이라 할 수 있어요.

    반면에 시행사와 연계한 분양사업은 미분양이 발생하면 투자액을 회수하지 못할 위험이 있어요. 이러한 이유로 도급사업을 수익모델로 하는 기업보다는 분양사업을 수익모델로 하는 기업이 경기변동에 영향을 많이 받습니다.

비유동부채로 분류한 장기차입금의 상환일이 보고기간말부터 1년 이내로 도래하면 유동부채로 재분류합니다. [그림 5-16]에서 2018년 1월 말에 차입했고 만기는 2020년 1월 말입니다. 2018년 12월 말에는 장기차입금(비유동부채)으로 분류합니다. 2019년 말에는 차입금의 만기가 1년 이내이므로 비유동부채인 장기차입금을 유동부채로 재분류하고, 단기차입금과 구분하기 위해 '유동성장기부채'로 별도로 표시해요.

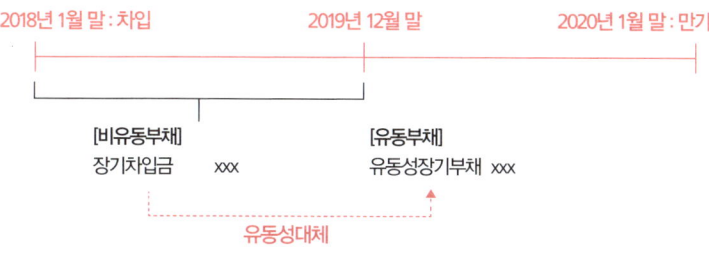

[그림 5-16] 장기차입금의 유동성 대체

엔화 대출을 받은 이들은 왜 고통의 늪에 빠졌을까?

외화차입금 비중이 높다면 향후 환율 변동에 따른 외화환산이익(손실)과 외환차익(손)을 고려해야 합니다. 2005년에 5개 시중은행의 엔화 대출은 1조억 엔이 넘었을 정도로 선풍적인 인기를 끌었습니다. 엔화 대출은 조달 금리 2% 대로 원화 대출보다 크게 낮고 원·엔 환율도 하락 추세에 있었습니다. 많은 기업이 은행으로부터 엔화 대출을 받았는데, 결과적으로 많은 사람이 고통을 받았습니다. 뒤에서 자세히 이야기하겠습니다.

다음 사례로 외화대출을 받을 때 고려해야 할 사항을 살펴봅시다.

삼산테크는 2021년 1월 초 원·달러 환율은 1,000원으로 100달러를 차입(연 이자율 2%, 만기 2021년 12월 말)하였다. 삼산테크는 국내은행으로부터 차입할 때 연 이자율 10%를 부담한다. 삼산테크는 원화 대출보다 외화대출의 이자율이 낮아 외화대출을 받았다. 2021년 12월 말 원·달러 환율은 1,500원이고, 삼산테크는 이자를 지급하고 차입금을 상환했다.

[표 5-12]에서 보듯이 삼산테크는 2021년 1월 초 원화로 차입하면 1년 후 원금과 이자로 110,000원(100,000원 + 100,000원 × 10%)을 지급해야 하고, 외화로 차입하면 1년 후 원금과 이자로 102,000원(100,000원 + 100,000원 × 2%)을 지급할 것으로 예상했어요.

환율이 상승하면 채무자는 손해를 보고, 채권자에게는 이익이 발생해요. 2021년 말에 삼산테크가 외화차입금을 상환하기 위해서는 102달러(100달러 + 100달러 × 2%)가 필요한데, 원화를 외화로 환전해야 합니다. 102달러를 사기 위해 원화는 얼마가 필요할까요?

2021년 말 원·달러 환율이 1,500원이므로 153,000원(102달러 × 1,500원)이 필요합니다. 환율 상승으로 처음에 예상한 금액보다 51,000원

(153,000원 - 102,000원)이 더 발생했는데, 동 금액은 외환차손(금융손실)으로 인식해요. 원화로 대출받았을 때보다 43,000원(153,000원 - 110,000원)을 더 지출했어요.

엔화 대출이 폭탄이 된 이유는 원·엔 환율이 급등했기 때문입니다. 외화로 대출을 받으면 이자율뿐만 아니라 환율 상승에 대한 예측도 필요합니다.

구분	원달러 환율 1,000원	원달러 환율 1,500원	원화 대출
원금	100달러×1,000원= 100,000원	100달러×1,500원= 150,000원	100,000원
이자	100달러×2%×1,000원= 2,000원	100달러×2%×1,500원= 3,000원	100,000원×10%= 10,000원
상환금액	102,000원	153,000원	110,000원

[표 5-12] 상환금액

삼성물산의 공시사례로 차입금에 대한 내용을 설명할게요.

다음 페이지의 [표 5-13]에서는 삼성물산의 재무상태표에서 차입금과 관련한 내용만 발췌해 정리했어요. 주석에는 차입처와 종류(원화, 외화), 연 이자율과 연도별 상환계획, 금리 조건(변동 또는 고정) 등 차입금 내역을 기술하고 있습니다.

금리 적용방식은 고정금리와 변동금리로 나눌 수 있어요. 고정금리는 대출 기간에 약정한 금리가 일정한 수준으로 고정되어 있고, 변동금리는 대출 기간에 금리가 시장 상황에 따라 달라집니다. 금리가 상승하면 변동금리로 대출받으면 불리합니다. 기업이 어떤 금리 조건으로 차입했는지도 살펴보아야 합니다.

(단위 : 억 원)

과목	당기말	전기말
Ⅰ. 유동부채		
단기차입금	9,286	5,698
유동성장기차입금	2,774	5,823
Ⅱ. 비유동부채		
장기차입금	330	1,399

[표 5-13] 삼성물산의 차입금 내역

핵심 쏙쏙

- 금융기관으로부터 빌린 돈은 차입금으로 분류한다. 보고기간말부터 1년 이내에 지급해야 하면 단기차입금으로 분류하고, 1년을 초과하면 장기차입금으로 보고한다.
- 비유동부채인 장기차입금이 보고기간말부터 1년 이내 상환일이 도래하면 유동성장기부채(유동부채)로 분류한다.

언제, 얼마를 갚아야 할지 모르는 충당부채

충당부채는 상환일이나 상환금액, 지급 상대방을 추정해야 하는 부채입니다. 미래에 발생할 것으로 예상하는 지출을 당겨서 비용으로 인식하기 때문에 충당부채로 표현하는데, 충당부채는 '추정부채'라고 이해하세요.

부채를 측정할 수 있는가

부채를 측정할 수 있는지에 따라 확정부채와 충당부채로 구분해요.

확정부채는 채권자, 이행시기와 이행금액이 확정되어 있습니다. 예를 들어 은행으로부터 1억 원을 차입하고 1년 후에 갚기로 했어요. 채권자는 은행, 이행시기는 1년 후, 이행금액은 1억 원이죠? 차입금은 세 가지 모두 확정되어 있으므로 확정부채로 분류합니다.

충당부채는 언제, 누구에게, 얼마를 갚아야 하는지 알 수 없는 채무이지만 발생확률이 매우 높아 부채로 분류합니다.

[그림 5-17]에서 보듯이 채권자, 이행시기와 이행금액 중 하나라도 충족하지 못하면 충당부채로 분류해요. 충당부채는 부채의 정의를 충족하므로 의무를 이행하기 위해 미래에 지출될 금액을 추정해 부채로 인식합니다.

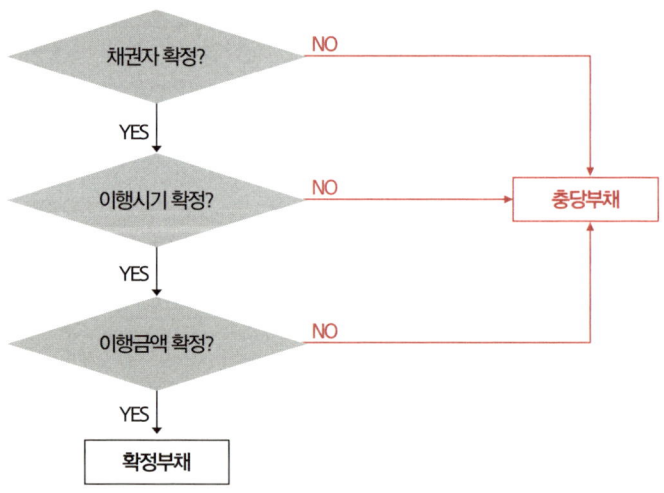

[그림 5-17] 확정부채와 충당부채의 구분

예를 들어 전기밥솥을 제조·판매하는 무쇠밥솥은 품질보증조건으로 밥솥을 판매했어요. [그림 5-17]의 단계를 하나씩 따라가봅시다. 어느 집 밥솥이 터질지 모르니 채권자는 확정되지 않았죠? 언제 터질지 모르니 이행시기도 확정할 수 없어요. 전기밥솥이 터졌을 때 얼마를 배상할지 알 수 없으니 이행금액도 확정되어 있지 않죠? 이러한 이유로 판매보증충당부채는 충당부채에 해당해요.

미래에 발생할 비용이나 손실을 예측해 당기에 인식하는 것을 '충당'이라고 해요. 무쇠밥솥은 전기밥솥이 터지면 품질보증 의무를 이행합니다. 현재 시점에서 미래에 발생할 지출을 예측해 전기밥솥을 판매한 기간에 비용으로 인식하므로 충당부채라고 표현해요. 충당부채는 부채로 인식할 금액을 추정하므로 '추정부채'라고 표현하기도 합니다.

충당부채를 인식하는 이유와 추정하는 방식을 살펴봅시다. 올해 판매한 제품에 대한 품질보증의무는 다음 해에 이행할 수 있어요. 제품을 판매한 기간에 수익을 인식하고 품질보증과 관련한 현금지출이 발생한 기간에 비용을 인식하면 수익과 비용이 적절하게 대응되지 않습니다. 매출이 발생한 기간에 미래에 발생할 판매보증 지출을 추정한 금액을 비용으로 인식하면 수익과 비용을 적절하게 대응시킬 수 있어요.

다음 사례로 판매보증충당부채를 어떻게 설정하는지 살펴봅시다.

무쇠밥솥은 판매한 밥솥에 대해 품질보증의무를 부담한다. 과거 3년간 판매한 밥솥 100대 중 2대에서 제품 하자가 있었고, 대당 보증비용은 2,000원이 발생했다. 2021년 밥솥 1,000대를 대당 5,000원에 현금 판매했고, 밥솥의 제품원가는 대당 3,000원이다. 2021년 말까지 판매한 밥솥에서 품질에 대한 보증 의무는 발생하지 않았다.

무쇠밥솥은 판매한 제품에 대한 품질보증으로 향후 부담할 것으로 예상하는 비용을 보증기간과 과거 경험률 등으로 추정해 충당부채를 설정합니다. [표 5-14]에서 보듯이 판매한 밥솥 중 20대(1,000대 × 2%)에 대해 품질보증의무를 부담할 것으로 추정하며 품질보증비용은 40,000원(20대 × 2,000원)입니다. 충당부채를 설정하면 비용과 부채가 각각 증가해요. 재무상태표의 제품보증충당부채 40,000원은 '판매한 제품에서 품질보증으로 현금지출 40,000원이 발생할 수 있다'라는 메시지를 담고 있어요.

2021년 말 재무상태표			2021년 손익계산서	
[자산]		[부채]	매출액	5,000,000
1. 유동자산		1. 유동부채	매출원가	3,000,000
현금	5,000,000	제품보증충당부채 40,000	매출총이익	2,000,000
			판매비와관리비	40,000

[표 5-14] 무쇠밥솥의 재무상태표와 손익계산서

2022년 중 2021년에 판매한 제품에 대한 품질보증 의무가 발생해 35,000원을 지출했어요. 충당부채를 설정한 원인(품질보증 의무)이 발생하면 현금이 유출되고 부채는 감소합니다. 2022년에 품질보증비 54,000원을 인식하면 충당부채와 관련한 주석에 당기 중 충당부채의 변동내역을 [표 5-15]와 같이 공시합니다. 기초잔액(2021년 말)에 당기 설정액을 더한 후 당기 사용액을 차감해 기말잔액(2022년 말)을 구해요.

기초	설정액	사용액	기말
40,000	54,000	35,000	59,000

[표 5-15] 충당부채의 변동내역

2018년 BMW 520d 모델의 화재 사고가 계속 발생해 BMW코리아는 자발적 리콜을 시행했어요. 이 과정에서 BMW코리아는 2017년에 품질보증 의무에 대비해 미리 비용으로 인식했던 품질보증충당부채 1,613억 원을 사용했고, 추가로 발생할 리콜에 대비해 품질보증충당부채 1,613억 원을 쌓으면서 비용을 인식했어요. 리콜이라는 폭탄이 터지면 순이익에 영향을 미치고, 실제 리콜을 이행하는 시점에 현금유출(1,613억 원)이 발생해요.

일상생활에서도 예상보다 지출이 적게 발생하면 돈을 벌었다고 느끼죠? 마찬가지로 '충당부채 설정액(예상 지출액)'보다 실제 지출액이 적다면 '충당부채환입'이라고 부르고, 기타수익으로 인식합니다. '환입(還入)'은 '되돌아간다'라는 뜻으로 충당부채환입은 충당부채를 설정하기 전 상태로 돌아간다는 의미입니다. 충당부채환입으로 당기순이익은 늘지만, 일회성에 불과하므로 순이익 변동을 분석할 때 유의해야 합니다.

예를 들어 2021년 소송사건이 1심에서 패소하면 손해배상손실과 소송충당부채를 각각 1억 원을 설정합니다. 2022년 대법원에서 승소해 손해배상책임이 없다는 판결을 받으면, 소송충당부채 1억 원을 장부에서 제거하고 충당부채환입 1억 원을 기타수익으로 인식합니다.

과목	2021년	2022년
판매비와관리비	1억 원	
기타수익		1억 원

[표 5-16] 소송충당부채의 설정 및 환입이 손익에 미치는 영향

부채 족보에 이름을 올리지 못하는 우발부채

성은 다르지만 이름이 똑같은 충당부채와 우발부채가 있어요. '우발'은 우연히 일어나는 일을 말합니다. 우발부채는 현재 존재하는 부채는 아니지만, 미래에 우발적인 사태가 발생하면 확정부채가 될 가능성이 있는 거래를 의미합니다. 우발부채는 부채라는 이름이 있으나 결과와 영향을 추정할 수 없어 재무상태표에 부채로 인식하지 않습니다. 의무이행을 위한 자원 유출의 가능성이 작거나 이행금액을

신뢰성 있게 측정할 수 없으면 우발부채로 분류하고 재무제표 본문에 기재하지 않고 주석에서만 공시해요.

우발부채는 발생가능성이 낮아 부채로 인식하지도 않는데, 왜 주석으로 공시할까요? 미래에 소송에서 패소하면 배상해야 하고, 지급보증 의무가 발생하면 채무자를 대신해 채무를 상환하면 기업이 위기 상황에 빠질 수 있어요. 주석에 기재된 우발부채에 대한 우발손실의 발생가능성 및 시기와 규모를 반드시 확인해야 합니다.

사조오양의 2020년 반기보고서에는 관계회사인 사조원에 대한 지급보증 내용을 우발부채로 [표 5-17]과 같이 주석으로 공시했습니다. 사조원은 2012년부터 산업은행과 한국수출입은행 등으로부터 차입한 604억 원에 대해 모기업 사조오양이 지급보증을 섰어요. 장기차입금 형태이지만 1년에 한 번씩 계약을 갱신하는데, 사소원이 차입금을 상환하지 못하면 지급보증을 선 사조오양이 갚아야 합니다.

채무보증 총잔액	채권자	계약
604억 원	수출입은행, 산업은행 등	1년 단위 계약 연장

[표 5-17] 사조오양의 2020년 우발부채 공시내역

사조원이 차입금을 갚지 못해 사조오양이 보증한 604억 원을 대신 갚아야 하는 상황이 발생하면 기업이 큰 위기에 빠질 수도 있어요. 이러한 이유로 기업이 지급보증을 하면 관련 내용을 주석으로 공시합니다.

🎯 **핵심 쏙쏙**

- 확정부채는 채권자, 이행시기와 이행금액이 확정되어 있고, 충당부채는 언제, 누구에게, 얼마를 갚아야 하는지 알 수 없는 채무이다.
- 우발부채는 현재 존재하는 부채는 아니나, 미래에 우발적인 사태가 발생하면 확정부채가 될 가능성이 있는 거래를 말한다.

자본 증감을 초래하는 거래

국제회계기준은 전 세계 국가가 사용하므로 각 국가의 상법과 거래 관행에 적합하게 회계처리가 가능하도록 해야 합니다. 이러한 이유로 국제회계기준에서는 자본에 대해서 납입자본과 적립금(이익잉여금, 기타자본요소)으로 구분하고 있을 뿐, 자본에 대해 세세한 분류를 제시하지는 않아요.

다음 페이지의 [표 5-18]에서 보듯이 우리나라에서도 기업 선택에 따라 자본을 다양하게 분류하고 있어요. 자본을 자본금, 주식발행초과금, 기타자본, 이익잉여금으로 분류하는 기업(삼성전자)이 있는가 하면, 자본금, 자본잉여금, 기타자본항목, 기타포괄손익누계액, 이익잉여금으로 구분하는 기업(현대자동차, LG, 두산)도 있어요. 기업마다 자본 분류가 다를 수 있으므로 기업 간 자본을 분석할 때 분류보다는 개별 항목을 살펴보는 것이 좋습니다.

기업명	삼성전자	현대차, LG, 두산	SK	삼성물산, 금호타이어
자본	자본금	자본금	자본금	자본금
	주식발행초과금	자본잉여금	기타불입자본	자본잉여금
	기타자본	기타자본	이익잉여금	기타자본
	이익잉여금	기타포괄손익누계액	기타자본구성요소	이익잉여금
		이익잉여금		

[표 5-18] 다양한 자본의 분류

유상증자와 무상증자

증자(增資)는 주식을 발행해 자본금을 늘리는 것으로, '돈 받고(有償)' 주식을 파는 유상증자와 '공짜(無償)'로 주식을 나눠주는 무상증자로 구분할 수 있어요. 유상증자에서는 주식을 발행해 현금을 받으므로 기업의 순자산이 실질적으로 증가합니다.

액면금액을 초과해 주식을 발행하면 '할증발행'이라 부르고, 발행금액이 액면금액보다 적으면 '할인발행'이라고 표현합니다. 주식을 할증발행하면 액면금액에 해당하는 부분은 자본금으로 기록하고, 발행금액과 액면금액의 차이는 주식발행초과금으로 분류합니다.

예를 들어 정상기업은 주당 액면금액 5,000원인 주식 10주를 발행해 80,000원을 받았어요. 자본금은 50,000원(10주×5,000원)으로 기록하고, 액면금액을 초과한 30,000원은 주식발행초과금으로 분류합니다. 재무상태표의 자본에 주식발행초과금으로 보고하는 기업도 있고, 다른 항목과 합해 자본잉여금에 보고하는 기업도 있어요.

상품이 잘 팔리지 않으면 정가보다 싸게 팔기도 하죠? 마찬가지로 기업도 자금조달을 위해 주식을 액면금액 미만으로 발행합니다. 예를 들어 액면금액 5,000원인 주식을 4,500원에 할인발행하면 자본금은 액면금액인 5,000원으로 기록하고, 액면금액과 발행금액의 차액인 500원은 주식할인발행차금으로 분류합니다. 주식할인발행차금은 자본에서 차감해 표시하는데, 재무상태표에 자본조정이나 기타자본으로 보고합니다.

구분	발행금액	자본금	차액 처리
할증발행	발행금액 > 액면금액	액면금액	주식발행초과금
할인발행	발행금액 < 액면금액	액면금액	주식할인발행차금

[표 5-19] 할증발행과 할인발행

2019년 쌍용차는 신차 개발에 사용할 자금을 확보하기 위해 유상증자했어요. 쌍용차는 적자가 지속되어 금융권으로부터 차입금을 빌리기도 힘들었고, 수가는 액면금액 미만으로 떨어졌습니다. 이런 이유로 쌍용차는 액면금액 595억 원인 주식을 500억 원에 할인발행했어요.

유상증자하면 청약 등의 번거로운 절차를 거쳐야 합니다. 주식발행 회사가 시가로 유상증자를 하면 투자자는 참여하지 않고 주식시장에서 주식을 사겠죠? 이러한 이유로 유상증자할 때 시가보다 조금 할인해서 발행하는데, '시가 미만의 유상증자'라고 불러요. 주식을 액면금액 미만으로 할인발행하는 사례와는 달라요.

유상증자 공시내역을 살펴보면 유상증자로 확보한 자금의 사용계획을 확인할 수 있습니다. 유상증자로 조달한 자금을 활용해 기업가치를 증대시킬 수 있는 성장 기회가 있는지 확인해야 합니다. 유상증자로 마련한 자금을 설비에 투자했다면 향후 매출 증가를 기대할 수 있어 호재로 봅니다. 운영자금 확보를 위한 유상증자는 현재 상황을 유지하는 데 필요한 소모성 자금에 해당하므로 긍정적으로 보지는 않아요.

무상증자는 자본잉여금을 줄여 자본금을 늘려주는 방식으로 돈을 받지 않고 주주에게 주식을 나눠줍니다. 자본잉여금은 자본거래에서 생기는 잉여금으로 주식발행초과금이 있습니다.

다음의 사례로 무상증자가 자본총계에 어떻게 영향을 미치는지 살펴봅시다.

무상증자 전 자본금과 주식발행초과금(자본잉여금) **잔액은 각각 20,000원**(주당 액면금액 100원 × 발행주식수 200주)**과 15,000원이다. 주식발행초과금에서 5,000원을 빼 자본금으로 옮겨 주주에게 주식 50주를 나눠주는 무상증자를 했다.**

[표 5-20]의 '무상증자 전후의 자본총계'를 살펴봅시다. 무상증자 전 자본금과 주식발행초과금은 각각 20,000원과 15,000원인데, 무상증자 후 자본금과 주식발행초과금은 각각 25,000원과 10,000원이에요. 그런데 무상증자 전후의 자본총계는 35,000원으로 변동이 없어요. 오른쪽 주머니에 있던 돈을 왼쪽 주머니로 옮겨도 가진 돈은 변화가 없죠? 무상증자 전후의 자본총계는 변하지 않기 때문에, 무상증자를 '형식적 증자'라고도 불러요.

구분	무상증자 전	무상증자 후	증가(감소)
자본금	20,000	25,000	5,000
주식발행초과금	15,000	10,000	(5,000)
자본총계	35,000	35,000	0

[표 5-20] 무상증자 전후의 자본총계

무상증자하면 현금유입 없이 주식 수만 증가합니다. 그런데도 기업은 왜 무상증자를 할까요? 무상증자하면 주식 거래량을 확대할 수 있어요. 시장에서 거래물량이 많지 않으면 주식이 평가절하될 수 있는데, 거래량이 증가하면 주식 가치는 상승합니다. 일반적으로 발행주식이 적을수록, 증자 규모가 클수록 무상증자로 인한 주가 부양 효과가 큽니다.

또 다른 이유로 무상증자를 하기도 합니다. 회사가 자금이 필요하면 돈을 받고 주식을 팔아야겠죠? 무상증자는 '우리 회사는 돈 받고 주식을 팔지 않아도 자본금을 늘릴 만큼 탄탄하다'라는 메시지를 담고 있어요. 적자를 기록해 잉여금이 바닥난 기업은 무상증자할 수 없으니까요.

그렇다면 무상증자로 주식을 받는 주주의 부는 증가할까요? 무상증자하면 인위적으로 주가를 조정하는 권리락이 발생합니다. 주식에 부여되는 신주인수권을 받을 권리가 없어진 상태를 '권리락(權利落)'이라고 표현해요. 주식에서 권리가 떨어져(落) 나가면 권리 가치에 해당하는 금액만큼 주가는 내려가요.

예를 들어 신주인수권이 있을 때 주가는 10,000원인데, 권리락이 발생하면 주가는 9,000원으로 떨어집니다. '권리락으로 주가는 1,000원(신주인수권 있을 때 주가 10,000원 - 신주인수권이 없을 때 주가 9,000원)이 하락했다'라고 표현합니다. 무상증자 전 주주의 부는 10,000원인데, 무상증자 후 주주의 부는 10,000원(무상증자 후 주가 9,000원 + 신주인수권 1,000원)입니다. 즉 무상증자 전후의 주주 부에는 변동이 없어요.

회사의 주가가 2만 원인데 무상증자로 1주씩 주주에게 나눠주면 신주배정기준일 전날에 권리락이 발생해 주가는 2분의 1로 떨어져 만 원에 거래됩니다. 무상증자 권리락으로 상대적으로 주가가 싸 보이는 착시효과로 매수주문이 많아져 주가가 오르기도 해요.

유상감자와 무상감자

유상감자는 주주에게 현금을 지급하고 주식을 소각해 자본금을 감소시켜요. 회사 규모보다 자본금이 지나치게 많아 자본금 규모를 줄이거나 투자금을 회수할 때 유상감자를 합니다.

2020년 8월 금호피앤비화학은 발행주식 22,476,000주 중 1,476,000주를 주당 35,510원에 유상감자했습니다. 금호석유화학은 금호피앤비화학의 지분 100%를 갖고 있어 모회사와 자회사의 관계에 있는데, 유상감자를 시행해 자회사에 투자했던 자금을 회수했어요. 금호피앤피화학은 유상감자로 주주에게 현금 524억 원을 지급해 자산과 자본이 모두 524억 원 감소했어요.

무상감자는 주식소각 대가를 주주에게 지급하지 않고 감자비율만큼 주식 수를 감소시켜요. 예를 들어 10대 1 무상감자를 하면, 주주는 회사에 10주를 내고 1주만 돌려받아요. 무상감자 전 주주의 부는 10,000원(10주 × 1,000원)이었는데, 무상감자 후 주주의 부는 1,000원(1주 × 1,000원)으로 감소합니다. 무상감자는 당기순손실을 보고해 누적 결손금이 커져 재무구조가 좋지 않은 회사가 사용하는 최후의 수단입니다.

자본총계가 자본금보다 작으면 자본잠식이라고 표현합니다. 자본잠식률이 50% 이상이면 관리종목으로 지정되고, 전액 자본잠식이면 상장이 폐지됩니다. 주로 자본잠식에서 탈출하려는 기업이 무상감자를 합니다.

예를 들어 부실테크의 자본금과 결손금은 각각 20,000원과 10,000원입니다. 자본잠식 10,000원이 발생해 관리종목으로 지정되는 상황을 피하고자 2대 1 무상감자를 합니다. [표5-21]에서 보듯이 무상감자로 자본금과 결손금은 각각 10,000원 감소하지만, 자본총계는 변하지 않습니다. 무상증자하면 결손금이 사라지므로 자본잠식에서 벗어날 수 있어요.

구분	무상증자 전	무상증자 후	증가(감소)
자본금	20,000	10,000	10,000
결손금	(10,000)	0	(10,000)
자본총계	10,000	10,000	0

[표 5-21] 무상감자 전후의 자본총계

NH투자증권의 2016년 조사에 따르면 최근 3년간 무상감자를 시행한 100개 기업 중 무상감자를 공시한 후 주가가 하락한 종목은 65%이고, 이 중 9개는 상장 폐지되었습니다. 주식시장에서도 무상감자는 좋지 않은 소식(악재)으로 인식하는 거죠.

2020년 1월 비케이탑스는 재무구조 개선을 위해 보통주 25주를 1주로 병합하는 25대 1 무상감자를 했어요. 2015년부터 2019년까지 5년 연속 적자를 보고해, 2019년 말 현재 결손금은 990억 원이었습니다. 무상감자로 주식 수는 1백만 주 감소하고, 자본금은 712억 원이 줄었어요. 무상감자를 공시한 후 비케이탑스는 하한가를 기록합니다. 회사의 경영실적 호전이 아닌 무상감자로 결손금을 줄이는 방식을 주식시장에서는 악재로 본 거죠.

 **핵심 쏙쏙**

- 국제회계기준은 납입자본과 적립금(이익잉여금, 기타자본요소)으로 구분할 뿐, 자본에 대한 구체적인 분류는 제시하지 않는다.
- 주식을 할증발행하면 발행금액과 액면금액의 차이는 주식발행초과금으로 기록한다. 할인발행하면 발행금액과 액면금액의 차이는 주식할인발행차금으로 분류한다.
- 시가 미만의 유상증자는 시가보다 조금 할인해 주식을 발행하는 것을 말한다.
- 무상증자는 자본잉여금을 자본금으로 옮기는 방식으로 증자를 하므로, 현금유입 없이 주식 수만 증가한다.
- 유상감자는 주주에게 현금을 지급하고 주식을 소각해 자본금을 감소시킨다. 자본금 규모를 줄이거나 투자금을 회수할 때 유상감자를 한다.
- 무상감자는 주식소각 대가를 주주에게 지급하지 않고, 감자비율만큼 주식 수를 감소시킨다. 누적 결손금이 커져 재무구조가 좋지 않은 회사가 사용하는 최후의 수단이다.

주식은 나눌 수도 있고 합칠 수도 있다

　주식을 나누기도 하고 합치기도 합니다. 예를 들어 1주를 2주로 나누기도 하고, 2주를 1주로 합치기도 해요. 주주 입장에서 주식을 나누거나 합쳐도 자기 지분에 아무런 변화가 없어요. 왜냐하면 시가 10,000원인 주식 1주를 2주로 나누면 주가는 5,000원으로 떨어져 주주의 부는 변하지 않거든요. 주식발행회사도 주식 1주를 2주로 나누면 주식의 액면금액은 절반으로 감소하고 주식 수는 두 배로 늘어 자본금은 변하지 않아요. 그런데도 왜 주식발행회사는 주식을 나누거나 합치는 일을 할까요?

어떤 때 나누고, 어떤 때 합칠까?

주식분할은 1주를 여러 개의 주식으로 나누는데, 액면분할이라고 표현하기도 합니다. 마치 5만 원권 1장을 주고, 1만 원권 5장을 받는 것과 마찬가지의 원리입니다. 지폐를 교환해도 재산의 변동은 없죠? 마찬가지로 주식분할을 해도 회사의 재산은 변하지 않습니다.

예를 들어 주식분할 전 발행주식수는 1,000주입니다. 주당 액면금액 5,000원인 주식 1주를 10주로 액면분할을 하면, 액면금액은 500원(5,000원 ÷ 10)으로 감소하고 주식은 9,000주(주식분할 후 주식 수 10,000주 - 주식분할 전 주식 수 1,000주)가 늘어요. [표 5-22]에서 보듯이 주식분할 전과 후의 자본금은 변동이 없어요.

구분	주식분할 전	주식분할 후
주당 액면금액(①)	5,000	500
주식 수(②)	1,000	10,000
자본금(①×②)	5,000,000	5,000,000

[표 5-22] 주식분할 전후의 자본금

주식분할로 발행주식회사의 자본금은 변하지 않고 주주의 부에도 변동이 없는데, 왜 주식분할을 할까요? 주가가 너무 높게 형성되면 소액투자자는 투자하기 어려워 주식의 유통성이 떨어져요. 주식의 유통성이 떨어지면 주식발행회사가 자본을 조달하기도 힘들어요. 주식분할을 실시하면 주식시장에서 유통주식이 증가하고 거래가 활발해져 주가가 오를 가능성도 커져요.

2019년 3월 롯데칠성음료는 유통주식 확대를 위해 액면금액 5,000원을 500원으로 변경하는 10대 1 비율의 액면분할을 실시했어요. 액면분할로 173만 원인 주가는 10분의 1 수준으로 낮아졌고, 보통주는 10배 증가했습니다.

주식병합은 여러 개 주식을 하나의 주식으로 합하는 것으로, 액면병합이라고 합니다. 마치 1만 원 5장을 주고, 5만 원권 1장을 받는 것과 마찬가지 원리로 여러 주식의 액면금액을 합해 1주로 만들어요. 주식병합은 주가가 너무 낮아 저가주라는 기업 이미지를 높이려 할 때나 유통주식이 너무 많을 때 주가 안정화를 위해 실시합니다.

예를 들어 주식병합 전 발행주식수는 10,000주입니다. 주당 액면금액 500원인 주식 10주를 1주로 액면병합을 하면, 액면금액은 5,000원(500원 × 10주)으로 증가하고 주식은 9,000주(주식병합 전 주식 수 10,000주 - 주식병합 후 주식 수 1,000주)가 줄어요. [표 5-23]에서 보듯이 주식분할 전과 후의 자본금은 변동이 없어요.

구분	주식병합 전	주식병합 후
주당 액면금액(①)	500	5,000
주식 수(②)	10,000	1,000
자본금(①×②)	5,000,000	5,000,000

[표 5-23] 주식병합 전후의 자본금

2020년 5월 키이스트는 유통주식을 적정한 수준으로 유지하고 주가 안정화를 위해 액면금액을 100원에서 500원으로 변경하는 5대 1 액면병합을 합니다. 주식병합 전 주가는 2,665원으로 5주를 합치면 13,325원입니다. 주식병합 후 거래 첫날 14,225원으로 거래되어 9.19% 상승했습니다. 주식시장에서 키이스트의 주식병합을 긍정적으로 판단한 거죠.

핵심 쏙쏙

- 주식분할(액면분할)은 주가가 너무 높게 형성되었을 때 주식 유통성을 높이기 위해 실시하며, 1주를 여러 개의 주식으로 나눈다.
- 주식병합은 주가가 낮거나 유통주식이 많을 때 실시하며, 여러 개의 주식을 1주로 합친다.

배당을 먼저 받는 우선주와 의결권이 있는 보통주

주식회사의 주주는 주주총회에 참석해 이사를 선임할 때 주식의 소유 비율만큼 의결권을 행사합니다. 주주는 자신을 대신해 회사를 경영할 이사를 선임해 회사경영에 간접적으로 참여해요. 주주도 회사의 손실 위험을 함께 부담하므로 사업이 부진하면 배당을 받지 못하고, 경영성과가 좋으면 고율의 배당을 받아요. 다른 주식과 구분하기 위해 '보통주'라고 불러요.

회사의 경영 참가에는 관심이 없고 배당에만 관심이 있는 투자자가 있을 수 있어요. 이런 주주에게는 의결권을 주지 않고, 보통주보다 배당을 먼저 받을 수 있는 권리를 부여하는데, '우선주'라고 합니다.

사업에 필요한 자금을 타인자본으로 조달하면 경영성과와 관계없이 일정한 이자를 지급해야 하며, 만기에 원금을 상환해야 합니다. 보통주를 발행해 자본을 조달하면 경영진의 지분율이 떨어져 경영권을 위협받을 수 있어요. 우선주를 발행해 자금을 조달하면 경영권을 유지할 수 있고 돈을 갚을 필요도 없어요. 경영진은 자신의 경영권도 지키면서 필요한 자금을 조달하기 위해 우선주를 발행하는 거죠.

형님인 '우선주'가 배당을 먼저 받고, 남는 건 '보통주'로 배당

보통주 주주는 회사경영에 참여할 권리인 의결권과 증자할 때 참여할 권리인 신주인수권을 갖고 있어요. 우선주는 보통수보다 먼저 배당금을 받는 대신 의결권 행사가 제한됩니다. 우선주라도 기업의 재무·영업 상황이 좋지 않다면, 배당을 줄이거나 정지할 수 있습니다.

우선주 주주는 주주총회에 참석해 의결권도 행사할 수 없어요. 그런데도 왜 회사는 우선주를 발행하고, 투자자는 우선주에 투자할까요?

보통 스타트업은 배당가능이익이 많지 않은데 우선주에게 먼저 배당하면 보통주는 배당을 받지 못할 수 있습니다. 미래가 불투명한 스타트업에 투자할 때 우선주를 받으면, 보통주보다 먼저 배당을 받아 투자원금의 손실 위험을 낮출 수 있고 투자원금을 더 빠르게 회수할 수 있어요.

지분상품은 기업의 자산에서 부채를 차감한 잔여지분을 나타내는 모든 계약을 말해요. 지분상품 발행회사는 경제적 실질에 따라 자본이나 부채로 인식합니다. 즉 주식이라는 옷을 입고 있어도 모두 자본으로 분류하지는 않아요.

전환주식은 우선주에 보통주로 전환할 수 있는 권리를 부착한 주식입니다. 투자자는 우선주로서 보통주보다 배당을 먼저 받다가 회사의 사업 전망이 좋아지면 보통주로 전환할 수 있어요. 주식발행회사는 전환우선주를 발행하면 주식모집과 자금조달이 쉬워요. 전환우선주는 보통주로 전환할 수 있는 권리가 있으므로, 발행회사는 전환우선주를 자본으로 분류합니다.

우선주에 '갚으라고 청구할 수 있는 권리'인 상환권을 부여한 주식을 상환우선주라고 합니다. 발행회사는 상환을 전제로 상환우선주를 발행하므로 주주로부터 되사서 소각해야 합니다.

'만기가 있으면 부채로 분류하고, 만기가 없으면 자본으로 분류한다'라고 했죠? 발행회사가 상환권을 갖고 있으면 자신이 원할 때 갚을 테니, 만기 개념이 없어 자본으로 분류합니다. 주주가 상환권을 갖고 있을 때 주주가 요구하면 회사는 갚아야 할 의무가 있으므로 부채로 인식합니다.

최근 상환전환우선주를 발행해 자금을 조달하는 기업이 늘고 있어요. ㈜우아한형제들, ㈜야놀자, ㈜위메프는 상환전환우선주를 발행해 투자를 받았습니다. 배달의민족을 운영하는 ㈜우아한형제들은 발행주식에서 상환전환우선주가 차지하는 비중이 71%나 됩니다. 벤처투자에서는 왜 상환전환우선주를 선호할까요?

상환전환우선주는 우선주에 상환권과 전환권을 부착한 지분증권입니다. 우선주를 갖고 있으니 보통주보다 먼저 배당을 받을 수 있고, 보통주로의 전환이 유리하면 전환권을 행사해 보통주를 받습니다. 전환권을 행사하지 않으면 채권처럼 만기에 상환권을 행사해 투자금을 상환받을 수 있습니다. 상환전환우선주는 '보통주 + α'이므로 투자자가 선호할 수밖에 없죠.

국제회계기준에서 상환전환우선주는 상환우선주와 마찬가지로 투자자에게 상환청구권이 있으면 부채로 분류해요.

다음 페이지의 |그림 5-18|에서 보듯이 발생회사는 지분상품 중 보통주, 전환우선주는 자본으로 분류하고, 주주에게 상환청구권이 있는 상환우선주와 상환전환우선주는 부채로 분류해요.

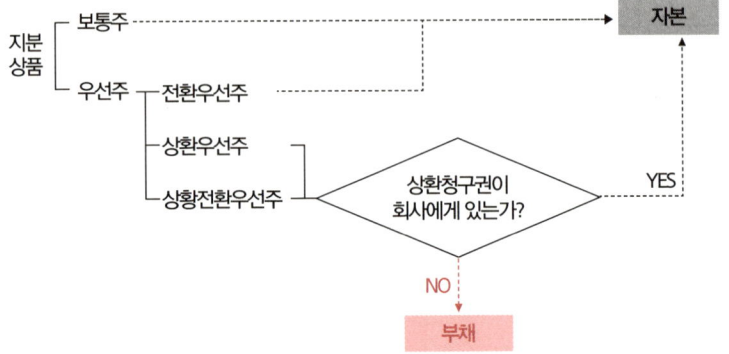

[그림 5-18] 지분상품의 분류

- 보통주 주주는 의결권, 이익배당권, 신주인수권을 갖는다.
- 우선주 주주는 보통주 주주보다 배당을 먼저 받는 대신 의결권이 없다.
- 지분상품은 기업의 자산에 부채를 차감한 잔여지분을 나타내는 모든 계약을 말한다.
- 발행회사가 상환권을 갖고 있으면 자본으로 분류하고, 주주가 상환권을 갖고 있으면 부채로 분류한다.
- 상환우선주는 우선주에 상환권과 전환권을 부착한 지분증권이다. 투자자에게 상환청구권이 있으면 부채로 분류한다.

회사가 자기가 발행한 주식을 사는 이유는?

 자기주식은 자사주라고도 하는데, 회사가 자기 재산으로 발행한 주식을 취득해 보유하고 있는 주식입니다. 주식회사는 주주가 출자한 자본금만으로 이해관계자에게 책임을 져요. 회사가 자기주식을 사들이면 실질적인 재산인 현금이 빠져나가고 형식적인 재산인 주식만 남게 되어 채권자에게 책임을 질 수 없어요. 이러한 이유로 자본시장법에서는 자기주식 취득·처분에 일정한 제한을 두고 있어요.

주가관리가 필요하다면

주가가 내려가 기업 평판이 나빠지면 주식발행으로 자금을 마련하기 어려울 수 있어 적정한 수준으로 주가를 관리해야 합니다.

주가가 너무 내려갔다고 판단하면 회삿돈으로 자사주를 매입합니다. 기업이 자사주를 취득하면 주식의 유통물량이 줄고, 시장에서는 주가를 관리한다는 신호로 해석해 호재로 작용합니다. 주식시장에서 자기주식이 유통될 일이 없다는 확실한 신호를 시장에 주기 위해 자기주식을 소각하기도 합니다.

2019년 코스닥시장이 내림세를 보이자 주가 안정을 목적으로 취득한 자기주식의 규모가 많이 증가했어요. 260개 기업이 자사주 취득을 위해 1조1,698억 원을 지출했어요. 자기주식의 취득을 공시한 후 주가수익률은 코스닥지수 수익률을 다소 상회한 것으로 나타났어요. 자기주식 취득공시 10일 후 초과수익률은 2.73%p, 1개월 후 초과수익률은 1.88%p로 집계되었어요.

일반적으로 주가 안정 목적이나 이익소각 목적으로 자기주식을 취득하면 주가는 상승합니다. 그런데 임직원에게 인센티브를 제공하기 위해 자기주식을 취득하면 주가는 하락하는 경향이 있어요. 자사주를 취득하는 목적에 따라 주가 반응이 다를 수 있으므로, 자기주식의 취득공시 내역에서 '취득목적'을 잘 살펴보아야 합니다.

자기주식은 의결권이 없고 배당을 받을 수 없으며 신주를 인수할 권리도 없어요. 보통주로서의 기본적인 권리가 모두 정지되므로, 자기주식은 자산으로 보지 않고 자본에서 차감합니다.

자기주식은 왜 자본에서 차감할까요? 자본은 주주가 출자한 자본금과 기업이 벌어들인 이익잉여금을 합한 금액입니다. 회사가 자사주를 사면 주주는 자기 돈으로 자본을 회수하는 감자와 같은 효과가 있어요. 이런 이유로 자기주식을 매입하면 자본에서 차감합니다.

2019년 노바텍의 재무상태표와 주석을 살펴봅시다. 2019년 말 기타자본은 (750)백만 원으로 자본에서 차감해서 표시하고 있어요. 주석 24에서 기타자본이 감소한 내용을 확인할 수 있는데, 2019년에 자기주식 7억 5천만 원을 취득했어요.

▼ 노바텍의 자본공시 내역

재무상태표

(단위 : 백만 원)

과목	주석	2019년 말	2018년 말
Ⅰ. 자본금		2,508	2,313
Ⅱ. 자본잉여금		16,059	9,670
Ⅲ. 기타자본	24	(750)	0
Ⅳ. 이익잉여금		24,220	19,045
자본총계		42,036	31,029

주석

주석 24

구분	2019년 말	2018년 말
자기주식	(750)	0

예를 들어 런온사는 자기주식을 10,000원에 취득해 12,000원에 매각해 2,000원의 이익이 발생했어요. 자기주식처분이익 2,000원은 주주와 회사 간의 자본거래이므로 재무상태표의 기타자본(또는 자본잉여금)에 표시합니다. '자본거래는 손익계산서의 당기순이익을 계산할 때 고려하지 않고 재무상태표에 반영한다'라는 원칙을 잊지 마세요.

자기주식처분손실이 발생하면 어떻게 처리할까요? 자본거래이므로 당기순이익을 계산할 때 고려하지 않습니다. 자기주식처분손실은 자본에서 차감하는데, 기업마다 자본 분류가 다르다고 했죠? 기타자본 또는 자본조정으로 분류하고, 자본에서 차감하는 방식으로 표시해요.

자기주식을 취득해 소각하기도 하는데, 발행한 주식을 소각한다는 점에서 유상감자와 똑같습니다. 예를 들어 런온사의 주당 액면금액은 5,000원인데, 10,000원에 취득한 자기주식을 소각했어요. 5,000원인 주식을 주주로부터 10,000원에 매입해 소각한 셈이니 회사는 손해를 봅니다. 자본거래인 유상감자에서 발생한 손실은 감자차손으로 보고합니다.

자기주식의 액면금액과 취득원가 차이를 감자차익 또는 감자차손으로 처리합니다. 액면금액보다 자기주식을 싸게 사서 소각하면 '감자차익이 발생했다'라고 표현하고, 자본잉여금으로 분류합니다. 액면금액보다 자기주식을 비싸게 사서 소각하면 '감자차손이 발생했다'라고 표현하고 자본에서 차감하는 방식으로 표시해요.

**핵심 쏙쏙**

- 기업은 주가 관리를 위해 자기가 발행한 주식을 사들이기도 하는데, 자기주식이라고 한다.
- 자기주식은 의결권, 이익배당권, 신주인수권이 없어 자산으로 보지 않고, 자본에서 차감한다.
- 자기주식처분이익은 재무상태표에 기타자본(또는 자본잉여금)으로 표시하고, 자기주식처분손실은 자본에서 기타자본 또는 자본조정으로 분류하고 차감한다.

자본의 변동 흐름과 규모

　자본변동표는 주주 몫인 자본만 드러내, 자본의 크기와 변동에 관한 정보를 제공합니다. 자본은 유상증자와 같은 주주와의 자본거래로 변동하며, 영업활동 결과로 발생하는 당기순이익(손실)으로 변해요. 자본변동표를 살펴보면 주주지분인 자본의 변동 내용인 유상증자, 자기주식 매입과 배당 등을 확인할 수 있어요.

　예를 들어 기초 자본금은 10,000원인데 당기에 유상증자로 자본금 8,000원이 증가하고 유상감자로 자본금 3,000원이 감소하면 기말 자본금은 15,000원입니다. 재무상태표의 기말 자본금에서 기초 자본금을 차감하면 자본금의 당기 순증가는 5,000원입니다. 재무상태표를 살펴보면 자본 항목의 당기 순증감을 확인할 수 있지만, 당기에 얼마 증가하고 얼마 감소했는지는 알 수 없습니다.

자본변동표를 살펴보면 당기 증가(감소)한 내용과 금액을 확인할 수 있습니다. 유상증자로 자본금 8,000원이 증가하고, 유상감자로 자본금 3,000원이 감소해 당기 순증가는 5,000원이라는 사실을 확인할 수 있어요. 즉 재무상태표에서는 자본의 순증가(감소)한 금액만 확인할 수 있지만, 자본변동표에서는 자본의 증가금액과 감소금액을 각각 확인할 수 있어요.

청춘(주)의 2021년 발생한 자본의 변동 내용을 표시하면 [표 5-24]와 같습니다. 자본변동표의 기초잔액은 [표 5-25]의 2020년 1월 1일의 재무상태표 잔액과 연결되며, 기말잔액은 2021년 12월 31일의 재무상태표 잔액과 연결됩니다. 자본변동표는 재무상태표의 기초 자본 잔액에서 출발해 당기에 어떤 요인으로 얼마가 변동해 기말 자본 잔액이 되었는지 자세하게 보여줘요.

다음 페이지의 [표 5-24]는 청춘(주)의 2021년 1월 1일부터 12월 31일까지의 자본변동표입니다. 자본변동표의 가로축은 자본금, 자본잉여금, 기타자본, 이익잉여금으로 구성되어 있고, 세로축은 일정 기간의 자본변동에 영향을 미치는 과목입니다. 유상증자로 자본금과 자본잉여금은 각각 5억 원과 3억 원이 늘었고, 당기순이익을 보고해 이익잉여금은 6억 원이 증가했어요.

자본변동표

2021년 1월 1일부터
12월 31일까지

청춘(주)   (단위: 억 원)

과목	자본금	자본잉여금	기타자본	이익잉여금	총계
2021. 1. 1	10	15	4	3	32
유상증자	5	3			8
당기순이익				6	6
2021.12.31	15	18	4	9	46

[표 5-24] 청춘(주)의 자본변동표

[표 5-25]의 재무상태표 2020년 말 자본 잔액은 자본변동표 2021년 기초잔액과 일치하고, 2021년 말 자본 잔액은 자본변동표 2021년 기말잔액과 일치합니다.

재무상태표

청춘(주)   (단위: 억 원)

과목	2021년 말	2020년 말
자본금	10	15
자본잉여금	15	18
기타자본	4	4
이익잉여금	3	9
자본총계	32	46

[표 5-25] 청춘(주)의 재무상태표

 **핵심 쏙쏙**

- 자본변동표에서 주주지분인 자본의 변동 내용 및 금액을 확인할 수 있다.
- 자본변동표의 기초잔액은 재무상태표의 기초 자본총계와 일치하고, 기말잔액은 재무상태표의 기말 자본총계와 일치한다.

흑자부도와 현금흐름

　수익이 비용보다 많아 이익을 보고하면 '흑자'라고 부르고, 수익이 비용보다 적어 손실을 보고하면 '적자'라고 표현합니다. 이익을 보고하면 흑색 잉크로 기재하고, 손실을 보고하면 적색 잉크로 쓰는 데서 유래했어요.

　도산은 기업이 재정적 파탄으로 망하는 것을 의미합니다. 순이익을 보고한 기업이 부채를 갚지 못해 망하면 '흑자부도가 발생했다'라고 표현합니다.

　경영성과와 미래 현금흐름을 예측할 때 현금기준보다 발생기준을 사용하면 성과가 더 좋습니다. 그런데 발생기준으로 작성한 재무상태표와 손익계산서만 이용하면 흑자도산을 예측하기 어려워요. 발생기준에서는 현금이 들어오지 않아도 수익을 인식하므로 당기순이익을 보고해도 기업은 현금을 갖고 있지 않을 수도 있어요. 현금수입에서 현금지출을 뺀 금액이 음(-)이면 기업이 부도날 가능성은 커지겠죠? 현금흐름표는 흑자도산을 예측하기 위해 등장했습니다.

현금흐름표는 회계기간에 '들어온 돈(현금유입)'과 '쓴 돈(현금유출)'을 보여주므로, 자금 운용의 문제를 파악할 수 있어요. 현금흐름은 회계이익이 갖지 못하는 추가 정보를 제공할 수 있어요. 의사결정을 할 때 손익계산서와 현금흐름표를 함께 이용하면 좀 더 좋은 성과를 올릴 수 있어요.

현금흐름 분석이 중요한 이유

현금흐름 분석이 중요한 이유를 채권자, 경영자, 주주(투자자)의 관점에서 살펴봅시다.

첫째, 채권자는 돈을 빌려 간 기업이 채무를 상환할 능력이 있는지 평가하기 위해 현금흐름 분석이 필요해요. 손익계산서에서 당기순이익을 보고해도 현금이 부족해 채무를 상환하지 못하면 흑자부도가 발생힐 수 있어요. 이러한 이유로 채권자는 기업의 현금흐름 창출 능력을 살펴볼 필요가 있어요.

둘째, 경영자는 흑자부도와 채무의 이행 가능 여부, 영업활동에서 창출할 수 있는 자금 규모와 외부에서 조달해야 할 자금 규모를 파악하기 위해 현금흐름을 분석해야 합니다. 프로젝트 타당성을 검토할 때 추정 손익보다는 추정 현금흐름이 더 유용합니다. 왜냐하면 손익은 현금흐름과 다를 수 있고, 현금흐름은 화폐의 시간가치를 반영하고 있기 때문입니다.

셋째, 주주 등 투자자는 기업의 미래 현금흐름 창출 능력을 분석해 기업가치를 평가할 수 있어요. 또한 기업이 영업활동을 통해 배당금을 지급할 수 있는 충분한 현금을 창출할 수 있는지 판단할 수 있어요.

현금흐름표는 현금 변동에 미치는 영향을 영업활동, 투자활동 및 재무활동의 세 가지로 구분해서 보여줍니다. 기업의 주요 활동을 [표 5-26]과 같이 구분할 수 있어요. 영업활동은 재화 판매 또는 용역 제공을 말하며, 투자활동은 자산을 취득하거나 처분하는 활동입니다. 재무활동에는 투자자나 채권자로부터 자금을 조달하거나 상환하는 활동이 포함됩니다.

영업활동	투자활동	재무활동
재화 판매, 용역 제공 원재료 등 구입 급여, 법인세 지급	토지, 건물 등 취득과 처분 지분상품, 채무상품 투자 현금 대여와 회수	차입금의 차입과 상환 주식발행과 소각 자기주식 취득과 처분

[표 5-26] 기업의 주요 활동의 구분

회계기간의 현금 유입·유출에 대한 정보를 확인하면 기업의 현금 창출 능력, 수익성과 현금흐름 간의 관계를 파악할 수 있어요. 현금이 어디에서 얼마나 유입되고, 어떻게 얼마나 사용되는지를 확인하면 기업의 미래 수익성과 자금 관리 능력을 평가할 수 있습니다. 이러한 이유로 현금흐름표에 나타난 현금의 주요 발생 원천과 사용 내용을 꼼꼼하게 확인해야 합니다.

활동별로 간단하게 표시한 삼성전자의 현금흐름표를 살펴봅시다. 영업활동 현금흐름은 현금기준으로 계산한 순이익(현금유입액 - 현금유출액)입니다.

투자 및 재무활동 현금흐름은 음수(-)로 현금유입액보다 현금유출액이 더 크죠? 삼성전자는 영업활동에서 벌어들인 돈으로 설비자산에 지출(투자활동)하고 배당금을 지급(재무활동)하고 있습니다.

다음 페이지의 [그림 5-19]에서 보듯이 현금흐름표의 기초 및 기말의 현금및현금성자산은 재무상태표의 기초와 기말 현금및현금성자산과 일치합니다. 현금흐름표의 '현금'은 재무상태표의 현금및현금성자산을 의미합니다. 'Ⅳ. 현금및현금성자산의 감소'는 'Ⅵ. 기말의 현금및현금성자산'에서 'Ⅴ. 기초의 현금및현금성자산'을 차감한 금액과 일치합니다.

현금흐름표

삼성전자주식회사
제51기 2019년 12월 31일 현재
제50기 2018년 12월 31일 현재
(단위: 백만 원)

과목	제51(당)기	제50(전)기
Ⅰ. 영업활동 현금흐름	22,796,257	44,341,217
Ⅱ. 투자활동 현금흐름	(10,540,360)	(31,678,548)
Ⅲ. 재무활동 현금흐름	(9,787,719)	(12,818,480)
Ⅳ. 현금및현금성자산의 감소(Ⅰ+Ⅱ+Ⅲ)	(526,040)	(155,811)
Ⅴ. 기초의 현금및현금성자산	2,607,957	2,763,768
Ⅵ. 기말의 현금및현금성자산	2,081,917	2,607,957

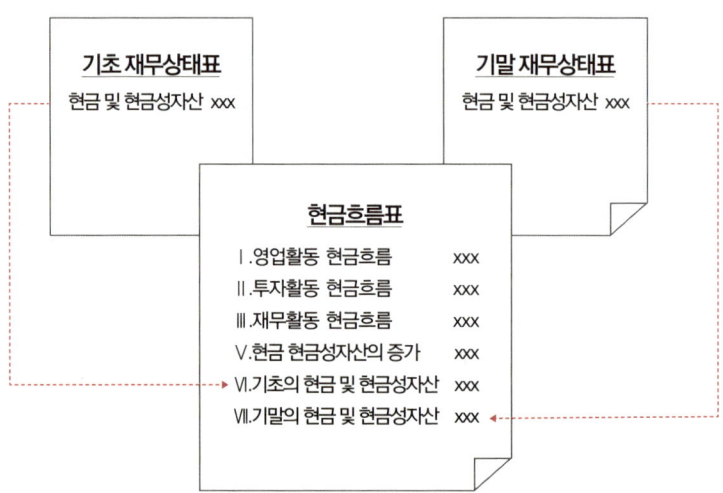

[그림 5-19] 재무상태표와 현금흐름표의 연계

기업의 수명주기에 따라 현금흐름 양상이 다를 수 있어요. 수명주기 단계는 도입기, 성장기, 성숙기, 쇠퇴기로 구분해요. 도입기는 설비자산을 취득해 제품 생산·판매를 시작하는 단계이고, 성장기에서는 생산·판매가 큰 폭으로 확장합니다. 성숙기에서는 생산과 매출 수준이 정체되기 시작하고, 쇠퇴기에서는 제품 판매가 수요감퇴로 감소해요.

도입기에 있는 기업은 설비자산을 갖추기 위해 현금이 필요한데, 영업활동에서 창출하는 현금이 많지 않아요. 주식 발행이나 차입을 통해 설비자산 취득에 필요한 자금을 조달해야 합니다. 영업활동과 투자활동 현금흐름에서는 순현금유출(현금유입＜현금유출)이 발생하고, 재무활동 현금흐름에서는 순현금유입이 발생해요.

성장기에 있는 기업은 영업활동에서 어느 정도의 현금흐름이 발생하지만, 설비자산 취득에 필요한 현금을 충분히 확보하기는 어려워요. 설비자산에 필요한 현금을 확보하기 위해서는 주식을 발행해 자금을 조달하거나 은행으로부터 자금을 차입해야 합니다. 재무활동 현금흐름에서는 순현금유입이 발생하고, 설비자산을 취득해야 하므로 투자활동 현금흐름에서는 순현금유출이 발생합니다.

성숙기에 있는 기업은 영업활동 현금흐름이 투자소요액을 초과하므로 부채의 상환 비중이 높아지고 자기주식 구입이 증가해요. 영업활동 현금흐름에서는 순현금유입이 발생하고, 재무활동 현금흐름에서는 순현금유출이 발생해요.

쇠퇴기에 있는 기업은 영업활동 현금흐름이 감소하고 과잉시설을 처분하므로 투자활동 현금흐름에서는 순현금유입이 발생해요. 부채의 상환 비중이 증가하므로 재무활동 현금흐름에서는 순현금유출이 발생합니다.

영업이익과 영업활동 현금흐름을 비교하자

수익성을 평가하는 지표로 영업이익을 빈번하게 활용하는데, 영업이익과 영업활동 현금흐름의 차이를 이해하면 수익성을 더 세밀하게 분석할 수 있습니다. 영업이익 규모와 영업활동 현금흐름의 차이가 지나치게 크면, 분식회계를 의심할 수 있고 유동성 부족 위험이 크다고 판단하기도 해요.

중견기업인 모뉴엘은 로봇청소기와 홈시어터 PC 등으로 소형 가전 업계에서 주목을 받았어요. 2014년 10월 은행에 갚아야 할 수출환어음을 결제하지 못했고, 법원은 모뉴엘이 회생 가능성이 없다고 판단해 파산을 선고합니다. 모뉴엘은 허위 해외매출로 발생시킨 가공 매출채권을 담보로 금융기관으로부터 3조 원의 사기 대출을 받았어요. 모뉴엘은 2013년 영업이익(연결기준) 1,104억 원을 보고했는데, 영업활동 현금흐름은 순유출 15억 원으로 차이가 아주 컸습니다.

실무에서는 영업활동 현금흐름과 영업이익의 차이를 이용해 분식회계를 판단하기도 합니다. 둘 간의 차이가 동종산업에 있는 기업과 비교할 때 지나치게 크다면 분식회계를 의심할 수 있어요. 왜냐하면 영업활동 현금흐름을 계산할 때는 추정의 개입이 적고, 조작이 어렵기 때문입니다. 당기순이익과 영업활동 현금흐름의 차이를 발생액이라고 부르는데, 발생액이 클수록 분식회계를 의심할 수 있어요.

[그림 5-20]에서 보듯이 노말(주)와 애브노말(주)의 당기순이익은 비슷한데, 발생액 차이가 무척 크죠? 동종산업에 있으면 대금결제 조건도 비슷할 텐데, 당기순이익과 영업활동 현금흐름의 차이가 크다면 분식회계를 수행해 당기순이익을 부풀렸을 가능성이 있어요. 이렇게 발생액의 크기(영업활동 현금흐름과 영업이익의 차이)로 분식회계 가능성을 예측할 수 있습니다.

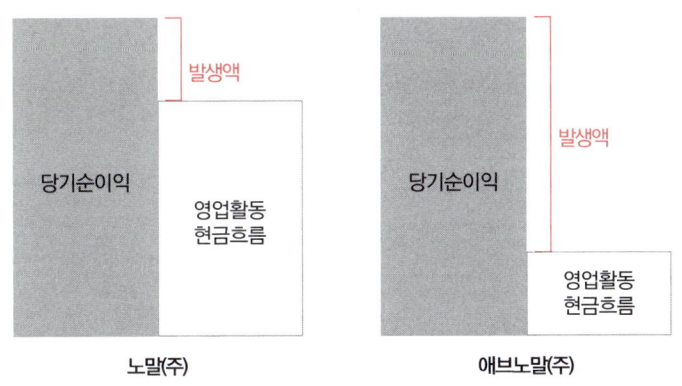

[그림 5-20] 발생액 추정으로 분식회계 여부를 진단

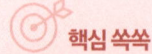 핵심 쏙쏙

- 현금기준으로 작성한 현금흐름표는 흑자부도를 예측하고 자금 운용의 문제를 파악하기 위한 목적으로 등장했다. 현금흐름표는 영업활동, 투자활동 및 재무활동의 세 가지 현금흐름을 보여준다.
- 현금흐름표의 현금은 재무상태표의 현금및현금성자산을 의미한다.
- 당기순이익과 영업활동 현금흐름의 차이를 발생액이라고 한다. 발생액의 크기로 분식회계 가능성과 유동성 부족 위기를 가늠할 수 있다.

영업활동 현금흐름

　영업활동에서 발생하는 현금흐름은 기업이 영업활동에서 벌어들인 돈이에요. 영업활동 현금흐름을 분석하면 차입금 상환, 영업능력 유지, 배당금 지급, 신규투자에 필요한 현금흐름을 창출하는 정도를 파악할 수 있어요. 과거 영업현금흐름의 특정 구성요소에 대한 정보를 다른 정보와 함께 사용해 추세를 분석하면 미래 영업현금흐름에 대한 예측 능력이 향상될 수 있어요.

　기업이 영업활동 현금흐름을 보고할 때 직접법과 간접법 중 선택할 수 있어요. 직접법은 주요 항목별로 현금유입과 현금유출을 직접 구하는 방식입니다. 간접법에서는 현금흐름을 항목별로 직접 구하지 않고 당기순이익에서 출발해, 조정항목을 가감해 영업활동 현금흐름을 간접적으로 구합니다. 거의 모든 상장회사는 간접법으로 영업활동 현금흐름을 공시하고 있어 직접법으로 작성된 현금흐름표는 거의 볼 수 없습니다.

[그림 5-21]에서 보듯이 간접법은 당기순이익에서 현금을 수반하지 않는 거래 등을 조정해 영업활동 현금흐름을 구합니다. 당기순이익에서 출발해 현금유출 없는 비용을 가산하고 재무 및 투자활동 관련 손익을 가감하고, 영업활동 관련 자산·부채를 조정해 영업활동 현금흐름을 계산합니다.

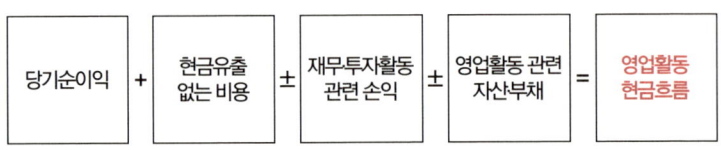

[그림 5-21] 간접법 : 영업활동 현금흐름

간접법 이해하기 1. 현금유출 없는 비용

유형자산을 취득할 때 현금을 지출하고, 취득원가는 내용연수에 걸쳐 감가상각해 비용으로 인식합니다. 예를 들어 해라(주)는 2021년 초 기계장치를 10,000원에 샀어요. 내용연수는 5년이며, 정액법으로 감가상각하고, 잔존가치는 없습니다. 매년 인식해야 하는 감가상각비는 2,000원(10,000원 ÷ 5년)입니다. [표 5-27]에서 보듯이 설비자산을 취득하는 2021년의 현금유출은 10,000원이고, 2021년부터 2025년까지 매년 감가상각비 2,000원을 인식합니다.

구분	2021년 초	2021년 말	2022년 말	2023년 말	2024년 말	2025년 말
현금유출	10,000					
감가상각비		2,000	2,000	2,000	2,000	2,000

[표 5-27] 현금유출과 감가상각비 인식

2021년 현금매출 15,000원이 발생하고, 감가상각비 2,000원을 차감해 당기순이익 13,000원을 보고했습니다. 2021년 초 기계장치를 취득하기 위해 지출한 10,000원은 투자활동 현금흐름으로 분류합니다. 2021년 현금수입은 15,000원이고, 현금지출은 없어요. 발생기준과 현금기준의 순이익을 계산하면 [표 5-28]과 같습니다.

구분	발생기준(a)	현금기준(b)	차이(a-b)	발생원인
매출액	15,000	15,000	0	
감가상각비	(2,000)	0	(2,000)	감가상각비
순이익	13,000	15,000	(2,000)	

[표 5-28] 발생기준과 현금기준

발생주의와 현금주의 순이익의 차이는 감가상각비에서 발생했어요. 감가상각비는 '현금유출 없는 비용'에 해당하죠? 순이익 13,000원에 현금유출 없는 비용인 감가상각비 2,000원을 가산하면 영업활동 현금흐름(현금기준 순이익)을 계산할 수 있습니다.

> **영업활동 현금흐름 : 13,000원**(당기순이익) **+ 2,000**(감가상각비) **= 15,000원**

현금유출이 없는 비용으로 감가상각비, 손상차손이 있어요. 간접법에서는 이러한 지출을 당기순이익에 가산하면 영업활동 현금흐름을 구할 수 있어요.

간접법 이해하기 2 재무 및 투자활동 관련 손익의 조정

당기순이익은 영업이익에서 영업외수익을 가산하고 영업외비용을 차감해 계산합니다. 영업외손익에는 영업활동, 투자활동과 재무활동에서 발생한 손익이 포함되어 있어요. 투자활동 영업외손익으로는 유형자산처분이익(손실), 금융자산처분이익(손실)이 있고, 재무활동 영업외손익으로는 이자비용이 있어요.

[그림 5-22]에서 영업외손익을 활동별로 구분했어요. 영업외손익에서 '투자활동 영업외손익'과 '재무활동 영업외손익'을 잘라서 제거하면 영업활동 현금흐름만 남겠죠?

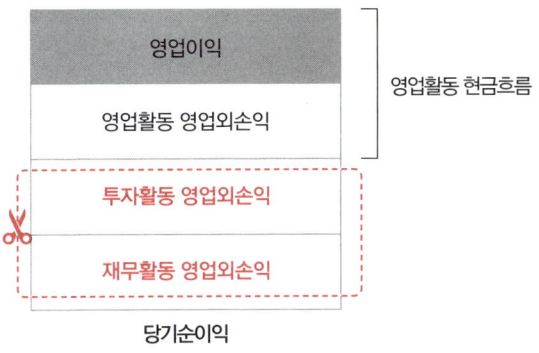

[그림 5-22] 재무 및 투자활동 관련 손익의 조정

당기순이익을 계산할 때 가산했던 투자 및 재무활동 관련 이익은 차감하고, 당기순이익을 계산할 때 차감했던 투자 및 재무활동 관련 손실을 가산하면 영업활동 관련 손익만 남게 됩니다. 이러한 방식으로 영업활동 현금흐름을 구할 수 있어요.

> 영업활동 현금흐름 :
> 당기순이익 − 투자 및 재무활동 영업외수익 + 투자 및 재무활동 영업외비용

간접법 이해하기 3. 영업활동 관련 자산·부채의 조정

해라(주)는 당기에 상품 10,000원을 판매해 현금 7,000원을 받았고, 나머지 3,000원은 매출채권으로 인식했어요. 상품은 현금 5,000원을 지급해 샀는데, 모두 판매해 기말재고는 없습니다. 다른 비용은 없다

고 가정하면 발생주의와 현금주의로 계산한 당기순이익은 [표 5-29]와 같습니다.

구분	발생기준(a)	현금기준(b)	차이(a-b)	발생원인
매출액	10,000	7,000	3,000	매출채권 3,000
매출원가	(5,000)	(5,000)	0	
순이익	5,000	2,000	3,000	

[표 5-29] 발생기준과 현금기준

간접법에서는 발생기준 순이익에서 출발해 조정항목을 가감해 현금기준 순이익(영업활동 현금흐름)을 구합니다. [그림 5-23]에서 보듯이 발생기준 순이익 5,000원에서 매출채권 증가액 3,000원을 차감하면 현금기준 순이익인 2,000원을 구할 수 있어요.

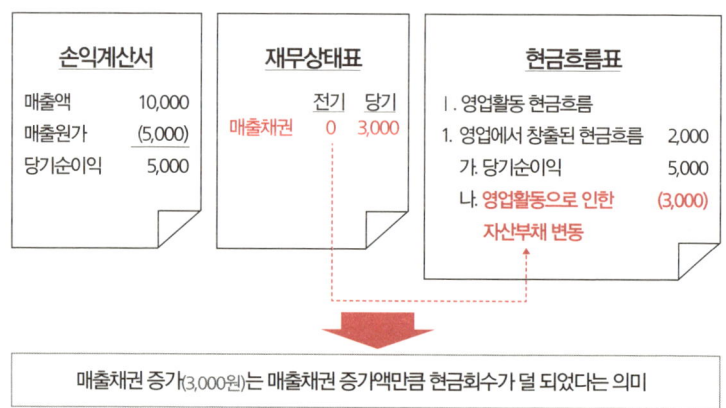

[그림 5-23] 영업활동으로 인한 자산부채의 변동

[그림 5-23]에서 알 수 있듯 영업에서 창출된 현금흐름을 구할 때 당기순이익에서 매출채권 증가액을 차감합니다. 그 이유를 살펴봅시다. 예를 들어 매출액은 10,000원인데 현금 8,000원을 수취하면 매출채권은 2,000원입니다. 매출채권 증가는 매출액보다 현금 회수가 덜 되었다는 의미입니다.

매출액은 10,000원인데 당기에 현금 11,000원이 회수되었다고 합시다. 매출액보다 현금 회수가 더 된 이유는 전기말 매출채권이 당기에 회수되었기 때문입니다.

영업활동 현금흐름은 순이익에 '영업활동 관련 자산의 증가'는 차감하고 '영업활동 관련 자산의 감소'는 가산해 구합니다.

매입채무 증가는 매입액 중 현금 지급하지 않은 금액이 있다는 의미입니다. 영업활동 현금흐름은 당기순이익에 '영업활동 관련 부채의 증가'는 가산하고, '영업활동 관련 부채의 감소'는 차감해서 구합니다.

> 영업활동 현금흐름 :
> 당기순이익 + 영업활동 자산 감소·부채 증가 − 영업활동 자산 증가·부채 감소

삼성전자의 공시사례로 영업활동 현금흐름을 살펴봅시다. 영업에서 창출된 현금흐름은 이자, 배당금, 법인세를 제외한 영업활동에서 발생한 현금흐름을 의미합니다. 영업에서 창출된 현금흐름은 주요 사업에서 창출한 현금흐름이므로 기업의 지속가능성을 평가하는 중

요한 잣대입니다. 미래 성장을 위한 투자 능력을 뒷받침하기 위해서는 충분한 영업활동 현금흐름이 필수적입니다.

[표 5-30]은 삼성전자의 2019년 현금흐름표에서 영업활동 현금흐름 부분을 발췌한 것입니다. 2019년 영업에서 창출된 현금흐름은 전기보다 215,449억 원이 감소했는데, 당기순이익 174,618억 원의 감소가 주요한 원인입니다. 영업활동 현금흐름은 영업에서 창출된 현금흐름에 이자의 수취와 배당금 수입을 가산하고, 이자의 지급과 법인세 납부액을 차감해 계산합니다.

영업에서 창출된 현금흐름은 당기순이익에 조정과 영업활동으로 인한 자산부채의 변동을 가감해서 구해요.

'조정'은 '간접법 이해하기'에서 살펴본 '현금유출 없는 비용'과 '재무 및 투자활동 관련 손익의 조정'에 해당합니다. 이러한 항목을 살펴보면 당기순이익과 영업활동 현금흐름의 차이를 발생시킨 항목에 대한 정보를 확인할 수 있어요.

(단위 : 억 원)

과목	2019년		2018년	
Ⅰ. 영업활동 현금흐름		227,963		443,412
1. 영업에서 창출된 현금흐름	283,447		535,963	
가. 당기순이익	153,533		328,151	
나. 조정	169,112		270,951	
다. 영업활동으로 인한 자산부채의 변동	(39,198)		(63,139)	
2. 이자의 수취	6,733		4,591	
3. 이자의 지급	(3,066)		(3,432)	
4. 배당금 수입	46,251		7,794	
5. 법인세 납부액	(105,402)		(101,504)	

[표 5-30] 삼성전자의 영업활동 현금흐름

영업에서 창출된 현금흐름과 영업활동 현금흐름은 다음의 계산식으로 표현할 수 있습니다.

```
1. 영업에서 창출된 현금흐름 = 당기순이익 ± 조정 ± 영업활동으로 인한
                             자산·부채의 변동
2. 영업활동 현금흐름 = 영업에서 창출된 현금흐름(1) + 이자 수취 − 이자 지급
                      + 배당금 수입 − 법인세 납부액
```

 핵심 쏙쏙

- 영업활동 현금흐름은 현금유입과 현금유출을 주요 항목별로 구분해 표시하는 직접법과 당기순이익에서 출발해 조정항목을 조정하는 간접법으로 구할 수 있다.
- 간접법은 당기순이익에 현금유출 없는 비용을 가산하고, 재무투자활동 관련 손익을 가감하고, 영업활동 관련 자산부채를 조정해서 영업활동 현금흐름을 구한다.
- 감가상각비와 손상차손은 현금지출 없는 비용이므로 당기순이익에 가산해서 영업활동 현금흐름을 구한다.
- 당기순이익에 투자 및 재무활동 영업외수익을 차감하고 투자 및 재무활동 영업외비용을 가산하면 영업활동 현금흐름을 구할 수 있다.
- 당기순이익에 영업활동 자산 감소 및 부채 증가는 가산하고, 영업활동 자산 증가 및 부채 감소는 차감해서 영업활동 현금흐름을 구한다.

투자활동 및 재무활동 현금흐름

투자활동 현금흐름은 미래수익과 미래 현금흐름을 창출할 자원 확보를 위해 지출된 정도를 나타내요. 재무상태표에 자산으로 분류하는 지출은 현금흐름표에서 투자활동으로 분류합니다. 투자활동에서 발생하는 현금유입과 현금유출은 주요 항목별로 구분해 각각 표시합니다. 투자활동 현금흐름의 예는 다음과 같습니다.

1. 유형자산, 무형자산 취득(처분)에 따른 현금유출(유출)
2. 다른 기업의 지분상품이나 채무상품 취득(처분)에 따른 현금유출(유입)
3. 제삼자에 대한 선급금 및 대여금

현금을 보유하면 기회비용이 크기 때문에 금융상품에 투자하는데, 불시에 자금이 필요할 때 금융자산을 매각할 수 있어 안전판 역할을 할 수 있어요. 성숙기에 있는 기업은 설비투자 규모가 작고 금융자산에 투자가 많아 투자활동 현금흐름에서 금융자산 투자 비중이 높아요. 성장기에 있는 기업은 설비투자를 위해 자금을 많이 지출하므로 투자활동 현금흐름에서 순현금유출이 발생해요.

투자활동에서 현금흐름이 현금유입이 현금유출보다 많다면 기존 투자자산을 매각하고 있다는 의미입니다. 설비자산 매각이 많으면 돈벌이 수단이 감소해 미래 현금흐름이 감소할 수 있어 부정적인 신호로 해석합니다. 현금흐름표의 투자활동 현금흐름 중 '유형자산의 처분'으로 인한 현금유입을 확인하고, 재무상태표 주석에서 유형자산 처분내용을 자산별로 확인하면 주요 설비의 처분 여부를 확인할 수 있어요.

[표 5-31]은 삼성전자의 투자활동 현금흐름을 나타낸 것입니다. 자산의 처분은 현금유입을 발생시키므로 양수(+)로 표시하고, 자산의 취득은 현금유출을 발생시키므로 음수(-)로 표현합니다. 과목별 처분과 취득 내용은 주석과 함께 살펴보면 추가적인 정보를 확인할 수 있어요. 2018년에 단기금융상품과 장기금융상품의 취득으로 각각 72,038억 원과 18,600억 원의 현금이 유출되었어요.

2019년에 금융상품을 매각해 현금 76,124억 원을 확보했는데, '종속기업, 관계기업 및 공동기업 투자의 취득'을 위해 9,251억 원을 지출하고, 무형자산 취득과 사업결합을 위해 각각 28,559억 원과 7,850억 원을 지출했어요. 나머지 금액은 '유형자산의 취득'을 위해 지출했다고 추론할 수 있어요.

'14. 사업결합으로 인한 현금유출액'은 7,850억 원인데, 주석을 살펴보면 삼성전자는 2019년 6월 차세대 패키지 기술을 확보해 반도체 경쟁력을 강화하기 위해 삼성전기(주)의 PLP 사업을 양수했습니다. 투자활동 현금흐름을 살펴보면 회사의 미래 전략 또는 사업 방향을 가늠할 수 있어요.

(단위 : 억 원)

과목	2019년		2018년	
Ⅱ. 투자활동 현금흐름		(135,371)		(316,785)
1. 단기금융상품의 순감소(증가)	62,124		(72,038)	
2. 장기금융상품의 처분	14,000		0	
3. 장기금융상품의 취득	0		(18,600)	
4. 기타포괄손익-공정가치금융자산의 처분	13		73	
5. 기타포괄손익-공정가치금융자산의 취득	(67)		(2,040)	
6. 당기손익-공정가치금융자산의 처분	73		74	
7. 당기손익-공정가치금융자산의 취득	0		(17)	
8. 종속기업, 관계기업 및 공동기업 투자의 처분	586		258	
9. 종속기업, 관계기업 및 공동기업 투자의 취득	(9,251)		(5,206)	
10. 유형자산의 처분	6,010		3,405	
11. 유형자산의 취득	(172,402)		(213,874)	
12. 무형자산의 처분	19		7	
13. 무형자산의 취득	(28,559)		(8,800)	

| 14. 사업결합으로 인한 현금유출액 | (7,850) | 0 |
| 15. 기타투자활동으로 인한 현금유출입액 | (67) | (27) |

[표 5-31] 삼성전자의 투자활동 현금흐름

삼성전자 재무제표에 단기차입금이 있는 이유는?

재무활동은 기업의 납입자본과 차입금 크기 및 구성내용에 변동을 가져오는 활동입니다. 재무활동은 자본과 차입금의 조달, 환급 및 상환에 관한 활동을 포함해요. 재무활동 현금흐름은 미래 현금흐름에 대한 자본 제공자의 청구권을 예측하는 데 유용한 정보를 제공합니다.

재무활동 현금흐름의 예는 다음과 같습니다.

1. 주식이나 기타 지분상품의 발행(취득 또는 상환)에 따른 현금유입(유출)
2. 사채 발행과 장단기차입에 따른 현금유입
3. 차입금 상환에 따른 현금유출

[표 5-32]에 정리한 삼성전자의 2019년 현금흐름표의 재무활동 현금흐름을 살펴봅시다. 음수(-)는 현금지출을 의미하는데, 배당금 96,182억 원을 지출했어요. 단기차입금, 사채 및 장기차입금의 상환으로 현금유출이 발생했고, 유상증자나 차입으로 자본을 조달하지는

않았습니다.

2019년 투자활동으로 인한 순현금 유출액은 135,371억 원인데 재무활동에서 조달해 투자활동에 지출한 금액은 없어요. 영업활동 및 투자활동에서 유입된 현금을 설비투자 재원으로 사용했다고 볼 수 있어요.

(단위 : 억 원)

과목	2019년		2018년	
Ⅲ. 재무활동 현금흐름		(97,877)		(128,184)
1. 단기차입금의 순증가(감소)	(411)		(17,961)	
2. 자기주식의 취득	0		(8,752)	
3. 사채 및 장기차입금의 상환	(1,284)		(53)	
4. 배당금의 지급	(96,182)		(101,418)	

[표 5-32] 삼성전자의 재무활동 현금흐름

단기차입금 상환으로 2018년과 2019년에 각각 17,961억 원과 411억 원의 현금이 유출되었습니다. 돈 잘 버는 삼성전자에서 단기차입금을 사용하다니 이상하죠? 삼성전자는 매출채권을 담보로 은행에서 돈을 빌려 단기차입금이 발생했어요. 삼성전자 매출의 80% 이상은 해외에서 발생하는데, 달러나 유로, 위안화로 거래해요.

외화로 거래하면 환율변동위험이 발생해요. 예를 들어 달러로 받은 매출채권 10만 달러를 받을 때까지 보유한다고 합시다. 달러당 1,000원이던 환율이 900원으로 하락하면 매출채권은 1억 원에서 9,000만 원으로 감소합니다.

 삼성전자는 수출이 많으므로 항상 환율변동위험에 노출되어 있어요. 매출채권 10만 달러가 발생할 때 은행에서 10만 달러를 빌려, 외화자산과 외화부채를 같은 금액으로 만들면 환율변동위험에서 벗어날 수 있습니다.

 금전 손실을 막기 위한 수단을 헷지(hedge)라고 하는데, 외화자산에서 발생할 예상 손실을 외화 부채에서 발생할 예상 이익과 같게 만들어 자산 변동을 0원으로 만들어요. 헷지는 돈을 벌기 위한 목적이 아닌 손해를 보지 않기 위해 실시해요.

 달러당 1,000원이던 환율이 900원으로 하락하면 매출채권은 9,000만 원으로 떨어지지만, 단기차입금 10만 달러를 상환하기 위해 원화는 9,000만 원만 확보하면 됩니다. 환율 하락으로 채권에서는 손해가 발생하지만 채무에서는 이익이 발생해 환율변동위험을 피할 수 있어요. 이러한 이유로 삼성전자는 돈을 잘 버는 기업인데도 재무제표에 단기차입금이 나타나는 겁니다.

 **핵심 쏙쏙**

- 재무상태표에 유·무형자산, 지분상품, 채무상품의 취득과 처분은 현금흐름표에서 투자활동 현금흐름으로 분류한다.
- 성숙기 기업은 설비투자 규모가 작고 금융자산 투자가 많고, 성장기 기업은 설비투자가 많다.
- 재무활동은 자본과 차입금의 조달, 환급 및 상환에 관한 활동을 포함하는데, 미래 현금흐름에 대한 자본 제공자의 청구권을 예측하는 데 유용한 정보를 제공한다.

한 번 더! key point

- 취득시점 만기가 3개월 이내이고, 가격 변동이 없어 확정된 금액으로 전환 가능한 금융상품은 현금및현금성자산으로 분류한다.
- 외상 대금은 매출채권으로 분류하고, 거래처 파산 등으로 매출채권을 회수할 수 없거나 불확실하다고 예상하는 금액은 대손상각비로 인식하고 동 금액을 대손충당금으로 설정한다.
- 재고자산감모손실은 장부수량(계속기록법)에서 실사수량을 뺀 후 단위당 취득원가를 곱해 계산한다. 단위당 원가는 원가흐름 가정에 따라 먼저 매입한 항목이 먼저 판매된다고 가정하는 선입선출법, 기초재고와 당기매입액이 평균적으로 판매된다고 가정하는 이동평균법으로 계산할 수 있다. '취득원가 > 순실현가능가치'이면 재고자산평가손실을 인식하고 동 금액을 재고자산평가충당금으로 보고한다.
- 유형자산은 취득시점의 현금가격 상당액으로 기록하고, 취득 후에 개량이나 유지를 위해 발생하는 지출 중 미래경제적효익이 있다면 취득원가에 가산(자본적지출)하고 그렇지 않다면 비용(수익적지출)으로 인식한다. 토지를 제외한 유형자산의 취득원가는 내용연수에 걸쳐 감가상각방법(정액법 또는 정률법)에 따라 감가상각비(비용)로 인식한다.
- 유형자산이 진부화되거나 시장가치가 급락하면 손상차손을 인식하고, 손상차손누계액에 가산한다. 유형자산 취득원가에서 손상차손누계액을 차감하는 방식으로 표시한다. 유형자산은 원가모형과 재평가모형 중 선택해 평가할 수 있는데, 재평가모형을 적용하면 평가시점의 공정

가치로 유형자산을 기록한다.
- 유형자산을 매각할 예정이라면 유형자산으로 분류하지 않고 매각예정비유동자산으로 분류하고, 순공정가치와 장부금액 중 적은 금액을 측정한다.
- 내용연수가 유한한 무형자산은 내용연수에 걸쳐 상각하고, 내용연수가 비한정인 무형자산은 상각하지 않는다.
- 연구단계에서 발생하는 지출은 비용(연구비)으로 인식한다. 개발단계에서 발생하는 지출 중 미래경제적효익이 있다면 자산(개발비)으로 인식하고, 그렇지 않다면 비용(경상개발비)으로 분류한다.
- 기업이 다른 회사를 인수합병하면서 피매수기업의 순자산 공정가치를 초과해 합병대가를 지급하면 영업권을 인식한다. 영업권은 비한정 내용연수를 가진 자산으로 보아 상각하지 않고, 영업권 가치가 감소하면 손상차손을 인식한다.
- 관계회사나 임직원에게 자금을 빌려주면 대여금으로 분류하고, 회수하지 못할 것으로 추정하는 금액은 대손충당금으로 인식한다. 상품이나 원재료를 인도받기 전에 현금을 지급하면 선급금으로 분류하고, 재고자산을 인도받으면 선급금을 감소시킨다.
- 임대수익이나 시세차익 목적으로 보유하는 투자부동산은 모든 투자부동산을 하나로 묶어 원가모형과 공정가치모형 중 선택해 측정한다. 투자부동산에서 발생한 평가손익은 당기손익에 반영한다.
- 원재료나 상품을 외상으로 매입하면 매입채무로 분류한다. 재고자산

이외의 물품이나 용역 매입과 법인세 등 일반적인 상거래 외에서 발생하는 채무는 미지급금으로 분류한다. 상품을 인도하거나 용역을 제공하기 전에 계약금을 받으면 선수금으로 보고한다.

◉ 금융기관에서 빌린 돈은 차입금으로 분류하고, 만기가 보고기간말부터 1년 이내로 도래하면 유동성장기부채(유동부채)로 재분류한다. 차입금은 채권자, 이행시기와 이행금액이 확정되어 있어 확정부채라고 부른다. 충당부채는 언제, 얼마를 갚아야 하는지 알 수 없는 채무이다. 부채 정의를 충족하지 못하면 우발채무라고 부르는데, 재무제표 본문에 반영하지 않고 주석으로 공시한다.

◉ 국제회계기준에서는 납입자본과 적립금(이익잉여금, 기타자본요소)으로 구분하고 있을 뿐 자본에 대한 세세한 분류를 제시하지 않는다. 돈을 받고 주식을 나눠주는 유상증자와 자본잉여금을 줄이고 자본금을 늘려주는 방식으로 자본금이 증가한다. 주주에게 돈 주고 주식을 소각하는 유상감자와 주주에게 돈을 지급하지 않고 주식을 소각하는 무상감자로 자본금은 감소한다.

◉ 주식분할(액면분할)은 1주를 여러 개로 나누는데, 주가가 너무 높게 형성되어 있을 때 실시한다. 주식병합(액면병합)은 여러 개의 주식을 1주로 합치는 것으로, 유통주식이 너무 많을 때 주가 안정화를 위해 실시한다.

◉ 우선주는 보통주보다 배당을 먼저 받을 수 있는 권리를 주고 의결권 행사를 제한한 주식을 말한다. 상환우선주와 상환전환우선주를 발행하면서 주주에게 상환권을 부여하면 자본이 아닌 부채로 분류한다.

- 자기주식(자사주)은 회사가 자기 재산으로 발행한 주식을 취득해 보유하는 주식을 말한다. 주가 관리 목적으로 자기주식을 사들이는데, 자기주식은 의결권이 없고 배당을 받을 수 없어 자산으로 보지 않고 자본에서 차감한다.
- 자본변동표는 주주 몫인 자본의 크기와 변동에 관한 정보를 제공하므로, 유상증자, 자기주식 매입 및 배당 등의 내용을 확인할 수 있다.
- 현금흐름표는 흑자 부도를 예측하고 기업의 자금 운용에서 발생하는 문제를 파악할 수 있는 정보를 제공한다. 현금흐름표는 현금 변동에 미치는 영향을 영업활동, 투자활동 및 재무활동으로 구분해 현금유입과 유출에 관한 정보를 제공한다.

6장.
이제 재무제표가 읽힌다!
- 고급 편

지금까지 재무제표를 읽고 해석하기 위한 필수적인 계정과목을 살펴보았습니다. 이해하기 조금 어려울 수 있지만, 6장에서는 재무제표를 해석할 때 꼭 필요한 계정과목을 설명할게요. '이제 재무제표가 읽힌다!- 고급 편'은 어려운 주제로 구성되어 있지만, '회계머리'의 수준을 높이는 데 도움이 되니 도전해봅시다.

기업은 여유 자금을 금융상품에 투자하는데, 일정한 조건을 충족하면 금융자산으로 분류해요. 금융자산은 일정한 기준에 따라 세 가지로 분류해요.

기업을 지배할 목적으로 주식을 보유하기도 해요. 투자기업이 피투자기업에 유의적인 영향력이 있으면 '관계기업투자주식'으로 분류하고, 피투자자에 대한 지분율이 50%를 초과하면 종속기업으로 분류해 연결재무제표를 작성합니다.

돈을 받을 권리를 잘게 잘라 회사채를 발행해 일반 대중을 상대로 거액을 모집할 수 있어요. 회사채를 발행하면 대규모 자금을 일시적으로 확보할 수 있고, 금융권 대출보다는 금리가 낮아요. 사채발행회사는 조달 금리를 더 낮추기 위해 일반사채에 주식으로 전환할 수 있는 권리를 부착하거나, 주가와 관계없이 일정한 가격에 주식을 살 수 있는 권리를 부여하기도 해요.

희석주당이익은 유통 중인 보통주뿐만 아니라 미래에 보통주로 바뀔 수 있는 증권을 고려한 가상의 주당이익입니다. 희석주당이익 정보는 배당을 적게 받을 수 있고 주가가 하락할 수 있다는 경고 메시지를 담고 있어요.

2005년부터 기업의 재정 상황과 관계없이 종업원이 퇴직금을 받을 수 있도록 퇴직연금제도를 도입했어요. 퇴직연금은 위험을 누가 부담하는지에 따라 확정기여형과 확정급여형으로 구분합니다.

일상생활에서는 법적 소유권이 있어야 자기 재산이라고 생각해요. 그런데 회계에서는 리스 거래처럼 법적 소유권이 없어도 경제적 실질 관점에서 리스하고 있는 물건을 재무상태표에 자산으로 인식합니다.

현금유입 발생을 예측할 수 있는 금융자산

금융상품 개념과 관련된 국제회계기준 내용은 상당히 복잡하지만, 다음 페이지의 [그림 6-1]과 같이 정리할 수 있어요.

계약상 의무가 있고, 거래가 끝날 때 현금유입(유출)이 발생하면 금융상품으로 분류합니다. 계약상 의무가 없거나 거래가 종결될 때 현금유입(유출)이 없다면 비금융상품으로 분류합니다. '계약'은 계약당사자가 합의한 사항에 법에 따른 강제력이 있는 경우를 말해요. 법에 따른 법적 의무(예를 들어 세금을 내야 할 의무)는 계약으로 보지 않습니다. 이렇게 금융상품과 비금융상품을 구분하면 계약에 따라 현금유입(유출)이 발생하는지 예측할 수 있어요.

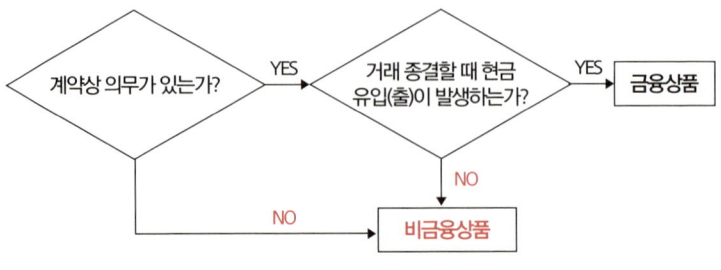

[그림 6-1] 금융상품과 비금융상품의 분류

　금융상품발행회사는 발행한 금융상품에 대해 돈을 갚아야 할 의무가 있으면 금융부채로 분류하고, 상환해야 할 의무가 없으면 지분상품으로 인식합니다. 예를 들어 삼성전자가 주식을 발행해 자금을 조달하면 삼성전자는 지분상품으로 분류하고, 주주는 금융자산으로 분류합니다. 삼성전자가 은행에서 돈을 빌리면 금융부채로 분류하고, 은행은 금융자산으로 분류해요. 이렇게 금융자산은 금융상품보유자 관점에서 정의하며, 금융부채와 지분상품은 금융상품발행자 관점에서 정의합니다.

금융자산은 세 가지 범주로 분류

　투자자는 주식(지분증권)이나 채권(채무증권)을 취득하면 금융자산으로 분류하는데, 세 가지 범주로 구분합니다. 세 가지의 범주로 분류할 때 금융자산의 '계약상 현금흐름 특성'과 '금융자산을 관리하는 사업모형'을 근거로 합니다. 국제회계기준 내용을 풀어서 설명해도 금융자산은 이해하기 어려워요. 국제회계기준의 본질을 왜곡하지 않는 범위에서 이해할 수 있도록 설명할게요.

금융자산을 세 가지 범주로 분류할 때 개별 금융상품이 아닌 포트폴리오 수준에서 판단해요. 주식이나 채권을 취득할 때마다 개별 주식이나 채권의 현금흐름 특성을 판단하지 않고, 여러 주식이나 채권을 묶어 포트폴리오 수준에서 판단합니다. 즉 국제회계기준에서 말하는 계약상 현금흐름 특성은 개별자산이 아닌 포트폴리오 수준을 의미해요.

포트폴리오(portfolio)는 원래 서류가방이나 자료 수집철을 뜻하나, 하나의 자산에 투자하지 않고 주식, 채권, 부동산 등 둘 이상의 자산에 분산 투자하는 것을 말해요.

다음 페이지의 [그림 6-2]처럼 포트폴리오를 구성해 특성이 서로 다른 여러 자산에 분산 투자하면, 미래의 불확실한 위험을 줄이고 투자수익을 최대화할 수 있어요. 국제회계기준에서 말하는 '금융자산을 관리하는 사업모형'은 여러 주식과 채권으로 이루어진 포트폴리오 수준에서 판단합니다.

포트폴리오를 관리하는 사업모형은 크게 주식형과 채권형으로 구분할 수 있어요. 주식은 가격 등락 폭이 크고 배당금도 일정하지 않으므로 현금흐름이 일정하지 않아요. 포트폴리오에서 주식 비중이 높으면 시세차익을 주목적으로 하는 공격적인 펀드라고 볼 수 있어요.

채권은 매년 일정한 이자를 받고 만기에 액면금액을 수취하므로 현금흐름이 안정적이에요. 채권 비중이 높으면 일정한 현금흐름을 수취하기 위해 안정적인 운영을 목적으로 하는 펀드라고 볼 수 있어요.

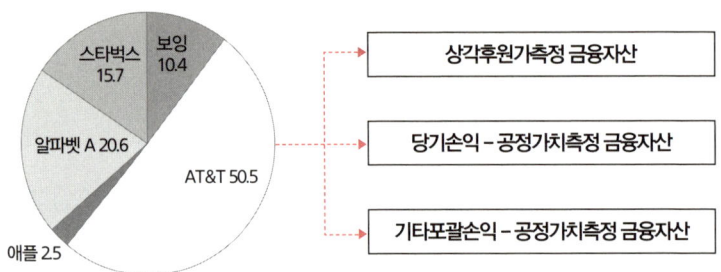

[그림 6-2] 금융자산의 분류

[그림 6-2]의 포트폴리오에서 주식 비중이 높다면, 당기손익-공정가치측정 금융자산이나 기타포괄손익-공정가치측정 금융자산으로 분류해요. 당기손익-공정가치측정 금융자산은 단기 시세차익을 얻을 목적으로 사업모형을 관리하고, 기타포괄손익-공정가치측정 금융자산은 장기투자 목적으로 사업모형을 관리하는 포트폴리오라고 이해합시다. 일반적으로 단기투자는 1년 이내의 짧은 기간에 자산을 운용하는 것을 의미하고, 자산의 보유기간이 1년을 초과하면 장기투자로 봅니다.

포트폴리오에서 채권 비중이 상당히 높아 이자와 원금의 수취를 주된 목적으로 한다면 상각후원가측정 금융자산으로 분류합니다. 채권 비중이 상당히 높다는 표현을 했으나, 주식은 만기가 없으므로 상각후원가측정 금융자산으로 분류하지는 않아요.

[표 6-1]은 금융자산의 측정 방법을 정리한 것인데, 주식 비중이 높은 당기손익-공정가치측정 금융자산과 기타포괄손익-공정가치측정 금융자산은 공정가치로 평가해요. 채권 비중이 높은 상각후원가측정 금융자산은 상각후원가로 측정합니다.

구분	상각후원가측정 금융자산	당기손익-공정가치 측정 금융자산	기타포괄손익-공정가치측정 금융자산
측정 방법	상각후원가	공정가치	공정가치

[표 6-1] 금융자산의 측정 방법

상각후원가측정 금융자산

상각후원가측정 금융자산은 상각후원가로 측정합니다. 상각후원가측정 금융자산의 취득원가는 미래에 받을 이자와 원금을 현재가치로 평가한 금액으로 기록하기 때문에 취득 후 '상각'이라는 복잡한 과정을 거쳐요. 상각후원가로 측정하면 평가손익은 인식하지 않고 이자수익만 당기손익에 반영합니다.

'좀 더 깊이 들어가기'에서 상각후원가의 계산과정을 자세하게 설명할게요. 상각후원가의 계산과정을 이해하기 어렵다면 상각후원가 개념만 이해합시다.

'사채'라고 부르는 회사채가 상각후원가로 평가하는 대표적인 금융상품인데, 상각후원가는 최초측정액인 취득원가에서 상각액을 가산한 금액이에요. 사채발행회사는 만기에 상환할 금액(액면금액)과 이자율을 제시해 사채를 발행해서 투자자로부터 돈을 빌려요. 사채를 매입한 투자자는 채권이라고 불러요.

예를 들어 2021년 초 강림기업은 여신회사가 발행한 사채(액면금액 10,000원, 액면이자율 10%, 만기 2023년 말)를 10,000원에 취득했어요. 강림기업이 여신회사의 채권을 매입하면 연도별 현금흐름은 [표 6-2]와 같습니다. 2021년 말부터 2023년 말까지 액면이자 1,000원을 받고, 만기인 2023년 말에 액면금액 10,000원을 받습니다.

구분	2021년 초	2021년 말	2022년 말	2023년 말
현금유출	(10,000)			
현금유입				
액면이자		1,000	1,000	1,000
액면금액				10,000
합계		1,000	1,000	11,000

[표 6-2] 채권에 투자할 때 현금흐름

채권을 취득하면 당기손익-공정가치측정 금융자산, 기타포괄손익-공정가치측정 금융자산과 상각후원가측정 금융자산으로 분류할 수 있지만, 상각후원가측정 금융자산으로 분류하는 사례가 빈번해요.

채권은 계약조건(만기, 액면금액, 이자율)에 따라 약정일에 원금과 이자의 현금흐름이 발생하는데, 만기까지 보유할 목적으로 취득하면 상각후원가측정 금융자산으로 분류합니다. 상각후원가측정 금융자산은 대부분 채권으로 구성되는데, 채권시장에서 거래되므로 채권의 공정가치를 알 수 있어요. 그런데도 상각후원가측정 금융자산으로 분류한 채권은 왜 상각후원가로 평가할까요?

이사 계획이 없으면 아파트 시세에 거의 관심이 없지만, 이사 계획이 있다면 보유한 아파트와 이사할 아파트의 시세에 관심이 많겠죠? 상각후원가측정 금융자산으로 분류하는 채무증권은 '이사 계획이 없는 아파트'처럼 대부분 만기까지 보유할 목적으로 취득해요. 이러한 상황에서 시가(공정가치)보다는 상각후원가로 평가한 정보가 재무제표 이용자에게 더 유용할 수 있어요. 이러한 이유로 상각후원가측정 금융자산은 상각후원가로 평가해 평가손익을 인식하지 않아요.

'좀 더 깊이 들어가기'에서 상각후원가를 어떻게 계산하는지 살펴봅시다. 상각후원가 개념을 이해하기 위해서는 현재가치와 미래가치에 대한 이해가 필요해요.

좀 더 깊이 들어가기

상각후원가

낮밤(주)는 액면금액 1,000원, 만기는 3년, 액면이자율 10%인 회사채를 발행했습니다. 투자자가 낮밤(주)가 발행한 회사채를 사면 이자 100원을 3년간 받아요. 투자자는 낮밤(주)의 회사채가 아닌 다른 금융상품(이자율 12%)에 투자하면 3년간 매년 이자 120원을 받을 수 있어요.

다른 상품에 투자하면 12%의 수익률을 얻을 수 있는데, 투자자는 이자율이 10%인 낮밤(주)의 회사채에 투자할까요? 낮밤(주)는 투자자의 수익률을 12%로 맞춰주기 위해서는 회사채를 액면금액인 1,000원보다 낮은 금액으로 발행해야 합니다. 이자를 덜 주는 대신 액면금액보다 돈을 덜 빌리고 만기에 액면금액으로 상환하면 투자자에게 12%의 수익률을 보장해줄 수 있습니다.

회사채의 발행금액을 어떻게 결정하는지 살펴봅시다. 3년간 매년 받을 이자 100원과 만기에 받을 액면금액 1,000원을 미래가치(future value: FV)라고 합니다. 현재가치(present value: PV)는 미래에 받을 돈을 현재 시점의 가치로 환산한 금액으로 미래현금흐름을 '1+유효이자율'로 나눠 계산해요. 자금 수요와 공급을 일치시키는 시장이자율을 유효이자율 또는 할인율이라고 불러요. 낮밤(주) 사례에서 다른 금융상품에 투자하면 받을 수 있는 12% 이자율이 시장이자율에 해당해요.

현재 시점에서 89원을 12% 이자율인 예금에 가입하면 얼마를 받을 수 있을까요? [그림 6-3]에서 보듯이 원금 89원에 이자 11원(89원 × 12%)을 더한 금액인 100원을 받는데, 이를 미래가치라고 합니다.

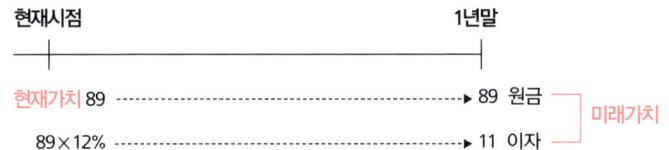

[그림 6-3] 미래가치의 계산

미래가치는 다음과 같은 공식으로 정리할 수 있습니다.

$$FV^n = PV \times (1 + r)^n$$
FV : 미래가치, PV : 현재가치, r : 할인율(유효이자율), n : 기간

미래가치를 구하는 공식을 현재가치(PV)에 대해 정리하면 다음과 같습니다.

$$PV = \frac{FV^n}{(1 + r)^n}$$

1년 말 받을 100원을 현재 시점의 화폐가치로 환산한 현재가치는 89원(100원 ÷ 1.12)입니다. 현재가치는 각 시점에 받을 현금(미래가치)을 시장이자율로 할인해서 계산해요.

사채의 발행금액은 미래에 받을 이자와 원금을 사채발행시점의 시장이자율로 할인해 계산한 현재가치입니다. [그림 6-4]와 같이 현재가치는 복잡한 과정을 거쳐 계산하는데, 낮밤(주)는 회사채를 952원에 발행해야 투자자의 수익률을 12%로 맞춰줄 수 있어요. 낮밤(주)는 사채를 발행해 투자자에게 952원을 빌려요. 낮밤(주)는 투자자에게 3년 동안 매년 이자 100원을 지급하고 만기에 1,000원을 갚으면 투자자에게 수익률 12%를 보장해줄 수 있습니다.

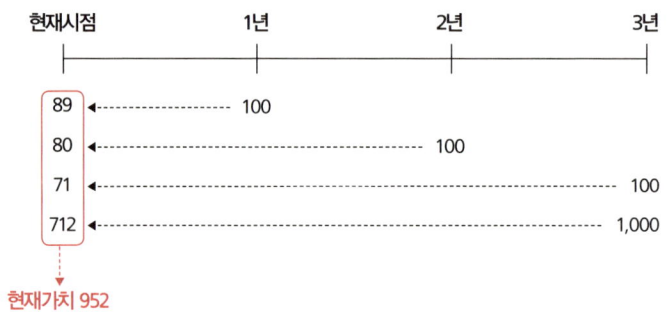

[그림 6-4] 현재가치와 미래가치

현재가치(사채 발행금액)는 아래와 같은 계산식으로 구할 수 있어요.

$$현재가치 = \frac{100}{1.12} + \frac{100}{1.12^2} + \frac{100 + 1,000}{1.12^3} = 952$$

투자자는 낮밤(주)의 회사채를 952원에 구입하고 동 금액에 12%를 곱해 이자수익 114원을 인식하는데, 1년 말 현금이자는 100원입니다. [그림 6-5]에서 보듯이 이자수익 114원에서 현금이자 100원을 차감해서 계산한 14원을 상각액이라고 표현해요. 기초장부금액인 952원에 상각액 14원을 가산한 기말 장부금액 966원이 상각후원가에 해당합니다. 이러한 과정을 거쳐 매년 상각액을 가산하면 만기에는 장부금액과 액면금액이 일치해요.

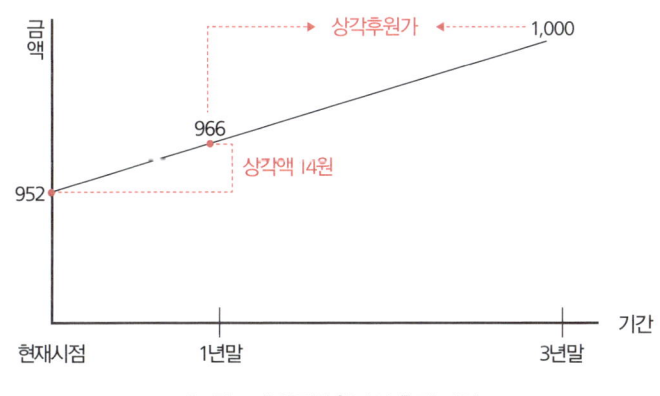

[그림 6-5] 상각후원가의 측정 과정

당기손익-공정가치측정 금융자산과 기타포괄손익-공정가치측정 금융자산

당기손익-공정가치측정 금융자산에서 발생한 평가손익은 당기손익에 반영하고, 기타포괄손익-공정가치측정 금융자산에서 발생한 평가손익은 기타포괄손익으로 분류합니다. 같은 주식이라도 금융자산의 분류에 따라 평가손익이 보고되는 곳(당기손익 또는 기타포괄손익)이 달라요. 왜 같은 주식인데도 금융자산을 어떻게 분류하는지에 따라 평가손익을 다르게 처리할까요?

단기간 매매차익을 얻거나 금융자산의 공정가치 변동을 성과측정치로 사용할 목적이면 당기손익-공정가치측정 금융자산으로 분류합니다. 이러한 금융자산은 아주 짧은 기간에 보유할 목적으로 취득하므로 평가이익을 보고한 시점부터 아주 가까운 시기에 매도해 현금을 확보할 수 있어요.

이런 이유로 평가이익을 당기순이익에 반영해도 주주에게 배당금으로 지급할 재원을 확보할 수 있습니다. 당기손익-공정가치측정 금융자산에서 발생한 평가손익은 당기손익(금융수익 또는 금융비용)으로 보고하고, 재무상태표의 이익잉여금으로 옮깁니다.

전략적 목적으로 다른 회사 주식을 장기간 보유할 목적이면 기타포괄손익-공정가치측정 금융자산으로 분류합니다. 장기보유 목적의 금융자산을 공정가치로 평가해 발생한 보유손익을 당기손익에 반영하면 기업 성과는 왜곡될 수 있고, 주주는 배당을 요구할 수 있어요.

장기 보유할 목적이므로 배당을 지급하기 위해서는 금융자산을 매각해 현금을 확보해야 합니다. 이러한 이유로 [그림 6-6]에서 보듯이 기타포괄손익-공정가치측정 금융자산에서 발생한 평가이익은 배당할 수 없도록 기타포괄손익으로 보고하고 재무상태표의 기타포괄손익누계액으로 옮겨요.

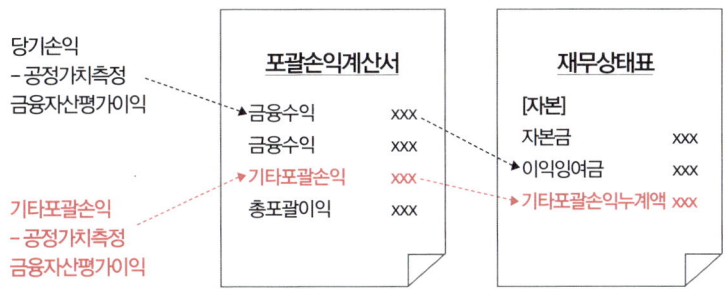

[그림 6-6] 당기순이익 및 기타포괄손익의 마감

다음 사례로 상장주식의 공정가치 평가를 알아봅시다.

2021년 6월 초 모범(주)는 주권상장법인인 형사(주)의 주식을 1,000원에 취득했다. 2021년 말 공정가치는 1,200원이다.

다음 페이지의 [표 6-3]에서 보듯이 모범(주)가 취득한 형사(주)의 주식을 당기손익-공정가치측정 금융자산으로 분류하면 기말 재무상태표에 1,100원으로 기록하고, 평가이익 100원을 당기손익(금융수익)으로 인식합니다. 기타포괄손익-공정가치측정 금융자산으로 분류하면 평가이익 100원을 기타포괄손익으로 보고합니다.

포괄손익계산서	당기손익 - 공정가치측정 금융자산	기타포괄손익 - 공정가치측정 금융자산
매출액		
⋮		
영업이익		
기타수익	100	
⋮		
당기순이익		
기타포괄이익		100

[표 6-3] 금융자산 분류에 따른 평가손익 보고

이마트는 2020년 분기보고서에서 1분기 말 기준으로 보유한 삼성생명 주식에서 평가손실 371억 원이 발생해 장부금액은 5,085억 원으로 감소했어요. 국내외 신용평가사들은 최근까지 이마트 신용등급을 지속해서 하향 조정했는데, 금융자산인 삼성생명 주식이 신용등급을 더 하락하지 않도록 방어하는 저지선 역할을 했어요.

이마트는 삼성생명 주식을 기타포괄손익-공정가치측정 금융자산으로 분류하고 있어 당기손익에 미치는 영향은 없으나, 주가 하락에 따라 지분의 매각 가능성이 거의 없어져 재무 융통성이 낮아졌어요. 안전판 역할을 하는 삼성생명 주식의 공정가치가 하락해 이마트의 신용등급이 하락할 위험이 커졌어요.

금융자산에서 신용손상이 발생하면?

금융자산에서 발생하는 평가손실과 손상차손은 금융자산의 가치가 하락할 때 인식한다는 공통점이 있지만, 발생 원인이 달라요. 금융자산의 공정가치가 하락하면 평가손실을 인식하지만, 금융자산에 신용손상이 발생하면 손상차손을 인식한다는 차이가 있어요. 신용손상의 예로는 금융자산 발행자에게 유의적인 재무적 어려움이 발생하거나 파산 가능성이 커지는 상황을 들 수 있어요.

국제회계기준에서는 실제로 손상이 발생한 때 손상차손을 인식하지 않고, 손실을 예상하는 시점에서 손상차손을 인식해요. 즉 미래에 발생할 수 있는 기대신용손실을 사전에 추정해 손상차손을 인식하는 기대신용손실모형을 적용해요. 기대신용손실모형에서는 아직 발생하지 않았으나 미래 전망 정보를 포함한 합리적으로 뒷받침할 수 있는 모든 정보를 고려해 향후 예상하는 신용손실을 인식합니다. 기대신용손실모형을 적용하면 신용손실을 적시에 인식할 수 있으므로 정보이용자에게 금융자산 손상에 대한 정보를 제공할 수 있어요.

손상차손은 신용손실을 당기손익에 반영하는 회계처리입니다. 당기손익-공정가치측정 금융자산에서는 평가손실을 당기손익에 반영하므로 손상차손을 별도로 인식하지 않아요. 평가손익을 인식하지 않는 상각후원가측정 금융자산과 평가손익을 기타포괄손익에 반영하는 기타포괄손익-공정가치측정 금융자산은 당기손익에 반영하기 위해 손상차손을 인식합니다.

다음 사례로 기타포괄손익-공정가치측정 금융자산에서 손상차손을 어떻게 회계처리를 하는지 살펴봅시다.

2021년 중 슈만회사는 바그너기업이 발행한 주식을 10,000원에 취득해 기타포괄손익-공정가치측정 금융자산으로 분류하였다. 2021년 말 바그너기업에 유의적인 재무적 어려움이 발생하여 주식의 공정가치는 7,000원으로 하락하였다.

바그너기업에 유의적인 재무적 어려움이 발생해 공정가치가 하락했는데, 손상차손을 인식해야 하는 신용손상에 해당합니다. 슈만회사는 신용손상에 해당하는 공정가치 하락분 3,000원을 손상차손으로 인식하고 영업외비용으로 보고합니다.

2019년 탈콘RF제약은 영업이익 30억 원을 보고했는데, 당기순손실 528억 원을 보고했어요. 당기손익-공정가치측정 금융자산으로 분류한 미국 바이오기업 엠마우스에서 발생한 평가손실 241억 원을 영업외비용으로 보고했기 때문입니다. 이처럼 영업활동 성과가 좋아도 투자활동 실적이 좋지 않으면 영업이익이 발생해도 당기순손실을 보고할 수 있습니다.

공정가치에도 서열이 있다

상장주식이나 채권은 증권거래소에서 거래되는 시가가 있으므로 공정가치를 측정할 때 주관이 개입될 가능성은 없어요. 증권거래소에서 거래되지 않는 비상장주식은 공정가치를 측정할 때 가치평가기법을 이용해야 하므로 측정할 때 주관이 개입됩니다.

국제회계기준에서는 공정가치를 측정할 때 세 가지 수준(level)으로 구분하는 공정가치 서열체계를 두고 있어요. [그림 6-7]에서 보듯이 '수준 1'은 측정할 때 주관의 개입이 전혀 없고, '수준 3'이 측정할 때 주관의 개입이 가장 많아요. 서열체계에서 수준 1이 신뢰수준이 가장 높고 수준 3의 신뢰수준이 가장 낮아요.

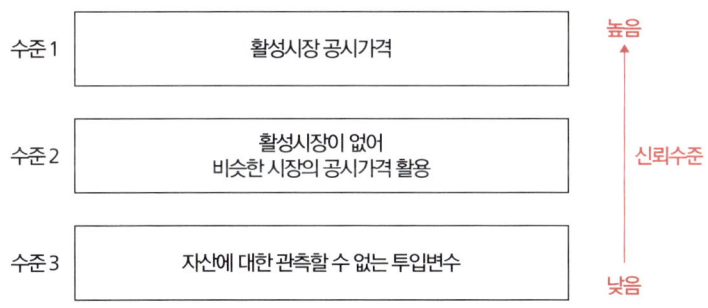

[그림 6-7] 공정가치 서열체계

수준 1 투입변수는 같은 주식이나 부채에 대한 접근할 수 있는 활성시장(증권거래소)의 공시가격입니다. 삼성전자 주식을 보유하고 있다면 증권거래소(활성시장)의 거래가격(공시가격)을 공정가치로 봅니다. 수준 1 투입변수는 시장가격으로 측정하므로 주관의 개입이 전혀 없어 신뢰성이 가장 높습니다.

상장주식·채권을 제외한 자산이나 부채는 활성시장이 없으므로 공정가치를 측정할 때 가치평가기법을 이용합니다. 수준 2의 투입변수는 비슷한 자산이나 부채의 공시가격을 활용해 해당 자산의 공정가치를 측정합니다. 예를 들어 보유 중인 건물(면적 100㎡)을 공정가치로 평가한다고 합시다. 보유 중인 건물과 비슷한 건물은 ㎡당 1,000원이고, 보유 중인 건물은 비슷한 건물과 비교하면 20%를 더 받을 수 있어요. 수준 2 투입변수(비슷한 건물의 ㎡당 가격, 가치평가배수)를 고려해 평가하면 건물의 공정가치는 120,000원(100㎡ × ₩1,000 × 1.2)입니다.

수준 3 투입변수는 자산이나 부채에 대한 활성시장도 없고 비슷한 자산이나 부채의 공정가치도 구할 수 없을 때 사용합니다. 기업의 자체 자료를 이용해 공정가치를 측정해야 하므로 상당한 수준의 주관이 개입될 수밖에 없습니다.

공정가치 측정과 관련한 주석을 살펴볼 때 수준 2와 3에 해당하는 자산의 비중이 높다면 측정의 신뢰수준이 떨어지므로 유의해야 합니다.

 **핵심 쏙쏙**

- 계약상 의무가 있고 거래가 끝나는 시점에 현금유입(유출)이 발생하면 금융상품으로 분류하고, 그렇지 않으면 비금융상품으로 분류한다.
- 금융상품발행자는 금융상품 발행으로 돈을 갚아야 할 의무가 있으면 금융부채로 분류하고, 갚을 의무가 없으면 지분상품으로 인식한다.
- 금융자산을 분류할 때 현금흐름 특성과 관리하는 사업모형을 판단할 때 여러 주식이나 채권을 묶어 포트폴리오 수준에서 판단한다. 현금흐름 특성과 사업모형에 따라 상각후원가측정 금융자산, 당기손익-공정가치측정 금융자산과 기타포괄손익-공정가치측정 금융자산으로 분류한다.
- 상각후원가측정 금융자산은 상각후원가로 평가하며, 평가손익을 인식하지 않고 이자수익만 당기손익에 반영한다.
- 당기손익-공정가치측정 금융자산과 기타포괄손익-공정가치측정 금융자산은 모두 공정가치로 측정하나, 전자의 평가손익은 당기손익에 반영하고 후자의 평가손익은 기타포괄손익으로 분류한다.
- 상각후원가측정 금융자산과 기타포괄손익-공정가치측정 금융자산에서 신용손실이 발생하면 손상차손을 인식한다. 당기손익-공정가치측정 금융자산에서 발생하는 평가손익은 당기손익에 반영하므로 손상차손을 인식하지 않는다.
- 공정가치 서열체계에서 수준 1은 활성시장의 공시가격을 이용하므로 신뢰수준이 가장 높고, 활성시장이 없으면 수준 2에서는 비슷한 시장의 공시가격을 공정가치로 활용할 수 있다. 수준 3은 기업의 자체 자료를 이용해 공정가치를 측정하므로 신뢰수준이 가장 낮다.

관계기업투자주식과 연결재무제표

　투자기업이 피투자기업에 대해 유의적인 영향력을 보유하면 관계기업이라고 부르고, 피투자기업의 주식 총수의 과반수 주식을 실질적으로 소유하면 종속기업이라고 표현해요.
　투자기업이 직·간접적으로 피투자기업의 의결권을 20% 이상 소유하면 유의적인 영향력이 있다고 판단해 '관계기업투자주식'으로 분류하고 지분법으로 평가합니다.
　기업이 다른 회사의 경제활동에서 효익을 얻기 위해 재무 및 영업정책을 결정할 수 있다면 '해당 기업을 지배하고 있다'라고 표현합니다. 피투자기업에 대한 투자기업의 지분율이 50%를 초과하면 피투자기업을 '종속기업'으로 분류합니다. 지배기업과 종속기업은 법률적으로 독립돼 있지만, 경제적으로 밀접하게 관련이 있어요. 이런 상황에서는 지배기업과 종속기업을 하나의 기업으로 간주해 연결재무제표를 작성합니다.

개별재무제표는 자신과 종속기업을 하나로 보지 않고 회사별로 작성한 것을 말합니다. 여기에서 종속기업이 있는 지배기업이 작성하는 개별재무제표를 별도재무제표라고 표현합니다.

지분법에서는 피투자기업의 경영실적을 보유지분에 반영

지분법은 피투자기업의 경영실석을 두사기업의 보유지분에 반영하는 방법입니다. 지분법에서는 관계기업의 순자산이 변동하면 투자기업의 지분율에 해당하는 금액을 관계기업투자주식에 반영합니다.

다음 페이지 [그림 6-8]에서 보듯이 관계기업의 순자산(자본)이 증가하면 지분율을 곱해 계산한 금액(지분법평가이익)을 관계기업투자주식에 가산합니다. 관계기업의 순자산이 감소하면 감소액에 지분율을 곱한 금액(지분법평가손실)을 관계기업투자주식에 차감합니다.

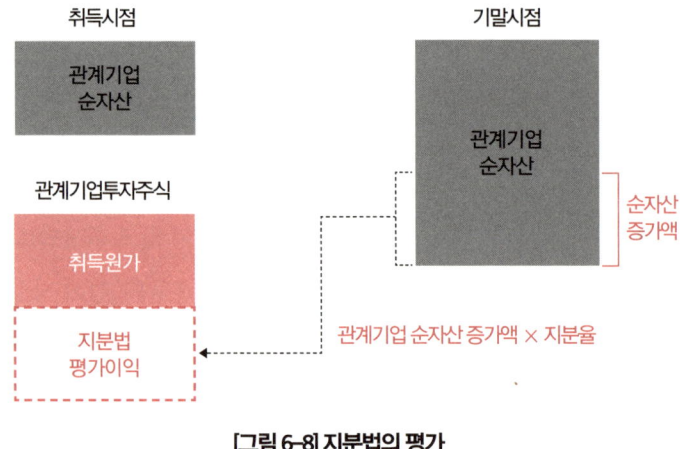

[그림 6-8] 지분법의 평가

다음의 사례로 지분법 평가를 알아봅시다.

투자기업은 2021년 초 피투자기업의 지분 20%를 200원에 매입했는데, 취득 시점의 피투자기업의 순자산은 1,000원이다. 2021년 피투자기업은 당기순이익 100원을 보고했고, 주주에게 배당금 20원을 지급했다.

[표 6-4]에서 보듯이 투자기업은 피투자기업의 순자산 증가금액 중 지분율에 해당하는 20원(100원 × 20%)을 관계기업투자주식의 장부금액에 가산하고, 동 금액을 지분법이익(기타수익)으로 인식합니다. 피투자기업으로부터 배당금 4원(20원 × 20%)을 받으면 배당금수익을 인식하지 않고 관계기업투자주식의 장부금액을 감소시켜요. 피투자기업

이 배당하면 이익잉여금(순자산)이 감소하기 때문입니다.

피투자회사		투자회사	
기초순자산 (자산 – 부채)	1,000	기초잔액	200
당기순이익	100	지분법이익	20
배당금 지급	(20)	배당금 수령	(4)
기말순자산 (자산 – 부채)	1,080	기말잔액	216

피투자회사 순자산 × 지분율

[표 6-4] 지분법의 평가 사례

관계회사투자주식을 지분법으로 평가한 금액은 주식시장에서 거래되는 공정가치와는 차이가 납니다. 그런데도 왜 관계기업투자주식을 지분법으로 평가할까요?

투자기업은 피투자기업에 대해 유의적인 영향력을 행사해 경영정책에 개입할 수 있어요. 피투자기업의 배당정책에 관여해 자신의 배당금을 늘리거나 내부거래(투자회사가 피투자회사에 판매)를 이용해 투자기업의 순이익을 늘릴 수도 있어요. 지분법을 적용하면 투자기업이 배당금과 내부거래로 순이익을 조정하는 행위를 제거할 수 있어요.

다음 페이지 [표 6-5]에서 보듯이 포스코의 2018년과 2019년 경영성과를 살펴보면, 매출액, 매출총이익 및 영업이익은 모두 감소했어요. 영업외수익에서 지분법이익 1,421억 원이 발생해 당기순이익은 1,031억 원이 증가했어요. 포스코는 주업인 영업활동의 경영성과는 전기에 비해 부진했지만, 부업인 투자활동에서 좋은 성과를 올려 당기순이익이 크게 늘었습니다.

(단위: 억 원)

구분	2019년	2018년	증가(감소)
매출액	303,735	306,594	(2,859)
매출총이익	36,726	49,311	(12,585)
영업이익	25,863	38,093	(12,230)
지분법이익(손실)	232	(1,189)	1,421
당기순이익	11,757	10,725	1,031

[표 6-5] 포스코의 지분법 평가손익

지배회사와 종속회사를 하나로 보아 연결재무제표를 작성

강씨 집안의 삼형제인 강일남, 강이남, 강삼남은 한집에 살고 있어요. 이들 형제의 재산은 강일남은 5억 원, 강이남은 3억 원, 강삼남은 2억 원이에요. 그런데 강삼남은 강일남에게 1억 원을 빌렸고, 강일남의 재산 5억 원 중 1억 원은 강삼남으로부터 받을 채권이 포함되어 있어요. 강씨 집안의 총재산은 얼마일까요? 삼 형제의 재산을 합하면 10억 원(강일남 5억 원+강이남 3억 원+강삼남 2억 원)입니다.

강일남은 현금 5억 원을 갖고 있었는데, 강삼남에게 현금 1억 원을 빌려줘 채권으로 변했어요. 강삼남은 원래 현금 1억 원을 갖고 있었는데, 강일남으로부터 현금 1억 원을 빌려 현금 2억 원을 보유합니다. 강씨 집안의 현금보유 재산은 9억 원(강일남 4억 원 + 강이남 3억 원 + 강삼남 2억 원)입니다. 강씨 집안의 실질적인 재산을 평가하려면 강일남과 강삼남 간에 발생한 '집안 거래'는 제외해야 합니다.

강일남, 강이남과 강삼남의 재산을 개별적으로 보여줄 때 개별재무제표라고 해요. 개별재무제표의 재산을 단순 합산하면 10억 원입니다. 개별재무제표만 살펴보아서는 강일남과 강삼남 간의 '집안 거래'는 파악할 수 없어요. 연결재무제표를 작성해 삼형제의 재산을 모두 합친 후 집안 거래를 제거하면 강씨 집안의 실질적인 재산을 보여줄 수 있어요.

다음 사례로 연결재무제표의 작성을 알아봅시다.

대빵회사는 소빵회사의 지분을 50%를 초과해 보유하고 있어 연결재무제표를 작성해야 한다. 대빵회사와 종속회사의 개별재무제표에 보고된 매출액은 각각 500원과 100원이다. 대빵회사는 순이익을 늘리고자 소빵회사에 상품을 150원에 판매했는데, 소빵회사는 대빵회사로부터 매입한 상품을 기말 현재 보유 중이다.

대빵회사는 소빵회사에 대한 지분율이 50%를 초과하고 있어, 대빵회사는 지배기업이고 소빵회사는 종속기업입니다. 지배·종속관계에 있는 기업의 재무제표들을 연결하고 합쳐서 연결재무제표 하나로 만들어요. 지배기업과 종속기업의 재무제표에 보고된 매출액은 각각

500원과 100원입니다. 내부거래가 없다면 연결손익계산서의 매출액은 600원입니다.

왜 연결재무제표를 작성할까요? 사례에서 지배기업은 종속기업에 상품을 150원에 판매했고, 기말 현재 종속기업은 상품을 보유하고 있어요. 지배기업과 종속기업 간에 발생한 거래를 '내부거래'라고 합니다. 종속기업이 지배기업으로부터 매입한 상품을 보유하고 있으면 '미실현 내부거래'라고 부르는데, 대빵회사의 별도재무제표에서는 내부거래를 파악할 수 없어요. 연결재무제표를 작성하면 미실현 내부거래가 제거되어 기업집단 전체의 경영성과와 재무상태를 적절하게 표시할 수 있어요. 연결손익계산서를 작성하면 매출액은 아래와 같이 계산하고 [그림 6-9]와 같이 공시합니다.

연결손익계산서 매출액 = 500원(지배회사) + 100원(종속회사) − 150원(내부거래)
= 450원

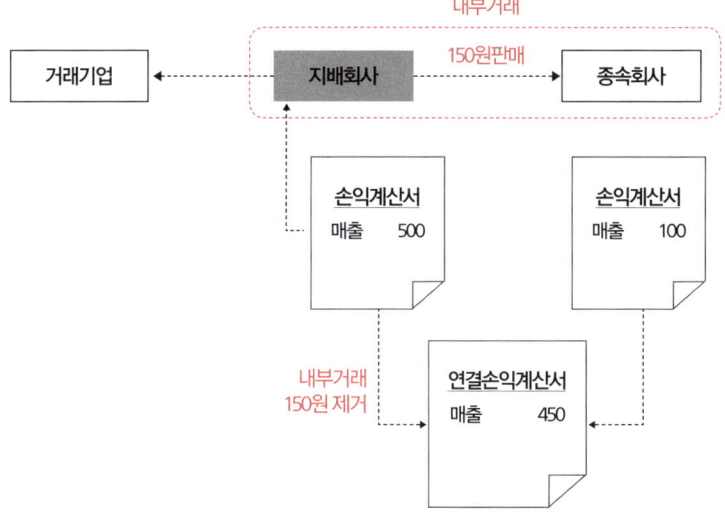

[그림 6-9] 연결재무제표 작성으로 내부거래를 제거

　연결재무제표는 연결재무상태표, 연결포괄손익계산서, 연결자본변동표와 연결현금흐름표로 이루어지며 주석을 포함합니다. 연결재무제표는 지배기업과 종속기업의 재무정보(자산, 부채, 자본, 수익, 비용)를 하나로 합친 후 내부거래를 제거한 재무제표입니다.

　지배기업의 재무정보는 별도재무제표에서 확인할 수 있어요. 연결 실체 내 내부거래가 많으면 별도재무제표의 실적은 확대되지만, 연결재무제표에서는 내부거래 효과가 제거됩니다. 기업의 연결 실체 내 부거래와 외부 고객과의 거래에 따른 효과를 구분하기 위해 연결재무제표와 별도재무제표를 비교해야 합니다.

예를 들어 김대강 씨는 후라이기업의 별도재무제표에 매출액과 영업이익이 각각 1,000억 원과 100억 원인 것을 확인해 경영성과가 좋다고 판단해 투자했어요. 후라이기업의 매출액에는 종속기업인 불시착회사와의 내부거래가 포함되어 있어요.

불시착회사와의 내부거래 효과를 제거한 후라이기업의 연결재무제표에는 영업손실 10억 원이 보고되었어요. 후라이기업은 종속회사와의 내부거래로 영업이익 110억 원을 만들어 영업손실 10억 원이 영업이익 100억 원으로 둔갑한 거죠. 후라이기업은 거액의 연결당기순손실을 보고한 후 주가는 반 토막이 되었어요.

후회해도 소용없는 일이지만, 김 씨가 연결재무제표를 살펴보았다면 내부거래 효과를 파악해 후라이기업의 경영성과를 정확하게 판단할 수 있었을 겁니다.

 **핵심 쏙쏙**

- 관계기업투자주식은 지분법으로 평가한다. 지분법은 관계기업의 순자산 증가액(또는 감소액)에 지분율을 곱한 금액을 지분법평가이익(또는 손실)으로 인식하고, 관계기업투자주식 장부금액에 가산(또는 차감)한다. 지분법을 적용하면 투자기업이 배당금 조정과 내부거래를 이용해 자신의 순이익을 조작하는 행위를 제거할 수 있다.
- 지배회사와 종속회사의 재무제표를 합해 하나로 만든 것을 연결재무제표라고 하는데, 미실현 내부거래를 제거해 기업집단 전체의 경영성과와 재무상태를 적절하게 표시할 수 있다.

돈을 받을 권리를 잘게 잘라 회사채를 발행

회사채는 주식회사가 일반 대중으로부터 자금을 조달하기 위해 발행하는 채권으로, 줄여서 사채라고 불러요. 사채발행회사는 약속한 날짜에 이자를 지급하고, 만기에 원금을 갚아야 하므로 기본적인 구조는 차입금과 비슷합니다.

채권 투자자는 만기 이전에 다른 이에게 채권을 팔아 현금화할 수 있다는 점에서 차입금과 차이가 있어요. 회사채를 발행하면 대규모 자금을 더 수월하게 한 번에 확보할 수 있고, 은행으로부터 차입할 때보다는 금리가 낮아요.

사채에 기재된 액면금액을 갚지 못하면 채권에 기재된 담보를 매각해 원금을 상환하는 담보사채, 사채에 보통주로 전환할 수 있는 권리를 부착한 전환사채, 사채에 신주를 일정한 금액에 살 수 있는 권리를 부착한 신주인수권부사채가 있어요. 일반사채에 조건을 부여하면 상품성이 높아져 좀 더 낮은 이자율로 사채를 발행할 수 있어요.

메자닌(mezzanine)은 이탈리아어로 건물 1층과 2층 사이에 있는 공간을 의미해요. 메자닌채권은 안전한 자산인 채권과 위험성 자산인 주식의 중간 사이의 수익성과 위험성을 갖는 금융상품을 의미합니다. 메자닌채권에는 특정 조건에 따라 채권이 주식으로 전환되거나 주식을 매입할 수 있는 권리가 포함되어 있습니다.

국내에서 발행되는 대표적인 메자닌채권은 전환사채, 교환사채, 신주인수권부사채, 이익참가부사채 등이 있어요. 2016년 이후 메자닌 채권 발행이 5조 원 이상으로 크게 증가했습니다. 메자닌채권 중 가장 대표적인 자본조달 수단으로 활용되고 있는 전환사채와 신주인수권부사채를 살펴봅시다.

채권을 주식으로 바꿀 수 있는 권리가 부착된 전환사채

영화 '트랜스포머(Transformers)'에서 정의를 수호하는 오토봇 군단의 범블비는 자동차에서 로봇으로 변신해요. 투자자가 전환사채(convertible bond: CB)에 부착된 전환권을 행사하면 범블비처럼 사채는 보통주로 변신합니다.

　전환사채에는 사채를 보통주로 전환할 수 있는 전환권이 부착되어 있어요. 사채권자는 전환권을 행사해 사채발행회사에 사채를 제출하면, 사채발행회사는 사채를 받고 주식을 나눠줍니다.

　다음 사례로 전환사채의 발행을 알아봅시다.

안티고네(주)는 전환권이 없는 일반사채로 발행하면 9,000원을 받는데, 전환권을 부착한 전환사채를 10,000원에 발행하였다. 주식 1주와 교환되는 사채 액면금액인 전환가격은 10,000원이다.

　전환사채는 전환권이 부여되므로 일반사채보다 돈을 더 받고 발행할 수 있어요. 전환사채의 발행금액(10,000원)은 일반사채의 발행금액(9,000원)에 전환권대가(1,000원)를 가산해 결정됩니다.

> 전환사채 발행금액 = 전환권이 없는 일반사채의 발행금액 + 전환권대가

　전환사채를 발행하면 발행회사는 [그림 6-10]에서 보듯이 발행시점에 금융부채요소(일반사채)와 지분상품요소(전환권대가)를 분리해 재무상태표에 표시합니다. 투자자가 전환권을 행사하면 부채로 인식했던 사채를 제거하고 자본을 늘려줍니다.

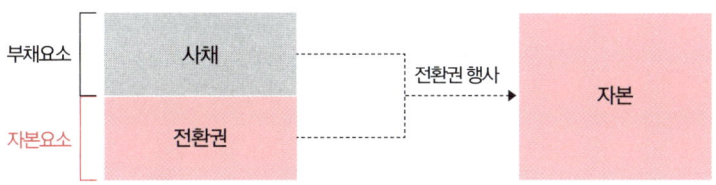

[그림 6-10] 전환사채의 구성요소와 전환권 행사

국제회계기준에서는 전환권대가를 자본항목으로 인식한다고 규정하고 있을 뿐 세부적인 분류는 제시하지 않습니다. 실무에서는 전환권대가를 자본 중 자본잉여금으로 분류합니다. 전환사채의 발행시점의 재무상태표를 작성하면 다음과 같습니다.

재무상태표

[자산]		[부채]	
현금	10,000	전환사채	9,000
		[자본]	
		전환권대가	1,000

옵션(option)은 미리 정해진 조건에 따라 일정한 기간 내에 자산을 사거나 팔 수 있는 권리입니다. 옵션은 말 그대로 선택이니, 유리하면 행사하고 불리하면 행사하지 않아요. 전환사채에 부착된 전환권도 옵션이므로 사채권자는 자신에게 유리한 상황에서 전환권을 행사해요.

사채권자(투자자)가 전환권을 행사하면 사채발행회사는 전환사채를 주식으로 교환해줍니다. 일종의 물물교환이므로 전환사채의 발행시점에 교환비율을 정해 놓아야겠죠?

　전환비율은 일정액의 사채에 대해 발행할 주식의 수이고, 전환가격은 전환사채와 주식을 교환할 때의 가격이에요. 전환가격과 전환비율은 표시형식만 다를 뿐, 실질적으로는 같은 내용입니다.

　사례에서 전환권을 행사하면 사채 액면금액 10,000원당 1주를 받으므로, 사채권자는 주가가 10,000원보다 높은 상황에서만 전환권을 행사합니다. 주가가 14,000원일 때, 사채권자는 전환권을 행사하면 4,000원을 벌 수 있어요. 안티고네(주)는 전환권 행사시점에 재무상태표의 일반사채 9,000원을 감소시키고, 자본에 9,000원을 늘려요. 주가가 10,000원 미만이면, 사채권자는 전환권을 행사하지 않고 만기에 사채의 액면금액을 받습니다.

　사채발행회사는 왜 전환사채를 발행하고, 투자자는 왜 살까요? 사채발행회사는 전환권을 부여하면 일반사채보다 낮은 금리로 전환사채를 발행할 수 있어요. 또한 투자자가 전환권을 행사하면 전환사채(부채)는 주식(자본)으로 전환되어 재무구조는 개선됩니다.

　투자자는 전환권을 행사하기 전까지 이자를 받고, 주가가 전환가격보다 높으면 전환권을 행사해 투자이익을 얻을 수 있어요. 주가가 전환가격보다 낮으면 전환권을 행사하지 않고 만기에 사채의 액면금액을 상환받아요.

　투자자가 전환권을 행사하면, 사채발행회사는 현금의 유출 없이 사채를 받고 주식을 나눠주면 됩니다. 주가가 하락해 투자자가 전환권을 행사하지 않으면, 사채발행회사는 사채 상환을 위해 자금을 마련해야 해요. 사채발행회사는 투자자가 전환권을 행사할 수 있도록 전환가격을 조정해 줄 수 있어요. 이를 '리픽싱(refixing)'이라고 하는데, '좀 더 깊이 들어가기'에서 살펴봅시다.

> **좀 더 깊이 들어가기**
>
> **리픽싱**
>
> 금융감독원의 전자공시시스템에 접속하면 주요 사항보고서에서 '전환사채 발행 결정'을 확인할 수 있습니다. 전환사채 발행 공시를 살펴볼 때 전환이 언제부터 가능한지(전환청구가능기간), 주식으로 전환 가능한 물량(전환 가능 주식수)과 전환가액을 살펴봐야 해요.
>
> 전환사채를 발행하는 시점에 사채 10,000원당 1주로 바꿔주기로 했어요. 그런데 사채 10,000원당 1.2주로 바꿔주기로 조정하면 투자자에게 유리하므로 전환권을 행사할 가능성이 커지겠죠? 리픽싱은 사채권자인 투자자에게 일방적으로 유리한 조항이므로, 전환가격이 조정되면 시장에서는 악재로 인식해 주가는 평균적으로 하락해요.
>
> 리픽싱 후 주가가 상승해 전환권이 행사되어 차익을 노린 대량 매물이 시장에 쏟아져 나오면 주가는 내려가요. 주식시장에서 언제든지 매물로 쏟아지는 잠재적인 과잉 물량을 '오버행(overhang)'이라고 해요.

주식을 보유한 기존 주주에게 전환권 행사는 호재일까요? 2020년 9월 16일 필로시스헬스케어 주가는 4거래일 연속 하락해 전환권 행사 전일과 비교해 25.4% 하락했어요. 전환사채의 대규모 주식전환에 따른 물량 부담이 악재로 작용했기 때문이죠.

기업가치는 변하지 않았는데 주식 수가 늘어나면 기존 주주가 보유한 지분(주식)가치는 떨어져요. 피자 한 판의 크기는 일정한데, 사람이 많아지면 먹을 수 있는 양이 적어지는 상황과 비슷해요.

주식을 살 수 있는 권리를 장착한 신주인수권부사채

신주인수권부사채(bond with warrants: BW)는 특정한 가격으로 신주 발행을 회사에 요구할 수 있는 권리(신주인수권)가 사채에 붙어 있어요. 투자자는 신주인수권을 행사하면 사채의 발행시점에 '미리 정해 놓은 가격(행사가격)'으로 주식을 살 수 있어요.

[그림 6-11]에서 보듯이 신주인수권도 옵션이므로 투자자는 자신에게 유리한 상황에서만 신주인수권을 행사합니다.

예를 들어 투자자는 신주인수권을 행사(행사가격 1,000원)하면 주가가 얼마인지 관계없이 사채발행회사에 1,000원을 지급하면 주식 1주를 받아요. 주가가 신주인수권의 행사가격(1,000원)보다 낮으면 투자자는 신주인수권을 행사하지 않겠죠?

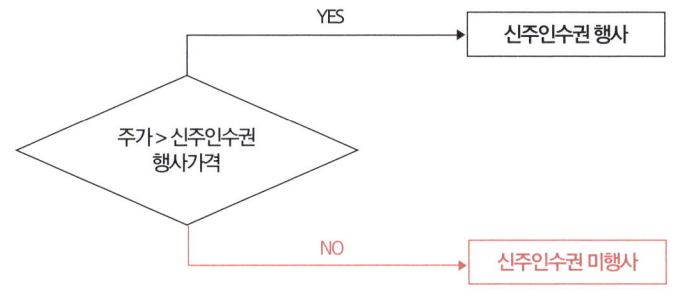

[그림 6-11] 신주인수권의 행사 여부

　신주인수권부사채와 전환사채는 많은 점에서 비슷하지만, '주식전환 옵션(전환권)' 또는 '신주를 살 수 있는 옵션(신주인수권)'인지에 따라 중요한 차이가 있어요. 전환사채 투자자가 전환권을 행사하면 채권은 주식으로 바뀌고, 투자자가 신주인수권을 행사하면 정해진 가격(행사가격)으로 현금을 지급하고 주식을 받아요.

　전환권 행사로 부채가 자본으로 전환될 때 사채발행회사로 유입되는 현금은 없어요. 다음 페이지 [그림 6-12]에서 보듯이 투자자가 신주인수권을 행사하면 사채발행회사는 행사가격만큼 현금을 수령하고 주식을 내줘요. 투자자가 신주인수권을 행사해도 사채는 소멸하지 않으니 사채발행회사는 만기에 사채의 액면금액을 상환해야 합니다.

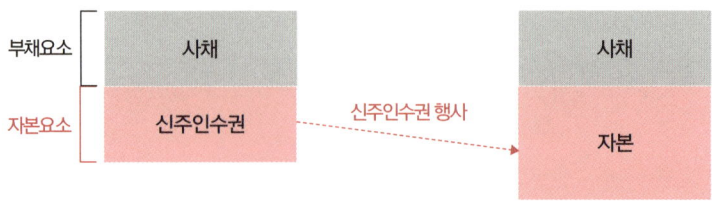

[그림 6-12] 신주인수권 행사

 핵심 쏙쏙

- 사채는 돈을 받을 권리를 잘게 잘라 일반 대중으로부터 거액을 모집한다. 사채는 증권이므로 만기 이전에 다른 투자자에게 매각해 현금화할 수 있어 유동성이 있어 차입금과 차이가 있다.
- 메자닌채권에는 특정 조건에 따라 채권이 주식으로 전환되거나 주식을 매입할 수 있는 권리가 포함되어 있어 복합금융상품에 해당한다.
- 전환사채는 사채에 보통주로 전환할 수 있는 권리를 부착한 것으로, 투자자가 전환권을 행사하면 사채발행회사는 사채와 주식을 맞바꿔준다. 전환권 행사로 사채발행회사의 부채(사채)는 자본으로 전환되어 재무구조가 개선되는 효과가 있다.
- 신주인수권부사채는 행사가격(미리 정해 놓은 가격)으로 신주 발행을 회사에 요구할 수 있는 권리(신주인수권)가 사채에 붙어 있다. 투자자가 신주인수권을 행사하고 행사가격에 해당하는 금액을 사채발행회사에 내면 주식을 받는다.

미래에 보통주로 바뀔 주식을 고려한 희석주당이익

　주당이익은 기본주당이익과 희석주당이익으로 구분해서 공시하는데, 기본주당이익은 주식시장에서 유통되는 보통주만 고려해 계산합니다.

　5장에서 살펴본 주당이익이 기본주당이익입니다. 예를 들어 사랑(주)의 보통주당기순이익은 10,000원이고 유통보통주식수가 500주이면 기본주당이익은 20원입니다. 사랑(주)가 보통주당기순이익을 보통주 주주에게 모두 배당하면, 주주는 1주당 20원을 받는다는 의미입니다.

　당기말 이후 보통주가 갑자기 증가하면 주당이익은 낮아질 수 있어요. 희석주당이익은 유통되고 있는 보통주뿐만 아니라 '미래에 보통주로 바뀔 수 있는 증권(전환증권)'을 고려해 계산한 '가상의 주당이익'입니다. 농도가 묽어지는 현상을 희석이라고 표현하죠? 기본주당이익보다 더 낮아진다고 해서 희석주당이익이라고 합니다.

희석주당이익이 알려주는 위험 메시지

전환증권의 개념을 먼저 살펴봅시다. 전환증권에는 보통주로 전환할 수 있는 전환권이 부착되어 있어요. 증권소지인은 자신에게 유리할 때만 보통주로의 전환을 선택하므로 전환권은 옵션(option)이에요. [그림 6-13]에서 보듯이 전환증권으로는 전환우선주, 전환사채, 신주인수권부사채가 있어요.

전환우선주는 우선주에 보통주로 전환할 수 있는 전환권이 부착되어 있어, 전환권을 행사하면 우선주는 보통주로 변신합니다. 전환사채에는 전환권이 부착되어 있어, 전환권을 행사하면 사채는 보통주로 바뀝니다. 신주인수권부사채에는 신주를 살 수 있는 권리인 신주인수권이 붙어 있어요. 투자자가 신주인수권을 행사하고 행사가격에 해당하는 현금을 사채발행회사에 내면 주식을 받습니다.

[그림 6-13] 보통주로 바뀔 수 있는 전환증권의 종류

　전환권이나 신주인수권이 행사되어 보통주가 증가하면 기본주당이익이 낮아지는 희석효과가 발생할 수 있어요. 희석주당이익의 계산과정을 살펴보기 전에 두 가지 주문을 외워봅시다.

주문 1. 전환증권이 있으면 기본주당이익보다 희석주당이익이 더 낮을 수 있다.
주문 2. 전환증권이 없으면 기본주당이익과 희석주당이익은 같다.

　왜 희석주당이익을 공시할까요? 희석주당이익은 '전환증권이 보통주로 전환되면 기본주당이익이 하락해 기존 주주의 부는 감소할 수 있다'라는 위험을 알려줘요.

예를 들어 기본주당이익은 30원이고, 전환우선주를 고려해 계산한 희석주당이익은 25원이라고 합시다. 이러한 희석주당이익 정보는 '전환우선주가 보통주로 전환되면 1주당 보통주 주주가 받을 수 있는 배당금은 30원에서 25원으로 하락할 수 있습니다'라는 메시지를 담고 있어요.

희석주당이익은 지금보다 배당을 적게 받을 수 있고 주가가 하락할 수 있다는 위험을 알려줍니다. 전환증권이 주식으로 전환돼 시장에 매물로 쏟아져 나오면 기존에 발행된 주식 가치는 하락합니다.

2019년 1월 에이프로젠 KIC는 전환증권이 대거 보통주로 전환되면서 주가는 7,800원에서 폭락해 3,350원까지 떨어졌어요. 에이프로젠 KIC는 전환증권을 2,172원에 발행했는데, 투자자는 시세보다 훨씬 낮은 2,172원에 주식을 과거에 샀다고 할 수 있어요. 투자자는 전환증권을 보통주로 전환한 후 팔면 차익이 발생하므로 전환했어요. 이렇게 시장에 보통주 물량이 대거 쏟아져 주가가 급락했어요.

다음의 앨리스(주) 사례로 희석주당이익의 계산과정을 살펴봅시다.

앨리스(주)는 보통주당기순이익 15,000원을 보고했고, 기말 현재 보통주와 전환우선주는 각각 400주와 200주이다. 당기 말 전환우선주에 대해 주당 배당금으로 15원을 지급했다. 투자자는 전환권을 행사하면 보통주 1주를 받을 수 있다.

기본주당이익의 계산과정을 살펴봅시다. 앨리스(주)는 우선주 주주에게 배당금 3,000원(200주×15원)을 먼저 지급하므로, 나머지는 보통주 몫이에요. 보통주당기순이익은 당기순이익에서 우선주배당금을 차감해 계산하는데, 12,000원입니다. 기본주당이익은 보통주 당기순이익을 보통유통주식수로 나눠 계산하는데, 30원(12,000원÷400주)입니다.

희석주당이익은 전환우선주 200주가 기초시점부터 보통주였다고 가정해서 계산한 가상적인 주당이익입니다.

기초시점에 전환권을 행사했다면 앨리스(주)는 우선주 주주로부터 전환우선주 200주를 받고 보통주 200주를 나눠줬을 겁니다. 우선주가 보통주로 전환되었다면 우선주 배당금을 지급하지 않았을 겁니다. [그림 6-14]에서 보듯이 보통주당기순이익에서 차감했던 3,000원을 희석주당이익을 계산힐 때 보통주당기순이익에 가산합니다.

희석주당이익은 25원(15,000원÷600주)으로 계산되죠? 희석주당이익이 기본주당이익 30원보다 낮아지면 '희석효과가 발생한다'라고 표현합니다.

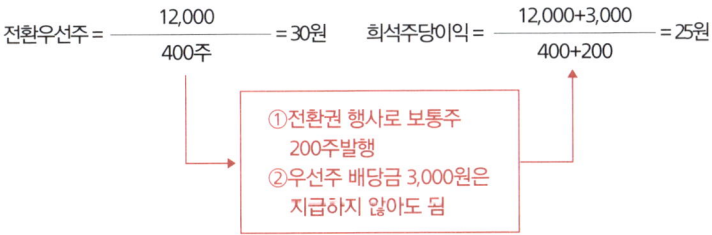

[그림 6-14] 기본주당이익과 희석주당이익의 계산

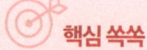 **핵심 쏙쏙**

- 기본주당이익은 보통주당기순이익을 유통보통주식수로 나눠 계산한다.
- 희석주당이익은 미래에 보통주로 바뀔 수 있는 전환증권(전환우선주, 전환사채, 신주인수권부사채)을 고려해 계산한 가상의 주당이익이다. 전환증권이 있으면 기본주당이익보다 희석주당이익은 낮아질 수 있다.

종업원 퇴직에 대비해 쌓는 퇴직급여부채

　직장인이라면 누구나 한 번쯤은 퇴사를 생각합니다. 그때 가장 먼저 퇴직금을 생각하는데, 퇴직할 때 회사에 현금이 없거나 망하면 종업원은 퇴직금을 받을 수 없어요. 이러한 문제점을 보완하기 위해 2005년부터 퇴직연금제도를 도입했어요.

　퇴직연금제도를 시행으로 기업은 은행이나 보험사, 증권사에 종업원에게 지급할 퇴직금을 맡기도록 해 근로자의 퇴직금을 보호할 수 있게 되었어요. 퇴직금 재원을 외부에 적립하므로, 기업이 부도가 나도 종업원이 퇴직금을 받지 못할 위험은 없어요. 사산을 기업 외부에 적립하기 때문에 '사외적립자산'이라고 표현하고, 오로지 퇴직급여 지급을 위해서만 사용할 수 있어요.

누가 위험을 부담할까?

퇴직급여는 종업원이 퇴직 후에 지급하는 종업원 급여이고, 퇴직급여제도는 기업이 종업원에게 퇴직급여를 지급하는 근거가 되는 약정입니다.

퇴직급여는 [그림 6-15]와 같이 운영되는데, 거래의 순서대로 살펴봅시다.

1. 기업은 종업원으로부터 근무용역을 제공받고 종업원에게 급여를 지급한다.
2. 기업은 퇴직 후 종업원에게 지급해야 할 금액을 금융기관에 매년 기여금으로 적립한다.
3. 금융기관은 기업으로부터 받은 자금을 주식, 채권 및 부동산 등에 투자·운용한다. 금융기관은 기업으로부터 종업원의 퇴직을 통보받으면 적립된 기여금에서 종업원에게 퇴직금을 지급한다.

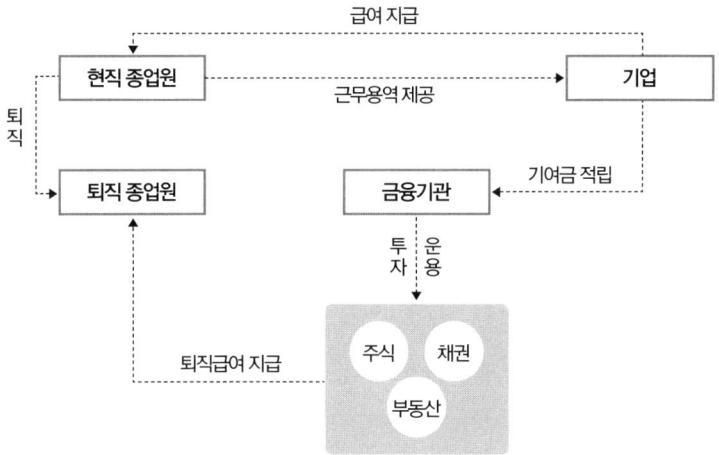

[그림 6-15] 퇴직급여의 운영

    퇴직급여제도는 누가 위험을 부담하는지에 따라 확정기여형(defined contribution: DC)과 확정급여형(defined benefit: DB)으로 구분합니다. 확정기여형은 기업이 기금을 내는 약정 금액이 정해진 방식이고, 확정급여형에서는 퇴직한 종업원이 받는 퇴직급여가 일정합니다.

    확정기여형은 기업이 정해진 금액을 내면 책임을 다하는 형태입니다. 확정급여형에서는 종업원이 받을 퇴직급여가 확정되어 있으므로 금융기관에 맡겨 둔 기금이 부족하면, 기업은 추가로 돈을 더 내야 합니다.

    다음의 삼손전자 사례로 확정기여형과 확정급여형을 재무제표에 어떻게 표시하는지 살펴봅시다.

삼손전자는 세별보험에 퇴직연금을 가입하고 1,000원을 기금으로 출연했다. 세별보험은 자신의 몫인 수수료를 제외한 900원을 주식, 채권 및 부동산에 투자하였다.

기업이 출연한 기금을 운용관리하는 기관인 보험회사, 증권회사와 은행을 '퇴직연금 사업자'라고 합니다. 퇴직연금 사업자는 기업이 적립한 퇴직연금에 대해 운용 및 자산관리 수수료를 받아요. 기업이 적립한 금액이 많을수록 수수료는 낮아지는데, 사례에서는 100원이라고 가정했어요.

퇴직연금 사업자는 기업이 출연한 기금 중 수수료를 제외한 나머지 금액을 주식, 채권과 부동산 등 여러 자산에 투자해 운용합니다. 세별보험은 삼손전자가 출연한 기금 900원을 1,200원으로 불릴 수도 있지만, 손실이 발생해 800원이 될 수도 있어요. 다음 페이지 [표 6-6]에서 보듯이 퇴직연금 종류에 따라 출연기금에서 발생한 손실을 누가 부담하는지는 달라져요.

확정기여형에서는 금융기관의 투자 운용에 따른 위험을 종업원이 부담합니다. 금융기관에 맡긴 기업의 기금이 1,200원이면 퇴직종업원은 1,200원을 받고, 투자실적이 저조해 800원이면 퇴직종업원은 800원을 받습니다. 확정기여형에서는 기업이 금융기관에 출연하는 기금은 한정되므로 추가로 낼 의무는 없습니다. 이러한 이유로 기업은 금융기관에 내는 기여금을 비용으로 처리하며 부채는 인식하지 않습니다.

　확정급여형에서는 금융기관의 투자 운용에 따른 위험을 기업이 부담합니다. 종업원이 받을 퇴직급여는 1,000원으로 확정되어 있다고 합시다. 금융기관에 맡긴 기업의 기금이 1,200원으로 늘면, 종업원은 1,000원을 수령하고, 나머지 200원은 기업의 몫입니다. 기금에 손해가 발생해 800원이면 종업원에게 지급할 퇴직급여는 200원이 부족해요. 따라서 기업은 추가로 200원을 기금을 내야 합니다. 이러한 이유로 확정급여형에서는 종업원에게 지급할 퇴직연금(1,000원)에서 기업이 출연한 기금(800원)을 차감해서 계산한 퇴직급여 부족액(200원)을 부채로 인식합니다.

구분	확정기여형	확정급여형
한정	기업의 기금출연액이 한정됨	퇴직종업원이 받을 퇴직급여가 한정됨
위험 부담	종업원	기업
부채인식 여부	기금출연액 한정 ⇒ 부채인식 없음	퇴직급여 부족액 ⇒ 기업이 부담, 부채인식

[표 6-6] 확정기여형과 확정급여형의 비교

확정급여채무, 종업원이 받을 금액이 확정된 퇴직연금

　확정급여채무는 종업원이 퇴직한 후 기업이 지급해야 할 미래 예상 지급액을 현재가치로 측정합니다. 기업이 퇴직급여를 지급하기 위해 금융기관에 맡긴 기여금을 '사외적립자산'이라고 해요. 금융기관은 기업으로부터 받은 기여금을 주식, 채권과 부동산 등에 투자하므로, 기업은 사외적립자산을 공정가치로 측정합니다. 사외적립자산은 기업이 기여금을 내면 증가하고, 종업원에게 퇴직연금을 지급하면 감소합니다.

[그림 6-16]에서 보듯이 확정급여제도에서는 미래에 종업원에게 지급해야 할 확정급여채무와 사외적립자산의 크기를 비교해 순액으로 재무상태표에 보고합니다. 사외적립자산은 자산에 독립된 계정과목으로 표시하지 않고, 확정급여채무에서 사외적립자산을 차감해요. 왜냐하면 사외적립자산은 오로지 퇴직연금 지급만을 위해 사용할 수 있어 자산 성격이 희박하기 때문입니다.

확정급여채무보다 사외적립자산이 작으면 '과소 적립했다'라고 표현하고, 확정급여채무보다 사외적립자산이 많으면 '초과 적립했다'라고 불러요.

모든 종업원이 한 번에 퇴직하는 현상은 발생할 수 없겠죠? 실무에서는 확정급여채무보다 사외적립자산을 적게 적립하고 있어 대부분 과소적립액이 발생해요. 확정급여채무에서 사외적립자산을 차감한 금액이 양수이면 순확정급여부채(비유동부채)로 보고해요. 음수이면 초과 적립한 것이므로 순확정급여자산(비유동자산)으로 보고합니다.

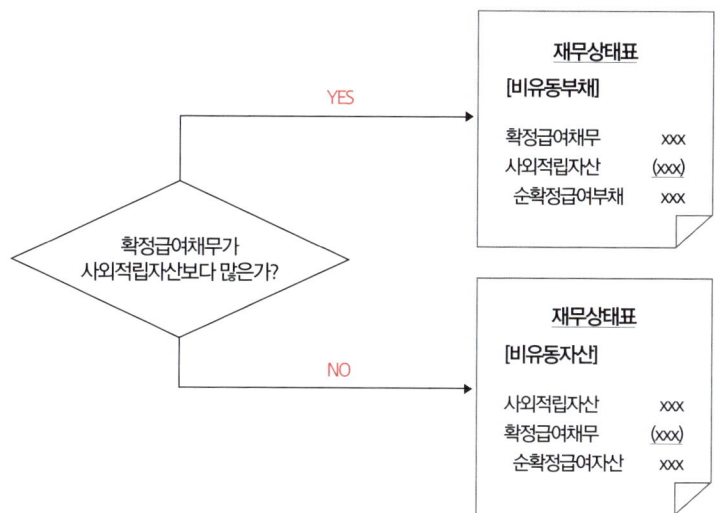

[그림 6-16] 순확정급여부채와 순확정급여자산

확정급여형인데 기업마다 적립비율이 다른 이유는?

LG전자, 삼성전자, SK하이닉스는 모두 확정급여형을 선택했어요. 각 사의 2019년도 순확정급여 현황(별도재무제표 기준)은 [표 6-7]과 같습니다.

구분	LG전자	삼성전자	SK하이닉스
순확정급여부채	4,887억 원		525억 원
순확정급여자산		4,869억 원	

[표 6-7] 삼성전자 등의 순확정급여 현황

모든 임직원이 한 번에 퇴직한다고 가정해봅시다. LG전자는 모든 임직원이 퇴직하면 금융기관에 맡겼던 사외적립자산으로 퇴직연금 전액을 지급하지 못하므로 4,887억 원(순확정급여부채)을 더 지급해야 해요. SK하이닉스는 525억 원(순확정급여부채)을 추가로 지급해야 하고요. 삼성전자는 모든 임직원이 퇴직하면 사외적립자산에서 지급해도 4,869억 원(순확정급여자산)이 남으니, 기업 자신의 몫으로 가져갈 수 있어요. 왜 이런 차이가 발생할까요?

삼성전자는 퇴직금에 대해 적립한 사외적립자산 비율이 100% 이상이에요. 종업원에게 지급해야 할 퇴직급여보다 사외적립자산 적립액이 더 많아요. LG전자는 퇴직금에 대한 사외적립자산의 적립 비율이 78.5%에 불과해요. 모든 임직원이 퇴직하면 LG전자는 1,000원을 지급해야 하는데, 이를 위해 금융기관에 맡긴 돈은 785원에 불과하다는 의미입니다. 따라서 LG전자는 모든 임직원이 퇴직하면 현금 215원을 추가로 지출해야 합니다.

그런데 LG전자는 왜 퇴직금에 대한 사외적립자산의 적립 비율을 100%로 설정하지 않았을까요? 퇴직급여 지급을 위해 금융기관에 현금을 맡기면 신규투자를 위한 자금이 부족할 수 있어요. 부족한 자금을 조달하기 위해서는 외부에서 자금을 차입해야 하므로 신용위험이 커질 수 있어요. LG전자는 퇴직금 지급을 위해 내부자금을 사외적립자산에 적립하기보다는, 투자재원으로 사용하는 게 더 낫다고 판단해 퇴직금 적립을 100%로 설정하지 않았어요. 즉 사외적립자산에 출연해서 얻을 수 있는 수익률보다 사업에 투자할 때 수익률이 더 높다고 판단한 거죠.

 **핵심 쏙쏙**

- 퇴직급여제도는 유형에 따라 확정기여형과 확정급여형으로 구분한다.
- 확정기여형은 기업이 정해진 금액을 금융기관에 내면 책임을 다하는 형태이므로 부채를 인식하지 않는다.
- 확정급여형은 종업원이 받을 금액이 확정되므로 금융기관에 맡겨둔 기금이 부족하면 기업은 추가로 돈을 더 내는 방식이다. 확정급여형에서는 미래에 종업원에게 지급해야 할 금액을 확정급여채무로 인식하고, 금융기관에 출연한 기금은 사외적립자산으로 분류한다. 확정급여채무에서 사외적립자산을 차감한 금액이 양수이면 순확정급여부채(비유동부채)로 보고하고, 음수이면 순확정급여자산(비유동자산)으로 분류한다.

소유권이 없어도 자산으로 인식하는 리스

리스(lease)는 부동산, 기계장치와 자동차 등을 사용료를 받고 타인에게 빌려주는 계약을 말해요. 많은 회사가 자동차, 컴퓨터, 복사기 등 가동률이 높은 범용물건을 리스회사로부터 리스해 사용하고 있어요. 소유권이 없어 내 재산은 아니지만 사용할 권리가 있어 자산과 부채로 인식하는 리스 거래를 살펴봅시다.

리스는 리스회사가 자산을 사용할 권리를 리스이용자에게 이전하고, 리스이용자는 사용료를 리스제공자에게 지급하는 계약입니다. 리스회사가 리스이용자에게 자산사용권을 제공하는 리스 대상이 되는 자산을 '기초자산'이라고 합니다.

[그림 6-17]에서 기초자산은 차량이고, 법적 소유권은 리스회사에 있어요. 리스이용자는 차량을 사용할 수 있는 권리(사용통제권)를 이전받고 이에 대한 대가로 리스료를 리스회사에 지급합니다. 리스회계에서 리스이용자는 거래 실질에 따라 관련된 권리와 의무를 자산과 부채로 인식합니다. 리스이용자는 법적 소유권이 없어도 자산사용권을 갖고 있어 자산을 인식하고, 리스회사에 지급할 리스료를 부채로 기록합니다.

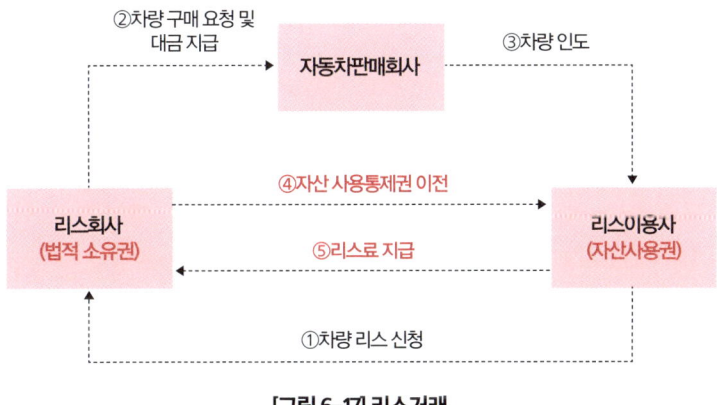

[그림 6-17] 리스거래

왜 리스거래를 할까?

자산을 취득하지 않고 리스를 이용하는 이유는 다음과 같습니다.
첫째, 대금을 나눠서 지급해도 자산을 취득하기 위해서는 많은 자금이 필요해요. 리스는 취득대금을 리스기간에 걸쳐 나눠 지급하므로 자금 부담을 완화할 수 있어요.

둘째, 기술의 급속한 진보로 기계와 설비의 수명이 크게 단축하는 진부화 현상이 발생해요. 리스 거래를 할 때 필요한 기간만 계약할 수 있으니 자산 진부화에 따른 위험을 회피할 수 있어요.

셋째, 자산을 취득하면 내용연수 동안 취득원가를 감가상각비로 인식해요. 자산을 취득할 때 인식하는 감가상각비보다 리스거래에서 발생하는 비용이 더 많아요. 자산을 리스하면 취득할 때보다 비용이 더 많이 발생하므로 이익은 작아지고, 이익이 작아지면 법인세를 적게 냅니다. 자산을 취득할 때보다 리스하면 비용은 더 많이 발생하지만, 법인세를 적게 낼 수 있어 절세효과가 발생합니다.

리스이용자는 리스기간이 12개월을 초과하고 기초자산이 소액이 아닌 모든 리스에 대해 자산과 부채를 인식합니다. 리스이용자는 유형자산과 비슷하게 사용권자산을 측정하고, 다른 금융부채와 비슷하게 리스부채를 측정합니다.

다음 사례로 리스거래에서 리스이용자가 자산과 부채를 어떻게 인식하는지 알아봅시다.

2021년 초 백일(주)는 낭군리스(주)와 차량 리스계약을 체결하였다. 리스기간은 3년이며 리스료는 매년 말 100,000원을 지급한다. 리스기간이 끝나면 백일(주)는 낭군리스(주)에게 차량을 반환해야 한다. 백일(주)가 5년간 지급하는 리스료의 현재가치는 248,685원이다.

  2021년 초 리스이용자인 백일(주)는 차량(기초자산)을 사용할 권리를 나타내는 사용권자산 248,685원을 자산으로 인식하고, 지급할 리스료의 현재가치인 248,685원을 리스부채로 보고합니다.

  백일(주)는 리스계약에 따라 3년간 차량을 사용하므로 사용권자산을 3년간 감가상각비로 인식합니다. 낭군리스(주)에게 리스료를 지급하면 의무가 소멸하므로 리스료를 지급하면 리스부채를 감소시킵니다. 리스도 다른 자산이나 부채와 유사하게 회계처리를 합니다.

핵심 쏙쏙

- 리스는 리스회사가 기초자산을 사용할 권리(사용통제권)를 리스이용자에게 이전하고, 리스이용자는 사용료를 리스제공자에게 지급하는 계약이다.
- 리스이용자는 기초자산을 사용할 권리를 나타내는 사용권자산을 자산으로 인식하고, 지급할 리스료의 현재가치를 리스부채로 보고한다.

한 번 더! key point

- 계약상 의무가 있고 거래가 종결될 때 현금유입(유출)이 발생하면 금융상품으로 분류한다. 금융자산은 금융상품보유자 관점에서 정의하며, 금융부채와 지분상품은 금융상품발행자 관점에서 정의한다.

- 금융자산을 분류할 때 개별 금융상품이 아닌 포트폴리오 수준에서 판단한다. 금융자산은 계약상 현금흐름 특성과 금융자산을 관리하는 사업모형을 근거로 세 가지 범주로 분류한다. 상각후원가측정 금융자산은 상각후원가로 측정하므로 평가손익을 인식하지 않는다.

- 자산을 공정가치로 측정할 때 세 가지 수준으로 구분해 순위를 부여하는 공정가치 서열체계를 두고 있다. 수준 1은 활성시장의 공시가격을 이용하므로 신뢰수준이 가장 높다. 수준 2는 활성시장이 없어 비슷한 시장의 공시가격을 활용한다. 수준 3은 자산에 대한 관측할 수 없는 투입변수를 활용하므로 신뢰수준이 가장 낮다.

- 투자자가 피투자기업의 의결권을 20% 이상 소유하면 유의적인 영향력이 있다고 보아 관계기업투자주식으로 분류하고 지분법으로 평가한다. 지분법에서는 관계기업의 순자산 변동 중 투자자 지분율에 해당하는 금액을 관계기업투자주식 장부금액에 반영한다.

- 투자자가 피투자자에 대한 지분율 50%를 초과하면 피투자회사를 종속기업으로 분류하고, 지배기업과 종속회사를 하나의 기업으로 간주해 연결재무제표를 작성한다. 연결재무제표를 작성하면 미실현 내부거래가 제거되어 기업집단 전체의 경영성과와 재무상태를 적절하게 표시

할 수 있다.
- 사채는 돈을 받을 권리를 잘게 잘라 일반 대중으로부터 거액을 모집한다. 전환사채는 채권으로 주식을 바꿀 수 있는 전환권이 부착되어 있고, 투자자가 전환권을 행사하면 사채는 보통주로 바뀐다. 신주인수권부사채는 주식을 일정한 가격(행사가격)에 살 수 있는 권리인 신주인수권이 부착되어 있다. 투자자가 신주인수권을 행사하면서 사채발행회사에 현금(행사가격 상당액)을 지급하면 보통주를 받는다.
- 희석주당이익은 유통되고 있는 보통주뿐만 아니라 '미래에 보통주로 바뀔 수 있는 증권(전환증권)'을 고려해 계산한 '가상의 주당이익'을 말한다. 희석주당이익은 기본주당이익이 낮아질 수 있다는 위험을 알려준다. 전환증권이 있으면 기본주당이익보다 희석주당이익이 더 낮아질 수 있다.
- 퇴직급여제도는 기업이 기금을 내는 약정 금액이 제한된 확정기여형과 종업원이 받을 금액이 확정된 확정급여형으로 구분할 수 있다. 확정기여형에서는 기업의 기금출연액이 한정되므로 부채를 인식하지 않고 기여금을 비용으로 분류한다. 확정급여형에서는 종업원이 받을 퇴직급여가 부족하면 기업은 추가로 퇴직급여를 부담해야 하므로 부채를 인식한다.
- 리스거래에는 법적 소유권이 없어도 리스이용자는 자산을 인식하고, 리스회사에게 지급할 리스료를 현재가치로 측정해 부채로 인식한다.

7장.
'회계머리'로 의사결정하라

흔히 병을 진단할 때 먼저 방사선 기사가 X선 촬영(X-ray)을 하고, 영상의학과 전문의가 판독하고, 판독에서 발견된 이상 증상이 있으면 해당 과에서 치료를 시작합니다.

경영진이 작성하는 재무제표는 X-ray로 촬영한 사진에 해당해요. 재무제표이용자는 재무제표를 판독해서 회사의 경영성과와 재무상태를 진단합니다.

7장에서는 재무제표를 진단하는 기법을 살펴본 후 '어떤 회사의 주식에 투자할까?'를 주된 내용으로 다룹니다.

회사에서 일할 때 많은 의사결정을 합니다. 개별 수준과 전체 수준에서 진단 기법을 활용할 수 있어요. 개별 수준에서는 매출할 때 외상 조건을 승인할지, 매입할 때 외상 대금 지급 능력은 충분한지, 재고자산은 적절한 수준에서 관리하고 있는지 등 의사결정을 해요.

예를 들어 거래처와 외상거래를 할 때 대금을 회수할 수 있을지 판단해야 하고, 거래처의 재무제표에 대해 진단 기법을 활용해 거래처의 지급 능력을 평가할 수 있어요. 경영진은 전체 수준에서 의사결정을 하는데, 기업의 수익성, 재무 안전성 등 숲을 보는 시각으로 재무제표의 진단 기법을 활용할 수 있어요.

스타트업 경영자는 사업 초기에 자금이 부족해 회계나 재무 담당 직원을 고용하기 힘들어요. 매출이 어느 정도 발생하기 전까지 회사를 어떻게 운영할 것인지, 투자는 어떠한 방식으로 유치할 것인지, 경영진이 스스로 의사결정을 해요. 스타트업 경영자는 개별 수준과 전체 수준에서 진단 기법을 활용해 의사결정을 해야 합니다.

풍문에 주식에 투자하고, 정에 끌려 투자한다면 빈손이 될 수 있어요. 투자하고자 하는 회사의 재무제표에 대해 분석 기법을 활용하면 기업의 안정성과 수익성을 가늠할 수 있어요.

재무제표를 진단하는 대표적인 기법으로는 비율분석이 있어요. 소개하는 재무비율 외에도 많은 기법이 있지만, 여기에서 다루는 진단 기법만 활용해도 의사결정을 위한 분석으로 충분합니다.

어떤 회사의 주식에 투자해야 할까요? 수익가치, 자산가치와 성장가치가 있는 기업의 주식에 투자해야겠죠? 기업가치의 평가 방법은 많이 있지만, 전문가가 아닌 사람이 실제 활용하기에는 복잡해요. 7장에서 언급하는 내용만 이해해도 저평가된 주식을 발굴하는 데 도움을 받을 수 있을 겁니다.

재무제표를 진단하는 기법 1
- 수익성 지표

　수익성 지표의 계산을 위해 다음 페이지의 [표 7-1]에 제시한 현대백화점과 신세계백화점의 2019년 손익계산서와 재무상태표에서 발췌한 자료를 이용합니다. 두 백화점의 수익성을 매출총이익률 등 비율분석으로 분석해봅시다.

(단위: 억 원)

과목	현대백화점	신세계백화점
매출	13,852	15,576
매출총이익	11,343	12,728
영업이익	2,413	2,220
당기순이익	1,956	7,059
자본총계(평균)	37,732	34,557
자산총계(평균)	55,546	66,778

[표 7-1] 현대백화점과 신세계백화점의 2019년 경영성과

1. 매출총이익률

매출총이익은 매출액에서 매출원가를 차감해서 계산하고, 매출총이익률은 매출총이익을 매출액으로 나눠 계산합니다. 매출총이익률은 매출원가에 어느 정도의 이윤(margin)을 가산해 판매가격을 결정했는지 알려주는 지표입니다.

$$매출총이익률 = \frac{매출총이익}{매출액}$$

현대백화점과 신세계백화점의 매출총이익률은 82%로 같습니다. 100원을 판매하면 매출총이익 82원이 발생한다는 의미입니다.

중국 1위 바이주 업체인 마오타이의 2019년 매출총이익률은 91.4%

입니다. 매출액이 100원이라면 매출원가는 겨우 8.6원에 불과한 거죠. 매출총이익률이 높다는 건 중국 고급 바이주 시장은 판매자가 가격결정권을 쥐고 있는 판매자 시장이라는 뜻입니다.

> **좀 더 깊이 들어가기**
>
> **매출원가율과 매출총이익률**
>
> 다음 식은 원가율 분석 등 여러 가지 용도로 사용하니 숙지하면 많은 도움이 됩니다.
>
> **매출액 − 매출원가 = 매출총이익**, 매출액으로 양변을 나누면 아래 식과 같음
>
> 매출액/매출액 − 매출원가/매출액 = 매출총이익/매출액
>
> **1 − 매출원가율 = 매출총이익률**, 매출원가율을 우변으로 이항해서 정리하면 아래 식과 같음
>
> **1 = 매출원가율 + 매출총이익률**

2 매출액순이익률

매출액순이익률은 당기순이익을 매출액으로 나눠 계산하는데, 매출 1원을 올릴 때 모든 비용을 고려한 후의 당기순이익이 얼마나 되

는지를 보여줍니다. 영업활동이 효율적일수록 매출액 1원을 창출하기 위해 쓰는 비용이 적겠죠?

$$매출액순이익률 = \frac{당기순이익}{매출액}$$

현대백화점과 신세계백화점의 매출액순이익률은 각각 14%와 45%입니다. 두 백화점의 매출액총이익률은 18%로 같은데, 매출액순이익률은 왜 이렇게 차이가 클까요?

매출총이익에서 판관비를 차감해 영업이익을 계산하고, 영업이익에서 영업외손익을 가감하면 당기순이익이 나옵니다. 현대백화점처럼 매출총이익률보다 매출액순이익률이 더 낮습니다.

매출총이익률보다 매출액순이익률이 훨씬 크다면 상당한 금액의 영업외수익이 발생했다는 의미입니다. 신세계백화점의 재무제표 주석을 확인해보니, 종속기업투자처분이익 7,869억 원이 발생해 당기순이익이 전기보다 5,192억 원이 증가했습니다.

매출액순이익률 지표만 이용해 경영성과를 판단하면 잘못된 결론을 내릴 수 있어요. 당기순이익은 자산처분이익 등 비반복적 활동을 포함하고 있기 때문입니다. 신세계백화점처럼 거액의 처분이익이 영업외수익에 포함되어 있다면 영업이익률을 함께 사용해 분석하는 것이 바람직합니다.

3. 영업이익률

영업이익률은 영업이익을 매출액으로 나눠 계산합니다. 전년도 이익률 또는 동종업계 이익률과 비교해 기업의 영업성과를 비교할 수 있어요. 영업이익률 10%는 상품 100원을 판매하면 영업이익 10원이 발생한다는 의미입니다.

$$영업이익률 = \frac{영업이익}{매출액}$$

현대백화점과 신세계백화점의 영업이익률은 각각 17%와 14%입니다. 현대백화점이 신세계백화점보다 영업이익률이 높으므로 영업활동에서 거둔 경영성과가 더 좋다고 평가할 수 있습니다. 매출총이익률은 두 백화점 모두 18%인데, 현대백화점의 영업이익률이 신세계백화점보다 더 높죠? 매출총이익에서 판관비를 차감해 영업이익을 계산하는데, 현대백화점이 신세계백화점보다 판매비와 관리비에 대한 비용관리를 보다 잘했다고 해석할 수 있어요.

쌍용양회는 2015년부터 연속 두 자릿수 영업이익률을 달성하고 있습니다. 내수 침체 장기화로 국내 시멘트 수요가 매년 10% 정도 감소하고 있는데, 쌍용양회는 어떻게 영업이익률을 증가시킬 수 있었을까요?

쌍용양회의 영업이익이 증가한 비결은 매출원가 감소에 있어요.

2020년 3분기 누적 매출원가는 전년 대비 12.6% 줄었는데, 이러한 원가 감소로 판관비 인상을 상쇄하고 영업이익을 증가시킬 수 있었습니다. 쌍용양회는 대규모 설비투자로 설비의 효율성을 향상시켜 제조원가를 절감했습니다.

4. 주주가 맡긴 돈을 잘 사용했는지 알려주는 자기자본이익률

자기자본이익률(return on equity: ROE)은 당기순이익을 자본총계(평균)로 나누어 계산합니다. 당기순이익은 유량 개념이고 자본총계는 저량 개념이에요. 비율분석에서 분자와 분모는 모두 같은 개념(유량 또는 저량)으로 통일해야 합니다. 분자가 유량이면 분모를 유량으로 만들어줘야 하는데, 기초 금액에서 기말 금액을 합한 후 2로 나누면 유량 개념으로 바꿀 수 있습니다. '자본총계(평균)'는 기초 자본총계와 기말 자본총계를 더한 후 2로 나눠 계산합니다.

자기자본이익률은 기업이 주주로부터 조달한 자본을 영업활동에 투입해 당기에 벌어들인 순이익이 어느 정도인지 평가할 수 있습니다. 적은 자본을 투자해 높은 이익을 얻을수록 수익성 측면에서 양호하다고 할 수 있으므로, 자기자본이익률은 주주 몫인 자기자본의 효율성을 보여주는 지표입니다. 자기자본이익률은 주주 부를 최대화한다는 측면에서 주식시장에서 중요한 재무비율 지표로 사용합니다.

$$\text{자기자본이익률}_{(ROE)} = \frac{\text{당기순이익}}{\text{자본총계}_{(평균)}}$$

현대백화점과 신세계백화점의 자기자본이익률은 각각 5%와 20%입니다. 자기자본 100원으로 현대백화점은 5원의 순이익을 만들어내는데, 신세계백화점은 20원의 순이익을 만들어낸다는 의미입니다. 현대백화점보다 신세계백화점이 주주가 제공한 자금을 더 효율적으로 사용하고 있어요.

예를 들어 낮과밤(주)의 자기자본이익률은 당기에 더 증가했는데, 당기순이익은 전기와 같습니다. 그런데 어떻게 자기자본이익률이 증가했을까요?

분자 요소인 당기순이익이 증가하지 않아도 분모인 자본총계가 유상감자와 자기주식 취득으로 감소하면 자기자본이익률은 증가합니다. 분모가 감소해 자기자본이익률이 증가한다면 자본을 좀 더 효율적으로 사용하고 있다고 판단할 수 있어요.

당기순이익은 전기와 같은데 자기자본이익률이 감소할 수 있어요. 토지를 재평가하는 기업이 늘고 있다고 했죠? 토지 재평가에서 발생한 재평가이익은 자본에 포함되므로 자본총계가 증가하면 자기자본이익률은 감소합니다. 재평가로 자본이 증가하면 부채비율은 개선될 수 있지만, 자기자본이익률은 감소할 수 있어요. 정확한 진단을 하기 위해서는 계산한 비율과 함께 금액이 변동한 원인도 함께 확인해야 합니다.

5. 주주와 채권자가 맡긴 돈을 잘 사용했는지 알려주는 총자산이익률

총자산이익률(return on asset: ROA)은 총자산(자산총계)을 활용해 순이익을 얼마나 벌었는지 나타내는데, 자산 1원을 투자해 당기에 벌어들인 순이익을 금액으로 표시한 비율입니다. 총자산이익률은 '총자산회전율×매출액이익률'로 분해할 수 있는데, 총자산회전율이나 매출액이익률을 높이면 총자산이익률은 높아집니다.

$$총자산이익률(ROA) = \frac{당기순이익}{자본총계(평균)} = \underbrace{\frac{매출액}{자산총계(평균)}}_{총자산회전율} \times \underbrace{\frac{당기순이익}{매출액}}_{매출액이익률}$$

현대백화점과 신세계백화점의 총자산이익률은 각각 4%와 11%인데, 자산 100원을 투자하면 현대백화점과 신세계백화점은 각각 4원과 11원의 이익을 얻어요. 신세계백화점이 현대백화점보다 자산을 효율적으로 운용하고 있습니다.

당기순이익은 전기와 비슷한 수준인데 자산총계가 증가하면 총자산이익률은 떨어집니다. 자산은 증가했는데 당기순이익이 늘지 않는다면 당기 취득한 자산이 돈을 벌지 못하고 있다는 의미입니다.

이러한 상황에서는 유형자산의 주석에서 아직 수익을 창출하기 위해 영업활동에 투입하지 못하고 있는 '건설중인자산'이 있는지 확인해보세요. 건설중인자산의 비중이 높다면 총자산이익률을 계산할 때 자산총계에서 건설중인자산을 차감해 분석하는 것이 바람직합니다.

경쟁기업보다 총자산이익률이 낮다면 유휴자산이 있거나 순이익을 만드는 능력이 떨어지는 자산이 있다는 의미입니다. 유휴자산을 처분해 확보한 자금을 수익성이 높은 곳에 투자하면 총자산이익률을 높일 수 있습니다.

핵심 쏙쏙

- 매출총이익률은 매출총이익을 매출액으로 나눠 계산하는데, 매출원가에 어느 정도의 이윤을 가산해 판매가격을 결정하는지 알려주는 지표이다.
- 매출액순이익률은 당기순이익을 매출액으로 나눠 계산하는데, 매출 1원을 올릴 때 모든 비용을 고려한 후의 당기순이익이 얼마인지를 보여준다.
- 영업이익률은 영업이익을 매출액으로 나눠 계산하는데, 영업이익률이 높을수록 영업활동에서 거둔 성과가 좋다고 평가한다.
- 자기자본이익률은 당기순이익을 자본총계(평균)로 나눠 계산하는데, 주주로부터 조달한 자본 효율성을 보여준다.
- 총자산이익률은 당기순이익을 자산총계(평균)로 나눠 계산하는데, 자산을 활용해 벌어들인 순이익을 나타낸다.

재무제표를 진단하는 기법 2
- 유동성 지표

　유동성 지표는 기업이 부담하고 있는 단기부채를 상환할 수 있는지 나타내는 지표로, 유동비율과 당좌비율이 대표적입니다.
　유동성 지표가 높으면 단기부채 상환을 위한 유동자산 또는 당좌자산(유동자산에서 재고자산을 차감한 금액)이 충분하다고 판단합니다. 유동성 지표의 비율이 지나치게 높으면 자금을 수익성이 낮은 현금성 자산 위주로 운용한다는 의미이므로, 자산운용의 효율성은 떨어진다고 할 수 있어요.
　[표 7-2]에서 제시한 현대백화점과 신세계백화점의 2019년 재무상태표에서 발췌한 자료로 유동비율과 당좌비율을 살펴봅시다. 유동

성 지표는 계산 방법이 간단하고, 일반적인 상황에서 지표에 대한 해석도 간단합니다. 그런데 유동성 지표에 나타난 수치만 고려하면 잘못된 판단을 할 수 있으므로 업종의 특성을 고려해야 합니다. 이를 강조하기 위해 현대백화점과 신세계백화점을 사례를 제시했어요. 다음 사례로 유동성 지표로 판단할 때 해당 업종에 대한 이해와 지식이 어떻게 활용될 수 있는지 살펴봅시다.

(단위: 억 원)

과목	현대백화점	신세계백화점
유동자산	8,855	4,010
유동부채	10,635	14,338
재고자산	596	615

[표 7-2] 현대백화점과 신세계백화점의 2019년 재무상태

유동비율

유동비율은 기업이 1년 이내 현금으로 상환해야 하는 부채(유동부채)와 비교해 1년 이내 현금 전환을 예상하는 자산(유동자산)의 비율을 나타내는 지표입니다. 1년 이내 갚아야 할 금액보다 1년 이내 들어올 금액이 많아야 기업이 부도나지 않겠죠?

$$\text{유동비율} = \frac{\text{유동자산}}{\text{유동부채}} \times 100\%$$

현대백화점과 신세계백화점의 2019년 유동비율은 각각 83%와 28%입니다. 유동비율만 살펴보면 신세계백화점은 난리가 났습니다. 1년 이내 갚아야 할 돈이 100원이면, 1년 이내 들어올 돈은 28원(유동자산에 유동비율을 곱한 금액)에 불과하니까요.

자, 유동비율의 착시효과를 제거해봅시다.

첫째, 백화점은 최종 소비를 목적으로 구매하는 개인을 대상으로 하는 소매업에 해당해요. 백화점에서 상품을 살 때 주로 카드로 결제하죠? 카드 매출은 카드 결제일로부터 2일에서 5일 이내 입금되므로 백화점 업종은 유동성이 상당히 풍부합니다.

둘째, 유동부채는 모두 현금으로 지출해야 하는 항목일까요? 유동부채는 금융부채와 비금융부채로 구분할 수 있는데, 비금융부채는 현금유출이 발생하지 않습니다. 신세계백화점의 주석을 살펴보니 비금융부채인 선수금, 선수수익, 이연수익(포인트), 상품권이 있습니다.

이런 사항을 고려하면 신세계백화점의 유동비율이 100% 미만이라도 부도가 발생할 위험은 상당히 낮습니다. 유동비율로 기업을 진단할 때는 매출한 날로부터 현금이 들어오는 데 걸리는 기간과 유동부채에서 실제 현금이 지출되는 항목을 파악해야 정확한 분석을 할 수 있어요.

당좌비율

당좌자산은 영어로 퀵 에세트(quick assets)이라고 하는데, 환금하기 쉬운 유동자산을 말합니다. 당좌자산은 유동자산에서 재고자산을 빼서 계산하는데, 당좌자산은 유동자산 중에서 현금및현금성자산, 단기금융상품은 현금화하기 쉬우므로 유동부채의 지급에 사용할 수 있습니다.

기업의 단기적인 재무 안정성을 판단하는 잣대로 당좌비율을 많이 사용합니다. 당좌비율은 유동자산에서 현금화 속도가 늦은 재고자산을 빼서 비율을 계산하므로 유동비율보다 보수적인 지표입니다.

당좌비율이 높으면 높을수록 기업의 단기적인 현금 동원력이 좋다고 판단할 수 있습니다.

$$당좌비율 = \frac{(유동자산 - 재고자산)}{유동부채} \times 100\%$$

현대백화점과 신세계백화점의 당좌비율은 각각 78%와 24%입니다. 당좌비율이 100% 미만이라도 앞서 살펴본 유동비율처럼 업종별 특성과 비금융부채 비중을 고려해 기업의 유동성을 판단해야 합니다.

핵심 쏙쏙

- 유동비율은 유동자산을 유동부채로 나눠 계산하는데, 1년 이내 갚아야 할 부채와 1년 이내 들어 올 자산의 비율을 나타낸다.
- 당좌비율은 유동자산에 재고자산을 차감한 금액을 유동부채로 나눠 계산하는데, 기업의 단기적인 재무 안정성을 판단하는 지표이다.

재무제표를 진단하는 기법 3
– 활동성 지표

SBS에서 방영 중인 〈백종원의 골목식당〉에서 백종원 씨는 "떡볶이집은 테이블 회전율이 관전 포인트이다"라고 말해요. 떡볶이집은 객단가가 낮으므로 판매를 많이 해야 하기 때문이죠.

기업도 보유한 자산을 얼마나 잘 활용하는지 나타내는 지표로 회전율을 자주 사용합니다. 실무에서는 매출채권회전율, 재고자산회전율, 매입채무회전율, 유형자산회전율을 가장 많이 사용합니다.

활동성 지표인 회전율을 명확하게 이해할 수 있도록 가상 기업인 스타트업(주)의 자료로 설명하겠습니다. 사례에서는 전기대비 당기 회전율 증감을 분석하는데, 실제 분석을 수행할 때는 경쟁기업이나 업계 평균과의 비교도 추가로 수행해야 합니다.

매출채권회전율과 매출채권회수기간

매출채권회전율은 매출액을 매출채권(평균)으로 나누어 계산하는데, 분모인 매출채권이 작을수록 회전율은 높아지고 매출채권이 클수록 회전율은 낮아집니다. 매출채권회전율이 높으면 매출채권이 순조롭게 회수된다고 해석하며, 회전율이 낮다면 매출채권회수기간이 길어져 대손 발생 위험이 증가한다는 의미입니다.

매출채권회수기간은 365일(윤년 366일)을 매출채권회전율로 나눠 계산하며, 매출한 날부터 현금 회수일까지 평균적으로 걸리는 기간입니다. 매출채권회수기간이 10일이면 매출한 날부터 현금을 회수하는데 10일이 걸린다는 의미입니다.

$$매출채권회전율 = \frac{매출액}{매출채권(평균)} \qquad 매출채권회수기간 = \frac{365}{매출채권회전율}$$

[표 7-3]에서 보듯이 스타트업(주)의 매출채권회전율은 전기 8회에서 당기 5회로 떨어졌고, 매출채권회수기간은 전기 46일에서 당기에는 73일로 증가해 27일이 늘었어요. 당기에 가공 매출채권을 인식했거나 불량채권에 대한 대손충당금을 적게 쌓았을 가능성이 있습니다.

허위로 매출을 보고하고 가공 매출채권을 인식하면 현금은 회수되지 않아 매출채권회수기간이 늘어납니다. 거래처로부터 채권이 정상적으로 회수되지 않아도 매출채권회수기간이 증가합니다.

매출채권회전율을 계산할 때 분모인 매출채권은 대손충당금을 차감한 금액입니다. 불량채권에 대한 손실금액을 대손충당금으로 쌓아야 하는데, 분모인 매출채권에 불량채권이 포함되어 있으면 매출채권회수기간은 길어집니다. 즉 매출채권회수기간이 길어졌다면 불량채권에 대한 손실금액을 대손충당금으로 충분히 쌓지 않았다는 의미입니다.

(단위: 원)

구분	당기	전기
매출액	1,000,000	920,000
매출채권(평균)	200,000	115,000
매출채권회전율	5회	8회
매출채권회수기간	73일	46일

[표 7-3] 스타트업(주)의 매출채권회전율

매출채권회전율은 산업별로 차이가 큽니다. B2C(기업과 소비자 간 거래) 업종에 있는 기업은 회전율이 높고, B2B(기업과 기업 간 거래) 업종에 있는 기업은 회전율이 낮아요. 회전율을 분석할 때 해당 산업의 특성을 고려해야 올바른 해석이 가능합니다.

재고자산회전율과 재고자산회전기간

　재고자산회전율은 매출원가를 재고자산(평균)으로 나눠 계산하는데, 재고자산이 현금이나 매출채권으로 변하는 속도를 나타내요. 재고자산을 효과적으로 관리하는 기업은 산업 평균보다 재고자산회전율이 높습니다. 재고자산회전율이 높을수록 재고자산이 창고에 머무는 시간이 짧아져 보험료와 보관료가 감소합니다. 재고자산회전율이 낮아지면 제품이 팔리지 않고 창고에 쌓여간다는 의미입니다.

　재고자산회전기간은 365(윤년 366)를 재고자산회전율로 나눠 계산하는데, 재고자산의 매입일부터 매출일까지 걸린 기간을 의미합니다. 재고자산회전기간이 10일이면 재고자산을 매입한 날로부터 매출일까지 10일이 걸린다는 의미입니다.

$$재고자산회전율 = \frac{매출원가}{재고자산(평균)} \qquad 재고자산회전기간 = \frac{365}{재고자산회전율}$$

　[표 7-4]에서 보듯이 스타트업(주)의 재고자산회전율은 전기 8회에서 당기 5회로 떨어졌고, 재고자산회전기간은 전기 46일에서 당기 73일로 증가해 27일이 늘었어요. 회전기간이 증가하면 매출 부진으로 재고자산이 쌓이고 있다고 해석합니다. 판매가 부진해 자금이 재고자산에 묶이면 기업의 현금흐름은 악화할 수 있습니다.

(단위: 원)

구분	당기	전기
매출원가	1,000,000	920,000
재고자산	200,000	115,000
재고자산회전율	5회	8회
재고자산회전기간	73일	46일

[표 7-4] 스타트업(주)의 재고자산회전율

　2020년 3분기까지 패션기업들은 의류 판매 부진으로 증시에 상장된 20개 패션업체의 평균 재고자산 회전율이 크게 떨어졌어요. 2020년 3분기 재고자산회전율은 평균 1.8회로 지난 2년간 평균인 2.6회보다 낮습니다. 지난 2년간 재고자산이 창고에 머무는 기간이 140일 정도였는데, 2020년에는 재고자산회전기간이 평균 203일로 나디니 63일 정도가 늘었어요.

　소비자 취향이 급속히 변하는 업종에서는 재고자산에 대한 가치도 빠르게 떨어집니다. 재고자산 진부화가 높은 기업에서는 수요를 정확하게 예측해 창고에 재고자산이 쌓이지 않도록 해야 하고, 재고자산을 빠르게 소진할 수 있는 판매정책이 필요합니다.

매입채무회전율과 매입채무회전기간

매입채무의 변제 속도를 표시하는 매입채무회전율은 매출액을 매입채무(평균)로 나눠 계산합니다.

매입채무회전기간은 365(윤년 366)를 매입채무회전율로 나눠 계산하는데, 매입일부터 대금 지급일까지 평균적으로 걸리는 기간입니다. 매입채무회전기간이 10일이면 매입한 날로부터 대금 지급일까지 10일이 걸린다는 의미입니다.

$$매입채무회전율 = \frac{매출액}{매입채무(평균)} \qquad 매입채무회전기간 = \frac{365}{매입채무회전율}$$

[표 7-5]에서 보듯이 스타트업(주)의 매입채무회전율은 전기 8회에서 당기 5회로 떨어졌고, 매입채무회전기간은 전기 46일에서 당기 73일로 증가해 27일이 늘었어요.

(단위: 원)

구분	당기	전기
매출액	1,000,000	920,000
매입채무	200,000	115,000
매입채무회전율	5회	8회
매입채무회전기간	73일	46일

[표 7-5] 스타트업(주)의 매입채무회전율

현금회전주기

기업은 원재료나 상품을 외상매입하고, 원재료를 생산에 투입해 제품을 만들어요. 상품이나 제품은 창고에 보관했다가 고객에게 외상으로 매출하고 매출채권을 현금으로 회수합니다.

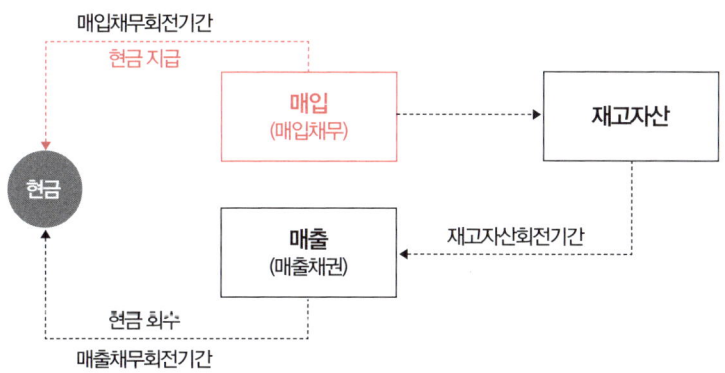

[그림 7-1] 현금회전주기

[그림 7-1]에서 재고자산회전기간과 매출채권회전기간을 합하면 재고자산의 매입시점부터 현금회수시점까지 걸린 기간이고, 매입채무회전기간은 매입시점부터 현금지급시점까지 걸린 기간입니다.

다음과 같이 '현금 회수까지 걸리는 기간'에서 '현금 지급에 걸리는 기간'을 차감하면 현금회전주기를 구할 수 있습니다.

> 현금회전주기 = 재고자산회전기간 + 매출채권회전기간 − 매입채무회전기간

스타트업(주)의 현금회전주기를 계산하면 전기와 당기는 각각 43일과 73일입니다. 전기보다 당기의 현금회전주기는 30일이 늘었어요. 전기보다 당기에 현금이 재고자산과 매출채권에 묶인 기간이 증가했습니다. 현금회전기간을 줄이기 위해서는 매출채권 회수기간을 줄이고 재고자산을 감소시켜 재고자산회전기간을 줄이고 매입채무 회전기간을 늘려야 합니다.

유형자산회전율

유형자산회전율은 매출액을 유형자산(평균)으로 나눠 계산하는데, 유형자산을 얼마나 효율적으로 이용했는지 나타냅니다. 유형자산회전율이 2회이면 유형자산 100원당 매출 200원을 올린다는 의미입니다. 회전율이 높을수록 유형자산을 효율적으로 이용한다고 볼 수 있습니다. 회전율이 낮다면 유형자산을 충분히 이용하지 못하거나 유형자산에 대한 투자가 과대하다고 해석해요.

$$유형자산회전율 = \frac{매출}{유형자산(평균)}$$

[표 7-6]에서 보듯이 스타트업(주)의 유형자산회전율은 전기 4회에서 당기 2회로 하락했어요. 전기에는 자산 100원당 400원 매출을 올

렸으나, 당기에는 200원 매출을 올려 자산 효율성이 떨어졌습니다. 유형자산회전율이 떨어지면 유형자산이 증가한 만큼 매출액이 늘지 못한다는 의미입니다. 아직 매출을 만들어 내지 못하는 건설중인자산이 있다면 유형자산에서 차감해 유형자산회전율을 계산하면 더 정확한 분석이 가능합니다.

(단위: 원)

구분	당기	전기
매출액	1,000,000	920,000
유형자산(평균)	500,000	235,000
유형자산회전율	2회	4회

[표 7-6] 스타트업(주)의 유형자산회전율

 **핵심 쏙쏙**

- 매출채권회전율은 매출액을 매출채권(평균)으로 나눠 계산하는데, 회전율이 높으면 매출채권이 순조롭게 회수된다는 의미이다.
- 재고자산회전율은 매출원가를 재고자산(평균)으로 나눠 계산하는데, 재고자산이 현금이나 매출채권으로 변하는 속도를 나타낸다.
- 매입채무회전율은 매출액을 매입채무(평균)로 나눠 계산하는데, 회전율이 높을수록 매입채무를 지급하는 속도가 빠르다는 것을 의미한다.
- 현금회전주기는 재고자산회전기간에 매출채권회전기간을 더한 후 매입채무회전기간을 차감해 계산한다.
- 유형자산회전율은 매출을 유형자산(평균)으로 나눠 계산하는데, 유형자산을 얼마나 효율적으로 이용했는지 나타낸다.

재무제표를 진단하는 기법 4
– 레버리지 비율

　레버리지 비율(leverage ratios)은 기업이 자산을 구성할 때 자기자본보다 부채를 얼마나 더 사용하는지 보여줍니다. 부채의 레버리지(지렛대) 효과는 기업의 이익을 증가시켜 주주의 이익을 높이지만, 부채가 과도하면 이익 변동성이 커져 재무위험은 높아져 기업의 파산 가능성이 커집니다.

　레버리지 효과는 타인으로부터 빌린 자본을 지렛대로 삼아 자기자본이익률을 높이는 것으로 '지렛대 효과'라고 표현합니다. 스타트업(주)의 사례로 지렛대 효과를 살펴봅시다.

스타트업(주)의 경영진은 서달미, 남도산, 이철산, 김용산, 정사하이다. 새로운 사업을 진행하기 위해서는 10억 원의 자금이 필요하다. 자금 조달을 위해 두 가지 방안을 고려 중인데, 사업에서 매년 1.5억 원의 이익(이자비용 차감 전 금액)이 발생한다. 스타트업(주)는 다음과 같이 두 가지의 자금조달 방안을 고려하고 있다.

- 방안 1. 경영진 1인당 2억 원씩 스타트업(주)에 출자해 투자금 10억 원을 확보한다.
- 방안 2. 경영진 1인당 5천만 원씩 스타트업(주)에 출자하고, 모닝은행으로부터 7.5억 원을 차입(연 이자율 10%)해 투자금 10억 원을 확보한다.

각 방안에서 스타트업(주)의 주주가 얻을 수 있는 이익을 계산해봅시다. 자기자본 투자금액은 방안 1에서는 10억 원이고, 방안 2는 2.5억 원입니다. 자기자본이익률은 당기순이익을 자기자본으로 나눠 계산합니다.

[표 7-7]에서 보듯이 타인으로부터 빌린 자본을 지렛대로 삼는 지렛대 효과가 발생해 방안 2의 자기자본이익률이 방안 1보다 15% 더 높습니다. 물론 과도하게 타인자본을 조달하면 불황에는 이자와 원금을 상환하지 못할 위험이 있습니다.

(단위: 억 원)

자금조달	순이익(①)	이자 지급(②)	주주 몫(①-②)	자기자본이익률
방안 1	1.5	없음	1.5	15% (1.5/10)
방안 2	1.5	0.75 (7.5×10%)	0.75	30% (0.75/2.5)

[표 7-7] 자금확보 방안별 자기자본이익률

부채비율

부채비율은 자금조달 관점에서 기업이 재무적으로 안정적인지 평가할 때 사용합니다. 부채비율을 계산할 때 분모에 자본 또는 자산을 사용합니다. 부채비율이 높으면 자본보다 부채가 많으므로 재무적 안정성이 떨어진다고 평가합니다.

$$부채비율 = \frac{부채}{자본}$$

부채비율이 낮으면 갚아야 할 빚이 적으니 좋은 걸까요?

돈을 빌린 대가로 채권자에게 지급하는 이자비용을 '타인자본비용'이라 부르고, 주주에게 자금을 조달받은 대가로 지급하는 배당금을 '자기자본비용'이라고 표현합니다.

일반적으로 부채가 일정 수준 이하이면 타인자본비용이 자기자본

비용보다 저렴해요. 새로운 사업의 투자수익률이 타인자본비용보다 높으면 자금을 차입해 사업을 확장하거나 새로운 투자를 하면 주주의 이익도 증가합니다. 레버리지 효과가 발생할 수 있는 상황에서 타인자본을 활용하지 않으면 자본 효율성은 떨어집니다.

이자보상비율(이자보상배율)

이자보상비율은 기업의 채무상환 능력을 나타내는 지표로, 영업이익을 이자비용으로 나눠 계산합니다. 이자보상비율은 영업이익으로 이자비용을 감당할 수 있는지, 이자비용을 감당한 후 여유가 얼마나 있는지 알려주는 지표입니다.

$$\text{이자보상비율} = \frac{\text{영업이익}}{\text{이자비용}}$$

이자보상비율이 1보다 크면 기업이 이자를 지급할 능력이 충분하다는 의미입니다. 이자보상비율이 1보다 작으면 기업이 영업활동에서 창출한 이익으로 이자비용을 감당할 수 없다는 뜻입니다.

[표 7-8]에서 현대백화점과 신세계백화점의 이자보상비율을 계산할 때 손익계산서에 금융비용으로 보고한 금액을 이용했습니다. 현대백화점과 신세계백화점의 이자보상비율은 각각 15.5와 3.04입니

다. 현대백화점은 신세계백화점과 비교할 때 영업이익은 더 많고 이자비용은 적어 이자보상비율이 훨씬 높습니다.

금융비용 중에서 금융자산평가손실, 파생상품거래손실, 외화환산손실은 현금지출이 없습니다. 이자보상비율은 이자비용 상환 능력을 나타내는 지표이므로 정확한 분석을 위해서는 현금지출이 없는 이자비용은 금융비용에서 제외해야 합니다.

(단위: 억 원)

과목	현대백화점	신세계백화점
영업이익	2,413	2,220
이자비용	154	731
이자보상비율	15.5	3.04

[표 7-8] 현대백화점과 신세계백화점의 2019년 이자보상비율

핵심 쏙쏙

- 레버리지 효과는 타인으로부터 빌린 자본을 지렛대로 삼아 자기자본이익률을 높이는 것으로 '지렛대 효과'라고 표현한다.
- 부채비율은 부채를 자본으로 나눠 계산하는데, 기업이 재무적으로 안정적인지 평가할 때 사용한다.
- 이자보상비율은 영업이익을 이자비용으로 나눠 계산하는데, 기업의 채무상환 능력을 나타내는 지표이다.

어떤 주식에 투자해야 할까?

주가의 적정성은 수익가치, 자산가치와 성장가치 측면에서 판단할 수 있습니다. 주가의 적정성을 판단하는 기법으로 [그림 7-2]에서 보듯이 수익가치 중심의 주가수익비율(PER), 자산가치 중심의 주가순자산비율(PBR)과 성장가치 중심의 주가순이익성장비율(PEG)을 살펴봅시다.

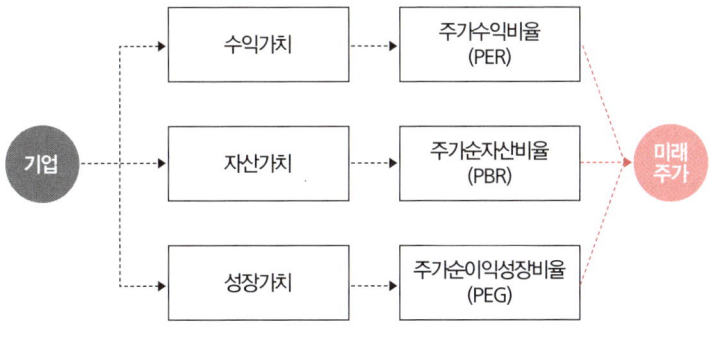

[그림 7-2] 주가의 적정성

주가수익비율(PER)은 주가의 적정성을 수익가치로 판단

 주당이익(EPS)은 기업 간 수익성을 비교하는 지표로 활용된다고 했었죠? 기업의 주가가 적정한 수준인지 판단하기 위해 주가수익비율(price earning ration: PER)을 이용합니다. 투자자들 사이에서 '퍼(PER)'로 불리는 주가수익비율은 주가를 주당이익으로 나눠 계산하는데, PER은 주당이익과 비교해 1주의 주가가 얼마인지 나타냅니다.

 예를 들어 PER이 5라면 당기순이익 1원에 대해 투자자는 5원을 지급해 주식을 매입한다는 의미입니다. PER이 높다면 주당이익에 비해 주가가 높게 거래되고, PER이 낮다면 주당이익에 비해 주가가 낮다는 뜻이에요.

 당기순손실이 발생하면 주당이익은 음수이므로 PER는 'N/A(not

applicable), 해당 사항 없음'이라고 기재합니다.

$$\text{주가수익비율(PER)} = \frac{\text{주가(P)}}{\text{주당이익(EPS)}}$$

PER로 주가가 적정한지 어떻게 판단할 수 있을까요?

주식을 오랫동안 보유하는 투자자는 시세차익보다는 배당에 관심이 많습니다. 기업이 이익을 많이 내야 주주도 배당을 많이 받습니다. 주가가 비슷하다면, 주주는 순이익을 많이 보고하는 기업을 선호할 겁니다. 이러한 이유로 주가를 주당이익으로 나눈 PER이 중요합니다.

[표 7-9]에서 사랑(주)와 불시착(주)의 주가는 모두 100원이고, 불시착(주)의 PER은 10으로 사랑(주)보다 높습니다. 주가는 두 회사가 모두 같은데, 순이익 전부를 배당한다면 어떤 회사의 주주가 더 많이 받을까요?

사랑(주)의 주주는 배당으로 20원을 받고, 불시착(주)의 주주는 10원을 받습니다. 사랑(주)의 주주가 불시착(주)의 주주보다 10원을 더 받는데, 두 기업의 주가는 같으므로 사랑(주)의 주가는 낮게 평가되었다고 판단합니다. 이런 이유로 투자자는 '저PER주'를 선호합니다.

구분	사랑	불시착
주가	100원	100원
주당이익	20원	10원
PER	5	10

[표 7-9] 사랑(주)와 불시착(주)의 PER

　PER의 분모는 기업의 재무상태를 고려하지 않기 때문에 부채비율이 높거나 낮거나 관계없이 주가와 주당이익이 같으면 PER도 같습니다. 금리가 오르면 앞으로 이자비용이 많아져 순이익이 감소해 주당이익은 작아질 수 있어요. 부채가 많으면 기업의 파산 가능성도 커집니다. 부채비율에 차이가 있는 기업들을 단순히 PER로만 비교하면 안 되겠죠?

　주식의 이론적 가격은 미래에 받을 배당금을 현재가치로 평가한 금액입니다. 배당금을 매년 일정하게 지급하는 기업은 매년 배당금이 다른 기업보다는 주가가 높게 형성됩니다. 미래에 받을 배당금이 널뛰기식이라면 주주는 얼마 받을지 알 수 없어 불안하겠죠?

　주가를 추정할 때 평균으로부터 떨어져 있는 정도를 나타내는 분산으로 위험을 측정합니다. 평균에서 벗어난 정도가 크면 클수록 위험이 크다고 보는데, 배당금 지급이 널뛰기식이면 분산이 크기 때문에 주식의 위험은 크다고 판단합니다. 일반적으로 경기에 민감한 기업의 주식은 주가가 낮아 PER도 낮습니다.

　PER이 낮은 주식에 투자하면 언제나 투자이익을 얻을 수 있는 건

아닙니다. PER로 몇 개의 주식을 고른 후 기업의 부채 수준과 기업이 속한 산업이 경기에 민감한지를 추가로 고려해야 합니다.

주가순자산비율(PBR)은 주가의 적정성을 자산가치로 판단

주가순자산비율(price book-value ratio: PBR)은 주가를 주당순자산가치 (book value share: BPS)로 나눈 비율로 주가와 주당순자산가치를 비교한 수치입니다. 주가가 순자산(자산총계 - 부채총계)보다 1주당 몇 배로 거래되는지 측정하는 지표입니다. PBR이 1.5이면 주식은 순자산의 1.5배로 거래된다는 의미입니다.

$$\text{주가순자산비율(PBR)} = \frac{\text{주가(P)}}{\text{주당순자산가액(BPS)}}$$

PBR이 1이면 특정 시점의 주가와 기업의 1주당 순자산이 같고, PBR이 낮을수록 기업의 자산가치는 주식시장에서 낮게 평가된다고 판단합니다. PER은 기업의 수익성으로 주가를 평가한다면, PBR은 기업의 재무상태로 주가를 평가합니다. PBR은 시가총액을 '주주들의 몫'이라 할 수 있는 순자산(자산 - 부채)으로 나눈 지표입니다.

PBR이 1보다 작다면, 기업이 보유한 자산을 모두 매각한 금액보다 주가가 낮다는 의미입니다. 일반적으로 PBR이 낮을수록 저평가되었다고 판단합니다.

[표 7-10]에서 사랑(주)와 불시착(주)의 주가는 모두 100원인데, 사랑(주)의 PBR은 2로 나타나 사랑(주)보다 높습니다. 두 회사의 주가는 모두 같은데, 불시착(주)의 PBR은 0.5로 나타나 기업이 보유한 자산을 모두 매각한 금액보다 주가가 낮다는 의미입니다. 불시착(주)의 주가는 사랑(주)의 주가보다 저평가되었다고 판단합니다.

구분	사랑	불시착
주가	100원	100원
주당순자산가액	50원	200원
PBR	2	0.5

[표 7-10] 사랑(주)와 불시착(주)의 PBR

PBR은 업종이 다른 주식을 비교할 때 사용하면 곤란합니다. 고정비 지출이 많고 유형자산 비중이 높은 자동차나 제철 업종은 PBR이 낮습니다.

카카오 같은 인터넷 개발 업종은 무형자산 비중이 매우 크기 때문에 PBR이 높습니다. 성장이 둔화한 업종에 속한 기업의 PBR은 대체로 낮습니다. PBR로 주가의 적정성을 판단하기 위해서는 같은 업종, 비슷한 규모, 비슷한 환경에 처한 기업들끼리 비교해야 합니다.

주가순이익성장비율(PEG)은 주가의 적정성을 성장가치로 판단

주가순이익성장비율(price earnings to growth ratio: PEG)은 주가수익비율(PER)을 주당이익(EPS) 증가율로 나눠 계산하므로, 수익성(PER)에 성장성(EPS 증가율)을 고려해 주가를 평가합니다. PEG는 PER과 PBR과는 달리 미래가치인 'EPS 증가율'을 고려합니다.

기업의 PER은 10이고 EPS 증가율이 50%이면 PEG는 0.2(10÷50)입니다. PEG가 1보다 낮으면 기업의 이익증가율에 비해 주가가 덜 올랐다는 뜻이에요. PEG는 기업 성장성이 높을수록 낮아집니다.

$$PEG = \frac{PER}{EPS\ 증가율}$$

PEG는 PER로 주가를 적절하게 평가하기 어려운 업종이나 기업이 있어 등장한 지표입니다. 먼저 PER의 문제를 살펴봅시다. PER은 주가를 주당이익(EPS)으로 나눠 계산하므로, 현재 주가로 투자할 때 얼마만에 투자금액을 회수할 수 있는지를 나타냅니다.

예를 들어 PER은 5이고, 주가와 주당이익은 각각 10,000원과 2,000원입니다. 주식 1주를 10,000원에 샀고 주당이익을 모두 배당으로 받는다면, 주식에 투자한 금액을 회수하는 데 5년이 걸립니다. 첨단기업은 성장성이 높지만, 주당이익이 낮으므로 PER이 수 십 배로 나타납니다. 기업의 성장성이 높은 기업에 대해 수익성으로 주가를 평가하는 PER을 사용하면 주가는 고평가된 것으로 나타납니다.

PEG는 수익성에 성장성을 가미해 주가를 평가하는 지표입니다. 일반적으로 고성장 종목은 PER이 높아 종목을 선정할 때 어려운데, PEG는 이러한 문제를 해소할 수 있습니다.

PEG는 어떤 기업에 적용하는 것이 바람직할까요? PEG는 첨단기업의 주가 수준이 적정한지 판단하기 위해 개발된 지표입니다. 성장성이 낮은 업종이나 성숙 단계에 있는 기업은 성장기회가 낮으므로 PEG로 주가의 적정성을 판단하면 곤란합니다.

핵심 쏙쏙

- 주가수익비율(PER)은 주가를 주당이익(EPS)으로 나눠 계산하는데, 주가의 적정성을 수익가치로 평가하는 방법이다.
- 주가순자산비율(PBR)은 주가를 주당순자산가액(BPS)으로 나눠 계산하는데, 주가의 적정성을 자산가치로 평가하는 방법이다.
- 주가순이익성장비율(PEG)은 주가수익비율(PER)을 EPS 증가율로 나눠 계산하는데, 주가의 적정성을 성장가치로 평가하는 방법이다.

주식투자에 실패하지 않으려면

주식을 사기 전에 사업보고서와 증권신고서를 확인해야 합니다. 사업보고서와 증권신고서는 투자를 위해 알아야 할 정보를 담고 있어요. 사업보고서는 주권상장법인이 매 사업연도, 분·반기말 기준으로 정기적으로 공시하는 보고서로 재무제표를 포함하고 있습니다.

증권신고서는 불특정 다수의 투자자(50인 이상)에게 주식을 발행해 자금을 조달하는 기업이 해당 증권의 내용 및 발행기업에 관한 사항을 기재해 공시하는 서류입니다.

다음은 금융감독원과 한국거래소에서 분석한 자료를 정리한 것으로 주식 투자에 실패하지 않기 위해 확인해야 할 사항입니다.

이런 회사는 조심해야!

　기업의 최대주주가 변경되면 투자자들은 신규자금이 유입되고 사업이 확대될 것으로 기대하는 경향이 있어 주가에 호재로 작용하기도 합니다. 그런데 최대주주 변경이 빈번한 회사는 지배구조 변경으로 안정적인 회사경영이 어려울 수 있습니다.

　금융감독원 분석에 따르면, 2013년부터 2015년까지 최대주주 변동이 없는 회사가 상장폐지나 관리종목으로 지정된 비율은 13%입니다. 최대주주가 2회 이상 변동된 회사는 절반 이상이 재무상태 악화 등의 사유로 상장이 폐지되거나 관리종목으로 지정되었습니다. 주식 투자를 하기 전에 최대주주 변동이 잦은 회사인지를 확인하면 투자위험을 낮출 수 있습니다.

　사업보고서를 살펴보면 회사 또는 임직원이 업무수행과 관련해 상법과 자본시장법을 위반해 형사처벌을 받거나 행정조치를 받은 사실을 확인할 수 있습니다.

　금융감독원 조사에 따르면, 2015년 초부터 2016년 6월 30일까지 상장폐지 사유가 발생하거나 관리종목으로 지정된 기업 중 25%는 대표이사 또는 임원의 횡령·배임을 공시했습니다. 최대주주 또는 경영진의 횡령·배임이 있다면 기업에 대한 신뢰도 저하로 경영이 악화할 수 있습니다.

　기업의 이미지를 쇄신하기 위해 상호를 변경하기도 합니다. 재무상황은 부실한데 간판만 바꿔 다는 회사는 주의해야 합니다. 재무제표 주석의 일반사항을 읽어 보면 상호 변경을 확인할 수 있습니다.

금융감독원 조사에 따르면, 2015년부터 2016년까지 기업명을 변경한 전체 48개 기업 중 9개 회사는 2년 내 두 번 이상 기업명을 변경했습니다. 이 중 3개 사는 거래정지 상태였고, 5개 사의 평균 수익률은 -46.2%로 반 토막 수준이었습니다.

자본금이 적은 기업은 시세조종을 위해 필요한 자금이 적어 시세조종꾼의 표적이 되기 쉽습니다. 자본금이 적으면서 최대주주의 평균 지분율이 낮고, 경영권 변동이 빈번한 기업은 시세조종의 대상이 되기 쉬우니 유의해야 합니다.

한국거래소에 따르면, 시세조종, 미공개 중요정보 이용, 부정거래 등 불공정거래로 적발된 종목 13개 종목 중 8개 사의 자본금 규모는 100억 원 미만인 것으로 나타났습니다. 가짜 호재정보를 뿌리고 주가를 인위적으로 띄우고 차익을 남기는 수법으로 시세조종 혐의를 받았습니다.

무자본 인수·합병은 특정 세력(일명 기업 사냥꾼)이 자기가 보유한 자금보다는 차입금을 이용해 기업을 인수하는 것을 말합니다. 기업 사냥꾼은 회사를 통해 조달한 거액 자금을 유용하거나, 인수한 주식으로 시세차익을 얻기 위해 허위사실을 유포하는 등 불공정거래를 할 가능성이 큽니다.

투자조합, 사모펀드, 휴면법인을 통해 다수 관련자가 조직적으로 인수하기 때문에 기업 사냥꾼의 인수 주체가 전면에 드러나지 않습니다. 사업보고서에서 '주주에 관한 사항'을 확인해 최대주주가 분명하지 않다면 무자본 인수·합병을 의심할 수 있습니다.

기업 사냥꾼의 먹잇감이 되지 않으려면

아래 상황이 발생하면 기업 사냥꾼이 주도하는 무자본 인수·합병에 해당할 수 있으니 유의해야 합니다.

첫째, 조달한 자금으로 비상장주식을 고가로 취득하거나 관계회사에 대여금이나 선급금을 지급한 금액이 많습니다. 이러한 사항은 재무제표와 주석에서 확인힐 수 있습니다.

둘째, 증권신고서를 제출하지 않고 전환사채나 주식을 대규모 또는 빈번하게 발행합니다. 주식 대금을 내기 위해 사채업자로부터 자금을 차입하고, 납입 즉시 주식 대금을 인출해 사채업자에게 상환하는 방식입니다.

셋째, 경영권 변경 이후 '국외법인을 통한 바이오사업 진출' 같은 기존 업종과 관련이 없는 사업에 대한 보도자료를 언론에 배포합니다. 국외법인을 통한 바이오사업 진출 등은 사실관계를 확인하기 어려워 주가를 올리기 위한 소재로 사용하는 사례가 빈번합니다. 사업보고서의 사업 내용을 확인해 신규사업과의 관련성을 검토해야 합니다.

재무구조가 취약한 상장사는 외부감사인과 회계처리 방법 등에 대한 의견 불일치로 외부감사가 지연되어 정기보고서를 기한 내에 제출하지 못하는 경향이 있습니다. 분·반기보고서와 사업보고서를 지연해 제출하는 기업은 상장폐지 등으로 연결되기도 하니 투자할 때 유의해야 합니다.

 **핵심 쏙쏙**

- 최대주주 변경이 빈번한 회사는 지배구조 변경으로 안정적인 회사 경영이 어려울 수 있다.
- 재무상황은 부실한데 상호를 변경하는 회사는 주의해야 한다.
- 자본금이 적으면서 최대주주의 평균 지분율이 낮고, 경영권 변동이 빈번한 기업의 시세조종의 대상 항목이 되기 쉬우니 유의해야 한다.
- 사업보고서에서 '주주에 관한 사항'에서 최대주주가 분명하지 않다면 무자본 인수합병(기업 사냥꾼)일 가능성이 있다.

나오며

"회계를 하나도 몰라도 읽을 수 있도록"

지난 십 년 동안 여러 권의 책을 집필하고 수십 편의 논문과 보고서를 썼지만, 이 책은 논문이나 교과서와는 다른 문체로 빈 종이를 채워야 했기에 상당히 어려운 작업이었습니다. 그간 강의실에서 만난 학생들을 떠올리며 강의하듯 구성했습니다.

학생들의 수많은 질문은 저자가 '지식의 저주'라는 늪에 빠지지 않도록 도와주었습니다. 언제나 빛나는 눈으로 저에게 가장 행복한 시간을 선물해준 모든 학생들 덕분입니다.

책을 처음 기획할 때 출판사 발행인은 "교수님, 회계를 하나도 모르는 저한테 설명해주신다고 생각하고 쓰시면 됩니다"라고 말했습니다. 글을 쓸 때마다 발행인이 제 앞에 나타났고, 그가 고개를 끄덕일 때 비로소 다음 문장으로 넘어갔습니다. 쏭북스 송미진 대표는 이 책의 첫 번째 독자로서 본인이 내용을 이해할 때까지 묻고 또 물으며 완성도를 높이는 데 도움을 주었습니다.

이 책은 아내의 권유로 쓰기 시작했습니다. '재무제표를 진짜 읽을 수 있게 만들어주는 회계 책'인 『붙잡고 읽으면 어느새 회계머리』는 아내가 없었다면 세상에 빛을 볼 수 없었을 겁니다. 집필에 집중할 수 있도록 온갖 궂은일을 처리해주고 격려를 아끼지 않은 사랑하는 아내에게 이 자리를 빌려 고마운 마음을 전합니다.

어떠한 말로 표현할 수 없을 만큼 큰 사랑을 베풀어주신 어머니에게 사랑과 존경의 마음을 드립니다.

살면서 만난 모든 이가 제게는 스승이었습니다. 이 어려운 시절을 잘 이겨낼 수 있는 지혜와 용기가 언제나 함께하기를 바랍니다.

붙잡고 읽으면 어느새 회계머리

초판 1쇄 발행 | 2021년 3월 2일
초판 2쇄 발행 | 2021년 4월 1일

지은이 | 김한수

펴낸이 | 송미진
뛰는이 | 임태환
알리는이 | 홍준의
꾸민이 | 장정운

펴낸곳 | 도서출판 쏭북스
출판등록 | 제2016-000180호
주소 | 서울시 마포구 큰우물로 75 1308호(도화동, 성지빌딩)
전화 | (02)701-1700
팩스 | (02)701-9080
전자우편 | ssongbooks@naver.com
홈페이지 | www.ssongbooks.com

ISBN 979-11-89183-12-7(03320)

ⓒ김한수, 2021

값 19,000원

- 이 책은 저작권법에 따라 보호를 받는 저작물입니다. 무단 전재와 복제를 금합니다.
- 이 책 내용의 전부 또는 일부를 사용하려면 반드시 저작권자와 도서출판 쏭북스의 동의를 받아야 합니다.
- 잘못된 책은 구입하신 서점에서 교환해 드립니다.
- 도서출판 쏭북스는 주식회사 시그니처의 브랜드입니다.
- 도서출판 쏭북스의 문을 두드려 주세요. 그 어떤 생각이라도 환영합니다.